Bruno Bettelheim
Gespräche mit Müttern

SERIE PIPER
Band 155

Zu diesem Buch

Bruno Bettelheim wollte mit diesem Buch dazu beitragen, daß Eltern lernen, die richtigen Fragen zu stellen: sie erfahren hier, daß es möglich ist, »durch Nachdenken über sich und das Kind und durch ein Gespräch mit dem Kind schließlich zu vernünftigen Lösungen zu gelangen. Diese Bereitschaft bei den Eltern, die Probleme des täglichen Lebens ernst zu nehmen, ist das wirklich entscheidende für die Beziehung zwischen Eltern und Kind. Sie führt erstens zu der Erfahrung, daß alle wichtigen Probleme des familiären Zusammenlebens gemeistert werden können, wenn wir uns ernsthaft darum bemühen. Und zweitens ist diese Erfahrung das, was Kinder am stärksten brauchen – viel stärker, als richtig behandelt zu werden, obwohl auch das nicht verkehrt ist«.

Bruno Bettelheim, geboren 1903 in Wien, promovierte an der Universität Wien und ging 1939 nach Amerika, nachdem er ein Jahr in den Konzentrationslagern Dachau und Buchenwald in Haft war. Fast dreißig Jahre lang leitete er die Orthogenic School in Chicago und lehrte an der Universität von Chicago Pädagogik, Psychologie und Psychiatrie. Bruno Bettelheim ist einer der bedeutendsten lebenden Kinderpsychologen. Als besonders erfolgreich gilt seine Arbeit mit autistischen Kindern.
  Im Piper Verlag erschien außerdem: Bruno Bettelheim/ Daniel Karlin, »Liebe als Therapie. Gespräche über das Seelenleben des Kindes«, 1983 (SP 257).

Bruno Bettelheim

Gespräche mit Müttern

Aus dem Amerikanischen
von Friedrich Griese

Piper
München Zürich

Die Originalausgabe erschien 1962 unter dem Titel
»Dialogues with Mothers«
bei The Free Press of Glencoe, New York

ISBN 3-492-00455-5
Deutsche Erstausgabe
6. Auflage, 24.–27. Tausend April 1985
© The Free Press of Glencoe, Inc., New York 1962
Alle Rechte der deutschen Ausgabe:
© R. Piper & Co. Verlag, München 1977
Umschlag: Federico Luci unter Verwendung eines Fotos
von Annette Brodda
Gesamtherstellung: Clausen & Bosse, Leck
Printed in Germany

Für Ruth, Naomi und Eric

Inhalt

Vorwort

Ein Satz aus diesem Buch ist der Schlüssel für's ganze: Bruno Bettelheim sagt in der Einleitung eines Gruppengesprächs mit Müttern:

»Das Wesen einer bestimmten Handlungsweise können wir nicht allein nach seinem äußeren Anschein beurteilen, sondern wir müssen den Rahmen der Gefühle und Wertvorstellungen berücksichtigen, in dem sie sich vollzieht«.

Ein solches vertieftes Verständnis für ihre Sprößlinge, für die Interaktionen zwischen Erwachsenen und Kindern, Verständnis vor allem der Eltern für sich selbst, möchte der berühmte Kinderpsychotherapeut aus Chicago den Erziehenden vermitteln. Er hat auch alle Chancen, daß ihm das gelingt; denn er folgt ihnen aufmerksam und nachfragend in ihren Erziehungsalltag hinein. In diesem Buch geht es ganz konkret zu – und das brauchen besonders die Mütter kleiner Kinder – müssen sie den Alltag mit ihnen, mit all den Fragen, Schwierigkeiten, Ungereimtheiten und Nöten doch auch ganz konkret und mit all seinen kleinen Details bestehen! Der große Wert des Buches besteht darin, daß Bettelheim nie an der Oberfläche bleibt, daß er den Problemen auf den Grund zu gehen sucht, so daß die Eltern selbst Zusammenhänge entdecken, die ihnen vorher nicht eingefallen waren.

Bettelheim wirkt auch illusionären Erwartungen von Laien an den psychotherapeutischen Fachmann entgegen, indem er durchgängig der Vesuchung widersteht, Unbeantwortbares zu beantworten. Es gibt für ihn Aporien, die er stehenläßt – eine wichtige notwendige Voraussetzung für ein realitätsgerechtes Handeln im Erziehungsalltag. Aber das Buch vermittelt dennoch gute Hoffnungen. Es zeigt in vielen einzelnen Geschichten auf, wie entwicklungsfördernd allein das tiefere Verstehen der Eltern sich auf die Kinder auswirkt. Manche Schwierigkeiten fielen in der Tat wie Fliegen von der Decke, nur dadurch, daß die Erziehenden einen tieferen Einblick in die eigenen Hintergründe ihres Fühlens, Denkens und Handelns bekamen.

Ich wünsche dem Buch, daß es bei uns in Deutschland von

vielen Eltern kleiner Kinder gelesen wird; denn es macht trotz seines reflektierenden Charakters nicht unsicher, es hilft vielmehr in eine fröhliche Spontaneität des erzieherischen Alltags hinein. Mütter lernen, daß sie sich im Umgang mit ihren Kindern eine Menge erlauben können, wenn sie nur in der Tiefe ihrer Seele ehrlich mit ihnen und sich selbst umgehen.

Christa Meves

Einleitung

Wir möchten heutzutage gern, daß unsere Kinder ihre Entscheidungen selbständig treffen, aber *wir erwarten, daß diese Entscheidungen uns gefallen.*

Für meine Eltern war das Leben viel einfacher. Für sie war klar, was man von einem Kind erwarten durfte, und das Kind tat wirklich gut daran, sich danach zu richten. Bei uns ist das anders. Wir möchten, daß unsere Kinder nach ihren eigenen Vorstellungen leben, daß sie ihre Persönlichkeit in Freiheit entfalten. Denn wir glauben an die Freiheit, und wir wissen, daß Zwang schlecht ist. Zugleich aber möchten wir, daß ihre Entfaltung zu den Zielen führt, die wir für sie ausgesucht haben. Aus Angst, wir könnten ihre Spontaneität und ihr Glück beeinträchtigen, verzichten wir darauf, ihnen unsere Wünsche aufzuzwingen; dennoch möchten wir, daß unsere Wünsche verwirklicht werden.

Daß Eltern ihr Kind richtig behandeln möchten, ist natürlich nichts Neues. Neu ist, daß wir große Angst haben, unser Kind falsch zu behandeln. Dabei sind, so merkwürdig das klingt, auffällige Fehlentwicklungen nach meiner Beobachtung häufiger daraus entstanden, daß ein Elternteil Angst hatte, das Falsche zu tun, als daraus, daß er das Falsche aus ehrlicher Überzeugung tat. Auch habe ich Eltern gesehen, die nicht ihrem richtigen Gefühl folgen wollten, weil sie befürchteten, das wäre schlecht für das Kind.

Allerdings liegen die Dinge nicht ganz so einfach, nämlich so, als brauchten Eltern sich im Umgang mit ihren Kindern lediglich über ihre eigenen Befürchtungen Sorgen zu machen oder nur ihrem Instinkt zu folgen. Es ist wirklich dringend notwendig, daß moderne amerikanische Eltern sich klarmachen, wie sie ihre Funktion als Eltern auffassen und was sie für ihre Kinder und von ihren Kindern wollen. Bei dieser Aufgabe zu helfen war der Zweck meiner Gespräche und ist auch der Zweck dieses Buches. Man kann den Eltern nicht sagen, was sie tun sollen oder wie sie es tun sollen. Man kann ihnen aber dann Hilfen geben, wenn man dazu beiträgt, daß sie sich klarmachen, was sie für ihr Kind wollen und wie sie diesen Wunsch in der Alltagspraxis Schritt für Schritt in die Wirklichkeit umsetzen können.

Ich rede hier so, als würden beide Eltern sich in gleichem Umfang an der Erziehung ihrer Kinder beteiligen. Gewiß trägt anfangs die Mutter die größere Last, aber dennoch richtet sich dieses Buch an Väter und Mütter. Wenn sich nicht beide Eltern darüber einig sind, was sie für ihre Kinder wollen, und wenn der Vater nicht die Mutter dabei unterstützt, diese Ziele zu erreichen, werden ihre Bemühungen allein nichts nützen – obwohl sie die weitaus größere Arbeitslast trägt und dementsprechend reicher belohnt wird, wenn ihre Bemühungen von Erfolg gekrönt sind.

Es kann also durchaus sein, daß zuerst die jungen Mütter mein Buch lesen, doch ich gehe davon aus, daß sie es anschließend an ihre Männer weitergeben. Für die Mütter bedeutet, besonders beim ersten Kind, die Elternschaft eine totale Umwälzung, auch wenn sich darin eine natürliche Bestimmung erfüllt. Man hat ihnen bewußt gemacht, wie furchtbar wichtig sie in den ersten Lebensjahren des Kindes sind, aber gerade dieses Bewußtsein macht sie in ihrem Verhalten oft unsicher.

Als Reaktion auf ihre Besorgnisse überschwemmt man sie mit einer Literatur, in der sie bald als Heilige, bald als Schlange hingestellt wird, immer aber als Person, die eine ungeheure Verantwortung trägt. Schon das kann eine Frau, die von sich weiß, daß sie nur ein durchschnittlicher Mensch ist, entmutigen. Ja, sie ist gern Mutter, und es macht ihr Spaß, aber mit den unzähligen Dingen, die, wie man ihr erklärt, bei ihrem Kind schiefgehen können und für die sie allein verantwortlich wäre, hat sie nicht gerechnet. Andererseits sagt man ihr, die Versorgung des Kindes sei eine einfache Sache, und in der Tat ist das tagtägliche Erlebnis des Windelnwechselns nicht sonderlich großartig, wenn es auch entscheidende Folgen hat, *wie* sie es macht. Außerdem werden Gespräche über Kinder als belangloses Geschwätz hingestellt. Irgendwie empfinden Mütter ein Mißverhältnis zwischen der Wichtigkeit, die man ihnen in wissenschaftlichen Abhandlungen über die Entwicklung des Kindes zuschreibt, und dem Image, daß sie als »Nur-Hausfrau« haben.

Im Laufe der Round-table-Gespräche, die ich mit den jungen Müttern führte, sahen und hörten sie selbst zum ersten Mal, was andere empfanden, und konnten sich – ermutigt durch mich, den sie als eine Autorität betrachteten – eingestehen, daß es nicht immer das große Glück ist und daß es wirkliche Mühen mit sich bringt, für ein kleines Kind zu sorgen. Mit einem Gefühl der Erleichterung erfuhren sie, daß zuweilen alle Mütter erschöpft sind von der Mühsal, für Kinder, für den Haushalt und für einen Ehemann zu sorgen, der beruflich weiterkommen will und das Auskommen der Familie bestreiten muß.

Weit schwieriger war es, mein eigentliches Ziel zu erreichen: nämlich einige der Grundeinstellungen der Eltern gegenüber sich selbst als Eltern, gegenüber ihren Kindern und gegenüber Kindererziehung zu verändern. Im Grunde wünschten sie sich ein paar Regeln – »Das sollst du tun« und »Das sollst du nicht tun«. Jede Mutter hätte gern gehabt, daß ich die innere Stimme, die sich kritisch zu manchem, was sie tat, zu Wort meldete, und die Kritik einer anderen Mutter oder eines Ehemannes zum Schweigen brächte. Es war schwere Erziehungsarbeit, sie davon zu überzeugen, daß manches, was vielleicht für die eine Mutter und für das eine Kind richtig war, für eine andere Mutter oder für ein anderes Kind nicht unbedingt das Beste sein mußte – daß es so einfach nicht war. Schließlich sahen sie ein, daß es doch nicht so gefährlich war, wenn man sich gerade gegenüber dem eigenen Kind von seinen unmittelbaren Gefühlen leiten ließ.

Zugleich sorgten die Sitzungen ohne jede bewußte Absicht dafür, daß die scheinbar trivialen Probleme der Mütter den Anstrich eines mehr oder weniger bedeutungslosen Gesprächsthemas verloren. Es wurde deutlich, daß Kindererziehung eine Aufgabe ist, die richtige Beobachtung, Überlegung und persönliche Entscheidung erfordert. Aus den Sitzungen ergab sich, daß man sowohl berechtigt als auch verpflichtet ist, persönliche Entscheidungen zu treffen, und daß man sich darin üben kann. Dadurch wurde die Eltern-Kinder-Beziehung, die auf eine abgedroschene Liste von Geboten und Verboten heruntergekommen zu sein schien, wieder aufgewertet. Es war nur selbstverständlich, wenn daraus mit der Zeit eine größere Selbstachtung erwuchs. Und dazu soll auch das Buch bei seinen Lesern beitragen.

Das alles ist immer noch nötig, obwohl mittlerweile an Theorien, Theoriebänden und Handbüchern mit Ratschlägen zur Kindererziehung kein Mangel ist. Dennoch haben Eltern immer wieder Schwierigkeiten. Und zwar nicht, weil die Theorien fehlerhaft oder die Ratschläge unrichtig wären; sowohl Ratschläge als auch Theorien sind in der Regel vortrefflich, soweit es um anderer Leute Kinder geht. Die Schwierigkeit ist, daß sie wenig Hilfe bieten und viel Verwirrung stiften, wenn ein Vater oder eine Mutter versucht, sie im Umgang mit den eigenen Kindern anzuwenden. Denn wenn auch die meisten Theorien ziemlich vernünftig sind und von einem Großteil der Ratschläge für Eltern dasselbe gesagt werden kann, so treffen sie doch in keinem Einzelfall völlig zu.

In meiner Arbeit als Pflegevater von rund vierzig schwierigen Jugendlichen an der Orthogenischen Schule und in meiner privaten Erfahrung als Vater von drei Kindern habe ich mühsam lernen müssen, was alle anderen Eltern ebenfalls entdecken: daß der geeignetste Ratschlag, die am sorgfältigsten erläuterte Theorie kaum etwas nützen, wenn man auf bestimmte alltägliche Vorkommnisse bei einem Kind eingehen muß. Die umfassenden Theorien sind einfach zu allgemein oder lassen zu viele unterschiedliche Anwendungsmöglichkeiten zu, als daß sie in einem Fall, wo ein ganz bestimmtes Handeln vonnöten ist, mehr als eine Leitidee bieten könnten. Und wo der Ratschlag detailliert ist, da ist er für gewöhnlich so detailliert, daß er nie genau die Situation trifft, mit der man es gerade zu tun hat.

Außerdem entsprechen die Eltern, die in derartigen Empfehlungen geschildert werden, nicht ganz dem Menschentyp, zu dem wir uns rechnen, und das Kind, das in den gedruckten Abhandlungen dargestellt wird, gleicht nicht genau dem jeweiligen Kind, mit dem wir uns auseinanderzusetzen haben. Schließlich steht hinter allem, was wir in einer gegebenen Situation tun, unsere gesamte bisherige Lebenserfahrung, und sie macht sich unversehens darin geltend, wie wir unser Verhalten dem Kind gegenüber und sein Verhalten uns gegenüber sehen. Dasselbe gilt auch für unser Kind: auch es reagiert auf unser Eingreifen im Sinne seiner bisherigen Erfahrungen, von denen wir selbst viele geschaffen oder beeinflußt haben. Ein Ratschlag jedoch, der all diese Erwägungen berücksichtigte, würde so allgemein und vage werden, daß er darauf hinausliefe: Wir müssen mit Blick auf unsere Geschichte und Persönlichkeit und die des Kindes handeln. Das mag zwar richtig sein, verrät uns aber nicht, was wir im gegebenen Fall tun sollten.

Alle Eltern und Erzieher kennen diese Schwierigkeit und versuchen, irgendwie damit fertigzuwerden. Für mich war es ein besonders brennendes Problem, und das muß es für jeden sein, der für eine Erziehungseinrichtung verantwortlich ist, deren Mitarbeiter von ihm theoretische Anleitung und praktischen Rat für den Umgang Kindern erwarten.

Nachdem ich so fast zwanzig Jahre lang Tag für Tag mit dem Problem konfrontiert war, wie man anderen bei den Problemen helfen kann, die aus dem Zusammenleben mit Kindern erwachsen, und nachdem ich gezwungen war, ihnen zu helfen, mit den schwierigsten Problemen fertigzuwerden, die Kinder Erwachsenen stellen können, wurde mir schließlich klar, daß sich weder mit theoretischen Lehren noch mit irgendwelchen Anweisungen bestimmen läßt, was genau man in einer bestimmten Situation zu tun hat. Ich mußte lernen, daß nur solche Theorien von Nutzen sind, die durch jahrelange Praxis in immer wieder anderen Situationen und mit einem a priori nicht vorhersehbaren Ergebnis zum Bestandteil des eigenen Lebens geworden sind. Wie aber kann eine Theorie durch die Praxis zum Bestandteil des eigenen Lebens werden, wenn man sie nie erklärt bekommen hat? Ich glaube, genauso, wie der Bourgeois Gentilhomme plötzlich erkennt, daß er sein Leben lang Prosa gesprochen hat, schon lange bevor er weiß, daß es da einen Unterschied gibt.

Was ich mit unseren Mitarbeitern zu praktizieren lernte, war einfach folgendes: von der gültigen Annahme auszugehen, daß sie, wenn sie um Hilfe baten, nicht an einer Theorie oder an einem Ratschlag interessiert waren, sondern an einer praktischen Lebenshaltung, die den ihnen anvertrauten Kindern – und damit auch ihnen selbst – mehr entsprach. Um das zu erreichen, mußte man in zahllosen Fällen die möglichen Motive für das Verhalten eines Kindes untersuchen. Dabei kam man fast immer zu der Erkenntnis, daß ein scheinbar dummes oder sinnloses Verhalten bei näherer Untersuchung durchaus sinnvoll war. Es wurde deutlich, daß ein Kind, das einem auf die Füße trat, das weder aus Ungeschicklichkeit noch aus Bosheit tat, sondern einfach, um ein bestimmtes Ziel zu erreichen.

Heute ist es zur allgemeinen Überzeugung geworden, daß hinter dem Verhalten unserer Kinder durchaus eine gewisse Logik steckt, selbst dann, wenn sie uns zusammenschlagen. Dennoch ist es ein sehr weiter Weg von dieser theoretischen Überzeugung zur Anerkennung der Tatsache, daß eine Logik dahintersteckt, wenn ein Kind uns zusammenschlägt. Außerdem, wäre es ganz so einfach, würde sich daraus ergeben, daß das Kind uns zusammenschlagen *sollte* – eine Folgerung, die, das gebe ich zu bedenken, als Idee ebenso pervers ist wie als Tat, wenn nämlich Kinder einen Erwachsenen zusammenschlagen würden. Die richtige Theorie, daß unsere Kinder sich sinnvoll verhalten, kann demnach offenbar zu einer Handlungsanleitung werden, die ernsthafte Gefahren für das Kind und für uns selbst enthält.

Der allgemeine Grundsatz, daß wir erfolgreichere Wege finden müssen, mit unseren Kindern zusammenzuleben (damit sie nicht uns oder sich selbst die Knochen brechen), ist deshalb sinnvoller als die gültige Theorie, daß es für alles, was die Kinder auch tun, immer ausgezeichnete Gründe gibt. Dieser Grundsatz – und das ist weit wichtiger – liefert uns ein viel stärkeres Motiv, über die eigenen Motive, Verhaltensweisen und Einstellungen nachzudenken. Erst nachdem man mit Möglichkeiten eines erfolgreicheren Umgangs mit einem schwierigen Kind experimentiert und so herausgefunden hat, was hilfreich und was hinderlich ist, erkennt man in jenen Theorien, die auf eine allgemeine Weise darstellen, was man die ganze Zeit über praktiziert hat, einen gewissen Sinn. Dann aber braucht man in der Regel kaum Theorien, außer, um andern das eigene Handeln zu erläutern.

Wie also kann man anderen zu einem erfolgreicheren Umgang mit ihren Kindern verhelfen?

Die einzige Lehre, die den Mitarbeitern der Orthogenischen Schule geholfen hat, bestand in dem Bemühen, sie – ganz ohne Theorie oder Ratschläge – dahin zu bringen, eine bestimmte Situation mit eigenen Worten, ausgehend von den eigenen Befürchtungen, Vorstellungen und Hoffnungen, darzustellen. Indem sie gewissermaßen die konkrete Situation umkreisten, erkannten sie, wieviele scheinbar unzusammenhängende Gedanken und Gefühle in die Situation eingegangen waren. Es ging dabei nicht um künstlich erdachte Situationen, sondern einfach um solche, die aus dem täglichen Leben erwuchsen.

Zu Anfang baten unsere Mitarbeiter gewöhnlich um Rat, wie sie eine bestimmte Situation behandeln sollten, oder sie fragten sich, von welcher Theorie sie in ihrem Verhalten ausgehen sollten. Bald lernten sie jedoch, daß das, was sie konkret aus der Erfahrung lernen konnten, nie genau zu einer anderen Situation paßte. Erst nach häufigeren Diskussionen lernten sie, wie sie selbst neu entstehende Situationen analysieren konnten. Durch eine solche Analyse lernten sie, zu Lösungen zu gelangen, die gleichermaßen zu ihrer eigenen Entfaltung, zur Entwicklung der Kinder und zu ihren gegenseitigen Beziehungen beitrugen. Kurz, sie kamen, ohne irgendwelche spezifischen Maßnahmen zu ergreifen, zu einem besseren Umgang mit den Kindern.

Es wäre für mich ein Leichtes gewesen, Bände derartiger Analysen aus den Protokollen der Orthogenischen Schule zusammenzustellen. Allerdings behandeln diese Protokolle die merkwürdigen Verhaltensweisen und Denkprozesse sehr gestörter Kinder. Und wenn sie auch auf den gleichen Grundsätzen beruhen, würden sie doch wohl nicht ohne weiteres zu den Einsichten führen, von denen man bei der Analyse der Probleme ausgeht, denen normale Eltern bei ihren normalen Kindern begegnen.

Zum Glück habe ich einige Jahre lang derartige Gruppensitzungen mit den Eltern (überwiegend Müttern) von normalen Kleinkindern geleitet. Aus diesen Sitzungen haben wir alle – jedenfalls war das unsere Überzeugung – soviel gelernt, daß wir nach einiger Zeit beschlossen, sie mitzuschneiden. Ich bin den Teilnehmern sehr dankbar für die Erlaubnis, unsere Diskussionen aufzunehmen. Ich danke Eugenia Bernoff, die sie abgeschrieben hat – eine schwierige Aufgabe, der sie mit außergewöhnlicher Intelligenz und Hingabe gerecht geworden ist. Meine geschätzte Freundin, die Redakteurin Ruth Marquis, die ebenfalls an den Sitzungen teilnahm, wies nachdrücklich darauf hin, daß die Sitzungen für alle Eltern Wertvolles enthielten, und veranlaßte mich, sie als Buch herauszugeben. Gemeinsam wählten wir aus den Abschriften einen repräsentativen Querschnitt für die Veröffentlichung aus. In gewisser Hinsicht ist dieses Buch ihr zu verdanken.

An dieser Stelle muß ich auch etwas darüber sagen, wie es zu diesen Gruppensitzungen kam. Nach dem Kriegsende in Europa und vor allem nach der Kapitulation Japans herrschte an allen Hochschulen, darunter auch der Universität von Chicago, ein starker Andrang von ehemaligen Soldaten. Es machte Freude, sie zu unterrichten, denn durch ihre Erfahrungen bekam das, was wir ihnen beizubringen versuchten, mehr Bedeutung. Sie waren nicht nur älter, sondern auch reifer.

Die Mehrzahl der verheirateten Studenten lebte in mehreren Ansammlungen von Baracken, den sogenannten Fertighäusern, zusammen, und zwischen diesen Familien entwickelte sich rasch ein sehr enges, gesellschaftliches Leben. Es kam zu zahlreichen gemeinsamen Aktivitäten; wenn etwa ein Elternpaar ausging, hütete ein anderes das Baby, oder man löste sich bei der Beaufsichtigung eines gemeinsamen Spielplatzes für Kleinkinder ab.

Zwar nahm nur ein kleiner Prozentsatz der Mütter, die in den Fertighäusern lebten, an den Sitzungen teil, doch waren es diejenigen mit dem größten Interesse an Kindererziehung, und somit waren sie in allem, was Kinder betraf, tonangebend.

Die Sitzungen entstanden ganz zufällig. Immer wieder ließen ehemalige Soldaten, die meine Kurse über Kindesentwicklung und Kinderpsychologie besuchten, erkennen, daß sie nicht über Kinder im allgemeinen etwas lernen wollten; in den Seminardiskussionen stellten sie wiederholt Fragen bezüglich solcher Probleme, auf die sie bei ihren eigenen Kindern stießen. Doch ist ein ziemlich umfangreicher Graduiertenkurs über Kinderpsychologie nicht immer der geeignete Ort, um Dinge zu diskutieren, die gerade einen einzelnen Vater beschäftigen. Es kam vor, daß einer mich fragte: »Warum ist Johnny bereit, zur Toilette zu gehen, wenn ich es ihm sage, aber nicht, wenn meine Frau es ihm sagt? Sie möchte gern, daß Sie mir erklären, was sie falsch macht.«

Ich wollte mich im Seminar nicht auf Diskussionen darüber einlassen, wer das Kind richtig behandelte, der Vater oder die Mutter. Dennoch war das Anliegen dieser Studenten berechtigt, und es erschien mir zumindest ebenso sinnvoll, ihnen in ihren Schwierigkeiten mit ihren Kindern zu helfen, wie ihnen Theorien über Kindererziehung beizubringen. Zunächst versuchte ich, das Problem so zu lösen, daß ich mich formlos mit einigen der interessierten Väter unter meinen Studenten traf.

Schon zum ersten Treffen brachten einige der Studenten ohne besondere Einladung ihre Frauen mit, und zum vierten Treffen kamen überwiegend Mütter und einige Väter. Jetzt war es klar, daß vor allem die Mütter an Gruppensitzungen mit mir interessiert waren. Anschließend kamen wir ziemlich regelmäßig zweimal im Monat zusammen; unsere Sitzungen fanden abends statt und dauerten gewöhnlich anderthalb Stunden oder etwas länger. Die Zusammenkünfte wurden immer interessanter für alle Beteiligten, und eines Tages im Jahre 1948, als die Gruppe in aufgeräumter Stimmung beisammen war, beschlossen wir, in einen Raum mit Aufnahmemöglichkeiten umzuziehen, so daß wir das Gesagte aufzeichnen konnten. In diesem Raum trafen wir uns weiterhin alle vierzehn Tage, später alle drei Wochen, und schließlich einmal im Monat; die Sitzungen endeten, weil ich keine Zeit mehr dafür hatte, im Frühjahr 1952.

Die meisten Mütter waren mit schon graduierten Studenten verheiratet, und da diese oft noch einige Jahre an der Universität blieben, gab es eine Kerngruppe von Müttern, die, solange es diese Zusammenkünfte gab, ziemlich regelmäßig an ihnen teilnahmen. Natürlich schieden jedes Jahr einige aus, und einige neue Eltern kamen hinzu. In der Regel waren ein, zwei oder drei Ehemänner dabei, aber höher war die Beteiligung von Vätern gewöhnlich nicht.

Zu den einzelnen Sitzungen kamen fünfzehn oder achtzehn, gelegentlich auch vierzig Mütter. Die meisten hatten kleine Kinder, einige allerdings auch schon solche im vorpubertären Alter.

Gelegentlich schaute auch eine Großmutter herein – das heißt, eine der Mütter brachte ihre eigene Mutter mit. Gewöhnlich wurden die Großmütter in der Hoffnung eingeladen, daß die Teilnahme an einer oder zweien unserer Sitzungen vielleicht etwas an ihren vorgefaßten Meinungen ändern würde. Das bezweifle ich; ich könnte mir aber denken, daß sie anschließend eher bereit waren zuzuhören, wenn ihre Töchter ihnen von dem berichteten, was sie bei den Sitzungen gelernt hatten.

Damit nicht der Eindruck entsteht, daß es sich hier um ganz besondere oder hochgebildete Mütter handelte, sollte ich hinzufügen, daß es keineswegs eine ausgewählte Gruppe war: die Mehrheit besaß eine gewisse College-Bildung oder hatte das College beendet. Sie waren intelligent und leidlich gebildet, aber nicht mehr als irgendeine durchschnittliche Gruppe junger Mütter in einer gewöhnlichen Mittelschicht-Siedlung. Die meisten von ihnen hatten geheiratet, als ihre Männer beim Militär waren.

Viele der Gespräche werden dem Leser einen gewissen Einblick in die jeweilige Familie sowie in den gesellschaftlichen und persönlichen Rahmen vermitteln, in dem die besprochenen Ereignisse sich abspielten. Die Sprache der Eltern, die so getreu wiedergegeben ist, wie es die Verständlichkeit der Aufzeichnungen zuließ, gibt in etwa Aufschluß über ihr Erziehungs- und Bildungsniveau und über das Ausmaß ihrer wirklichen oder vermeintlichen Intellektualität.

Während der Wochen vor einer Sitzung dachten die Mütter darüber nach – und einige sprachen darüber miteinander –, welche Probleme sie zur Diskussion bringen wollten; dadurch wurde der Verlauf der Sitzungen in gewisser Hinsicht beeinflußt. Auch ich machte mir ein paar Gedanken über die Sitzungen. Auf dem Wege dorthin versuchte ich mir gewöhnlich ins Gedächtnis zu rufen, welche Tendenz in den voraufgegangenen

Sitzungen und vor allem in der letzten vorgeherrscht hatte: welche Probleme die Gruppe zu beschäftigen schienen, wie weit sie nach meiner Ansicht bereit gewesen war, die Methoden, die ich dort zu erläutern versuchte, zu akzeptieren. Kurz, ich vergegenwärtigte mir auf eine eher unsystematische Weise, was bislang erreicht worden war und wie der nächste Schritt zu größerer elterlicher Reife aussehen könnte, zu dem die Gruppe bereit zu sein schien.

Wenn also bei mir überhaupt von einem Konzept gesprochen werden konnte, dann in dem Sinne, daß ich feststellte, was diese Gruppe am dringendsten lernen mußte, welche folgenden Lernschritte durch den Ablauf der vorhergehenden Sitzungen nahelagen, wo ein angeschnittenes Thema fortzuführen war oder worauf die letzten Sitzungen in ihrer Gesamttendenz hinausliefen.

Dennoch nahm jede Sitzung einen ganz eigentümlichen Verlauf, sobald das Gespräch begann. Zwar ging jeder Beteiligte irgendwie – gewöhnlich positiv, manchmal aber auch negativ – auf die anderen ein, aber die wesentliche Interaktion fand letzten Endes doch zwischen einer bestimmten Mutter und mir oder zwischen ihr und einer oder zwei anderen Müttern statt. Was gesagt wurde und wie es gesagt wurde und – wichtiger noch – wie die Beziehungen sich in einem bestimmten Augenblick gestalteten, hing deshalb weitgehend von den Persönlichkeiten, Sorgen, Einstellungen, Werten, Vorurteilen und wer weiß was sonst noch alles einer bestimmten Teilgruppe von zwei, drei oder höchstens vier Beteiligten ab.

Es liegt in der Natur derartiger Interaktionen, daß der Sprecher sich während eines großen Teils der Zeit vorwiegend an eine Person wendet, auch wenn er dabei den Rest der Gruppe nicht vergißt. Er stellt, was er sagt, zuerst und vor allem auf diese Person ab, wobei er seine Reaktion auf das stützt, was er über sie weiß (oder zu wissen glaubt) und empfindet, sowie auf das, was diese Person – wie er hofft – aus dem, was er sagt oder tut, entnehmen wird.

Das gilt nicht minder in einer Gruppe, selbst dann, wenn der Sprecher sich vermeintlich an die ganze Gruppe wendet. Jeder Lehrer weiß, daß er in der personorientierten Lehrmethode am meisten erreicht, wenn er sich geistig auf einen bestimmten Schüler konzentriert, den er zu erreichen, zu überzeugen, zu beeinflussen, zu bilden versucht. Ich sage »personorientiert«, weil es auch eine andere Lehrmethode gibt, den Vortrag, der sich eher auf das zur Erörterung stehende Problem und nicht darauf konzentriert, die Zuhörer in einer personalisierten Form als deutlich voneinander verschiedene Individuen zu erreichen. Nun wurden aber diese Gruppensitzungen nicht in der Art eines Vortrags abgehalten. Das Hauptproblem war für mich, an die Gefühle und Einstellungen der Mütter, soweit sie ihre Kinder betrafen, heranzukommen und nicht nur – oder gar hauptsächlich – an ihr intellektuelles Verständnis zu appellieren. Zwar mußte ich, wie bei jeder Form von Unterweisung, an ihr rationales Denken appellieren, aber meine Absicht war, durch das Denken ihre Einstellungen zu beeinflussen.

Ich mußte mich also jeweils nicht so sehr darauf konzentrieren, ihnen allen etwas beizubringen – obwohl das eine von mir erwünschte Nebenwirkung blieb –, sondern darauf, die einzelne Mutter zu erreichen, die ein Problem vortrug beziehungsweise aufgriff, wo eine andere es verlassen hatte. Zu diesem Zweck mußte ich der jeweiligen Sprecherin nicht nur gestatten, sondern sie dazu ermuntern, für die Dauer unserer Interaktion die Gestaltung unserer gegenseitigen Beziehung selbst in die Hand zu nehmen. Nur auf diese Weise konnte sie persönlich so stark beteiligt werden, daß das, was wir miteinander besprachen, einen gewissen Einfluß auf ihre Einstellung ausüben konnte. Schon aus diesem Grunde konnte ich für das, was wir bei der jeweiligen Sitzung tun wollten, nicht mehr als ein vage umrissenes Konzept haben, und ich hatte mich in jedem Augenblick nach dem zu richten, was ich als die persönlichen Beziehungen zwischen mir, der Gruppe und der Mutter, die redete, erkannte.

Schließlich war die Art, in der ich meine Beziehung zu ihnen – und ihre Beziehung zu mir – in jedem Augenblick gestaltete, für sie alle ein Beispiel dafür, wie persönliche Beziehungen überhaupt gestaltet werden können. Hätte das Beispiel meines Verhaltens nicht eine gewisse Übereinstimmung mit jener Einstellung gezeigt, die ich bei diesen Eltern gegenüber ihren

Kindern fördern wollte, dann hätte es diese erwünschte Einstellung eher beeinträchtigt als gefördert. Zwar bestanden zwischen uns keine Eltern-Kind-Beziehungen, doch immerhin Beziehungen, die als solche etwas mit allen übrigen persönlichen Interaktionen, einschließlich derer zwischen Eltern und Kind, gemein haben mußten. Zumindest mußte für beide Seiten gelten, daß jeder Partner in jedem Augenblick die Beziehung insofern gestaltet, als er entscheidet, was in die Beziehung eingehen sollte. Das setzte voraus, daß kein Partner irgendein vorgefaßtes Ziel anstrebte, außer dem, die Beziehung für alle an ihr Beteiligten so fruchtbar wie möglich zu machen.

An einigen Stellen habe ich mir erlaubt, durch Zusätze zu den Abschriften die Gründe meines Verhaltens zu erläutern. Ich möchte aber betonen, daß derartige Begründungen einem fast immer erst hinterher einfallen. Mitten im aktiven Gespräch mit rund zwanzig bis vierzig Eltern war kaum Zeit, über das, was ich tat, nachzudenken. Andererseits beruhte alles, was ich tat, auf einem großen Schatz von Erfahrungen mit normalen und mit sehr schwierigen Kindern – sowohl mit den Problemen der Kinder selbst wie mit jenen, die sie für Erwachsene aufwerfen, die ihnen zu helfen versuchen.

Diese Erfahrungen und die vielen Gelegenheiten, die ich hatte, über mein Verhalten und das anderer Erwachsener in ähnlichen Situationen nachzudenken, bestimmten auf eine halb unbewußte, beinahe automatische Weise, wie ich in den Sitzungen an ein bestimmtes Problem heranging. Auch wurde ich dadurch vage an ähnliche Situationen erinnert, die ich erlebt hatte, und an Verhaltensweisen, die sich dabei als angemessen erwiesen hatten. Ohne daß ich mich absichtlich oder bewußt an sie erinnert hätte, ergab sich aus diesen früheren Erfahrungen eine bestimmte Art, an das vorliegende Problem heranzugehen, und eine bestimmte Argumentationsweise, die mir für einen bestimmten Elternteil und für alle Anwesenden besonders geeignet schien. Also wurden die Überlegungen, die ein Elternteil angesichts eines Problems über die angemessene Verhaltens- oder Handlungsweise anstellen würde, der Gruppe ebensosehr durch das vermittelt, was ich sagte, wie durch die Art, in der ich sprach oder schwieg.

Während mir die Gründe, warum ich mich gerade so verhielt und äußerte, also meine Motive und Ziele, während der Sitzungen in der Regel nicht bewußt waren, hatte ich immer den bewußten Wunsch, einer bestimmten Mutter zu helfen, ihr Kind und sich selbst in Beziehung zu ihrem Kind besser zu verstehen. Was sich zwischen uns abspielte, war das Ergebnis meines Versuchs, meine Erfahrungen, Ansichten und Einstellungen auf zweierlei Arten von persönlichen Beziehungen anzuwenden – auf die zwischen der jeweiligen Mutter und ihrem Kind und auf die zwischen mir und der Gruppe. Was da geschah, war also in einem gewichtigen Sinne auch die Entfaltung einer Beziehung, an der die Mutter ebensosehr Anteil hatte wie ich. Angesichts dessen, was ich zu erreichen versuchte – daß diese Eltern die wahre Natur ihrer emotionalen Bindung an ihr Kind erkannten, daß sie erkannten, warum und in welcher Weise diese Bindung sie eventuell daran hinderte, die Eltern zu sein, die sie sein wollten –, war es gewiß unvermeidlich und zuweilen wünschenswert, wenn bei der einen oder anderen Mutter starke Empfindungen geweckt wurden. Weil es sich um Gruppensitzungen handelte, war es mir nicht möglich, in jedem Fall richtig einzuschätzen, wie stark die Ängste waren, die das Besprochene bei jemandem auslösten, besonders dann, wenn jemand mehr zuhörte als sprach. Es war damit zu rechnen, daß bei einigen Reaktionen ausgelöst würden, mit denen sie nicht ohne weiteres fertig werden würden, und deshalb ging ich in den ersten Sitzungen sehr behutsam vor. Allerdings war die Mehrheit der regelmäßig teilnehmenden Mütter bereit, ihre tieferen Gefühle zu erforschen, denn sie wollten mehr darüber erfahren, was hinter ihren Einstellungen gegenüber ihren Kindern steckte.

Aus meiner Arbeit mit den Eltern stark gestörter Kinder wußte ich, daß diese selbst oft emotional gestört waren, und sei es auch nur aufgrund ihrer tiefen Besorgnis wegen der Schwierigkeiten ihrer Kinder und ihrer langjährigen Verwicklung in die Probleme des Kindes. Entsprechend starke Widerstände gegen die Einsicht hatte ich bei dieser Gruppe erwartet. Zu meiner großen Überraschung fand ich, daß diese normalen Eltern normaler Kinder kaum derartige Widerstände zeigten und keinen oder nur sehr wenige der neurotischen Abwehrmechanismen, die ich erwartet hatte. Mit dieser Erkenntnis und der Mehrheit folgend ging ich ziemlich rasch und ohne Umwege zur Diskussion von Themen und Einstellungen über, die unter anderen Umständen und mit emotional gestörten Eltern vielleicht emotional gefährlich gewesen wären.

Es zeigte sich, daß dieses Vorgehen, die diskutierten Themen und die Art, in der wir diskutierten, für einige wenige Eltern, sowohl Väter als auch Mütter, zu aufregend waren. Entweder verschlossen sie sich ganz, oder sie verstanden, was wir besprachen, völlig falsch, wurden zornig oder zeigten auf andere Weise, daß das, was geschah, sie allzusehr beunruhigte. Es waren sehr wenige: ich habe sie nicht genau gezählt, aber zurückblickend bin ich sicher, daß es auf weniger als die fünf Prozent abweichender Fälle hinauslief, mit denen man bei einer Zufallsauswahl rechnen muß. In der Regel kamen solche Eltern nach der Sitzung, die für sie zu aufregend gewesen war, nicht mehr wieder, oder sie kamen höchstens noch einmal, bevor sie ständig fern blieben. Sie zogen sich also spontan von einer Erfahrung zurück, die ihnen nichts gab.

Auf der anderen Seite gab es auch einige wenige Eltern, für die das, was wir diskutierten, zu vordergründig war, um ihre Aufmerksamkeit zu fesseln – jedenfalls behaupteten sie das. Sie wollten dauernd – und zwar unverzüglich – auf sogenannte »Tiefeninterpretationen« hinaus. Das Schwierige war, daß sie außerdem der fragenden Mutter zu erklären versuchten, was bei ihr oder ihrem Kind falsch lief.

Ich wollte jedoch nicht erklären, sondern helfen, etwas herauszufinden – nicht aufzeigen, was falsch war, sondern eine Untersuchungsmethode vermitteln –, und so mußte ich gegen diese Teilnehmer einschreiten. Dabei kam zutage, daß es ihnen weniger darum ging, etwas über Prozesse zu erfahren, als darum, anderen ihr überlegenes Wissen zu zeigen. Da sie den Grundsatz verletzten, den ich als oberstes Prinzip darzulegen versuchte – daß nämlich kein Mensch wissen kann, was einen anderen Menschen beunruhigt, und daß das beste, was er tun kann, darin besteht, dem anderen dabei zu helfen, selbst herauszufinden, was ihn quält –, war ich mit ihnen ganz unnachsichtig, und so blieben auch die zwei oder drei Mütter, die in diese Kategorie gehörten, ebenfalls nach höchstens zwei Sitzungen fort.

Obwohl es niemals ausgesprochen wurde, begriff die Gruppe bald, daß nicht ein bestimmtes Wissen, das im besten Falle nur für spezielle Situationen gelten konnte, für sie am nützlichsten war, sondern eine Methode, Sachverhalte herauszufinden, die ihnen in allen Situationen dienen konnte.

Sie lernten zum Beispiel, daß ich nicht da war, um ihnen zu sagen, in welchem Alter ein Kind anfangen sollte, seine Spielsachen mit anderen zu teilen. Dagegen konnte ich ihnen helfen, einzusehen, daß ein Kind nie etwas tut, »nur um Aufmerksamkeit zu erregen«. Dahinter stecken immer zumindest zwei Probleme: warum es in diesem Augenblick Aufmerksamkeit braucht, und warum es gerade dieses Verhalten wählte, um sein Ziel zu erreichen. Wenn wir das Verhalten des Kindes einfach als einen Trick abtun, mit dem es Aufmerksamkeit erregen möchte, so heißt das für das Kind nur eines: wir nehmen es nicht ernst genug, um uns zu fragen, warum es gerade das möchte. Außerdem versteht es das so, daß uns unsere Einschätzung seiner Motive wichtiger ist als seine Motive selbst. Vor allem entnimmt es daraus, daß wir sein Verhalten nicht als ernsthaft oder sinnvoll auffassen. Und da die Eltern, die für das Kind so wichtig sind, glauben, es handele ohne Plan und Ziel, muß es daraus schließen, daß es »ziemlich dumm« ist.

Es ging darum, den Eltern einsichtig zu machen, daß wir alle dazu neigen, ein Kind zu ignorieren oder verärgert zu reagieren, wenn es etwas von uns möchte, und daß wir auf ein Verhalten, das nicht an uns adressiert ist, anders reagieren, etwa wenn ein Kind sich einfach selber beschäftigt, auch wenn wir die Art, wie es das tut, nicht mögen. Das führte zu der Einsicht, daß wir sehr dazu neigen, es abzulehnen, wenn das Kind uns bei etwas stört, wir selbst aber andererseits leicht bereit sind, es zu stören – und daß das Kind dadurch zur Überzeugung kommt, wir glaubten, alles, was wir tun, sei wichtig, und alles, was es selbst tut, unwichtig.

Die Eltern lernten auch, daß es wenig Nutzen hat, zu fragen, wie man ein Kind am besten davon abbringt, andere Kinder zu beißen, wenn sie mir nicht zuvor sagen konnten, warum es biß. Sie lernten, daß es nicht um Schlagen oder Nichtschlagen des Kindes ging, sondern daß nichts geändert würde, solange man das eigentliche Problem nicht kannte. Auch das Kind seinen Zorn »ausdrücken« zu lassen war riskant, wie ich schon gesagt habe, denn wir können den Kindern nicht erlauben, um sich zu beißen.

Dagegen war die Frage oft sinnvoll: »Wenn ich ein Kind wäre, warum würde ich das tun?« oder »Was könnte *mich* veranlassen, jemand anderen beißen zu wollen?« Dabei wurde deutlich, daß das Beißen nicht das eigentliche Problem war, sondern lediglich das Symptom, genauso wie das Schlagen nicht ein Problem ist, sondern lediglich eine Konsequenz (vielleicht des Beißens). Das Problem des Gehorsams löste sich bei näherem Zusehen gewöhnlich auf, genauso wie das Fieber verschwindet, wenn die zugrunde liegende Krankheit richtig diagnostiziert und entsprechend behandelt wird. Dadurch, daß man lernte, den Druck, der ein Kind veranlassen könnte zu beißen (oder in den Eltern den Wunsch weckt zu schlagen), zu erkennen und abzubauen, kamen Fragen wie die, ob man permissiv oder streng sein soll, gar nicht mehr auf.

Das hat gegen Ende des ersten Jahres eine der Mütter recht treffend zusammengefaßt. Als wir mit unseren Sitzungen begannen (so erzählte sie mir), pflegten die Mütter, wenn sie über ihre Kinder und ihre Probleme sprachen, kritisch auf die Verhaltensweisen und Maßnahmen einzugehen, die ich früher in scheinbar ähnlichen Situationen empfohlen hatte. Doch gegen Ende des Jahres fragten sie sich nicht mehr, was wohl nach meiner Ansicht die »richtige« Antwort wäre, sondern sie überlegten sich statt dessen, wie ich wohl vorgehen würde, um herauszubekommen, was nicht in Ordnung war.

Die Auswahl der hier abgedruckten Diskussionen beruht nicht darauf, daß sie besonders aufregend sind, daß sie theoretische Einsichten enthalten oder sonstwie bedeutsam sind. Die tatsächlichen behandelten Probleme waren von unendlicher Vielfalt, und selbst ein zehnmal so umfangreiches Buch wie dieses könnte sie nicht annähernd alle darstellen.

So habe ich zum Beispiel eine Diskussion über die Onanie

nicht in die Auswahl aufgenommen, weil bei derart emotionsgeladenen Fragen leicht übersehen wird, daß ich nicht auf eine Reihe von bestimmten Empfehlungen hinauswollte, sondern auf eine Methode der Analyse. Wenn zwischen Eltern und Kind grundsätzlich ein gutes Verhältnis besteht, kommt es nicht so sehr darauf an, in welcher Weise die Frage der Onanie gehandhabt wird. Denn auch dann, wenn die Eltern »gelernt« haben, daß Onanie etwas Erlaubtes ist, kann es dazu kommen, daß das Kind, sofern es anderweitig in seinen persönlichen Beziehungen zu den Eltern enttäuscht wird, zu übermäßiger, das Kind isolierender Selbstbefriedigung greift, die ebenso schädlich sein kann, wie wenn die Eltern dem Kind das Onanieren verboten hätten.

Ich war also bestrebt, hier die geläufigsten Beispiele aufzunehmen, die ich finden konnte, und ich hoffe, daß sie als solche verstanden werden – als geringfügige Ereignisse, die wahrscheinlich im Leben eines jeden Kindes vorkommen und auf die man, wenn sie vorkommen, irgendwie eingehen muß. Wenn Eltern auf solche Ereignisse gedankenlos reagieren, üben sie auf das Kind einen bestimmten Einfluß aus; werden solche Ereignisse verständnisvoll behandelt, dann haben sie einen ganz anderen Einfluß auf das Kind. Sie – die zahllosen kleinen Erfahrungen, die unser Leben im wesentlichen ausmachen – sind jedenfalls zusammen genommen das, was die Persönlichkeit des Kindes und die Beziehungen zwischen ihm und uns prägt.

Der Verlauf, den die Persönlichkeitsentwicklung unserer Kinder und ihr Verhältnis zum Leben nehmen wird, hängt also davon ab, wie wir solche täglichen Interaktionen handhaben. Kein einzelner Vorfall braucht von sonderlich großer Wirkung zu sein, aber erstaunlich ist, wie sich solche unscheinbaren Erlebnisse auf lange Sicht zu einem guten oder auch zu einem ziemlich elenden Leben zusammenfügen. Und das alles vollzieht sich, ohne daß im guten oder im bösen Sinne etwas ganz furchtbar Wichtiges geschehen wäre.

I. Warum würde ich das tun?

1. Ich bin jemand anders

Dr. B.: Weihnachten ist nun vorbei. Das ist im Leben Ihres Kindes und auch in Ihrem Leben eine große, aber nicht immer einfache Zeit. Ich hoffe, Sie haben es alle gut überstanden. (*Einer Mutter zunickend*) Beginnen Sie!

Mutter: Ich habe eine Frage, Dr. Bettelheim. Meine Tochter ist zweieinhalb, und ich habe noch eine Tochter von drei Monaten. Im Sommer fing die ältere damit an, so zu tun, als wäre sie dieses oder jenes Tier. Plötzlich war sie zum Beispiel eine Maus und lief den ganzen Tag herum und piepte. Nachdem dann das Baby da war, war sie eine ganze Zeitlang nichts. Aber vor ungefähr sechs Wochen »wurde« sie das kleine Mädchen von nebenan. Es fing damit an, daß sie sagte, sie sei Kathy – so heißt das kleine Mädchen. Ich sollte Kathys Mutter sein, und unser Baby war angeblich Brian – so heißt das Brüderchen des kleinen Mädchens. Und sie verlangt ganz energisch, daß wir sie Kathy nennen, und unser Baby sollen wir als einen Jungen betrachten und Brian nennen. Ich habe das nun eine ganze Zeit mitgemacht und sie bei diesem Namen gerufen. Jetzt frage ich mich aber, wie lange das noch weitergehen soll.

Dr. B.: So lange, wie Sie es mitmachen. Ginge es bloß darum, ihr den Willen zu tun, dann wäre es nicht schlimm. Viele Kinder sagen, wenn sie etwas über zwei sind, daß ihnen ihr Name nicht gefällt. Aber wenn Ihre Tochter den ganzen Tag lang ein Tier spielen kann, dann ist sie so intelligent und kann sich so gut ausdrücken, daß sie Ihnen auch erklären kann, warum sie mit einem anderen Namen gerufen werden möchte. Haben Sie sie danach gefragt?

Mutter: Nein, das habe ich nicht. Ich weiß nicht, ob sie versteht oder wieweit sie versteht, wenn man fragt »warum?« Sie selbst hat gerade angefangen, nach dem »Warum« zu fragen.

Dr. B.: Schauen Sie: Um Ihnen zu vermitteln, daß sie Kathy genannt werden möchte und daß ihr Schwesterchen mit einem bestimmten Namen gerufen werden soll, ist ein ganz ansehnlicher Wortschatz erforderlich. Diesen Wortschatz hätte sie nicht erlangen und intelligent anwenden können, wenn sie das »Warum« nicht verstanden hätte.

Mutter: Das glaube ich nicht. Ich habe sie manchmal bei anderen Dingen nach dem »Warum« gefragt, und sie scheint das nicht zu verstehen[1].

Dr. B.: Merkwürdig . . .

Mutter: Ja . . . Aber ich habe mich nur gefragt, warum sie darauf besteht, daß das Baby ein Junge ist.

Dr. B.: Gut. Überlegen wir einmal, was wir tun können, wenn wir nicht verstehen, worauf ein Kind hinaus will. Das ist eine Frage von allgemeinem Interesse. Wenn ein Kind etwas tut, das uns nicht sinnvoll erscheint oder das wir nicht verstehen, aber gern verstehen würden – wie können wir dann dahinterkommen? Eine Möglichkeit ist, die Idee des Kindes aufzugreifen und zu sehen, wohin sie uns führt. Das hat diese Mutter getan, aber hat sie nicht weitergebracht. Was können wir noch tun?

Zweite Mutter: Nun, auf einmal wollte sie so heißen wie eine Freundin von ihr.

Dr. B.: Das wissen wir schon; aber wie kommen wir an die Ursache heran?

Zweite Mutter: Nun, sie könnte mit ihr reden.

Dr. B.: Richtig, aber das hat die Mutter schon getan. Was kann man noch tun, wenn man ein merkwürdiges Verhalten bei seinem Kind nicht versteht?

Dritte Mutter: Hingehen und jemand fragen. Deshalb wenden wir uns ja an Sie!

---

1 Ein häufiger und verständlicher Irrtum von Eltern. Sie verlangen von ihrem kleinen Kind, Dinge zu erklären, die es ohne Absicht oder inneres Motiv tut. Das kleine Kind weiß nicht, was gemeint ist oder wie *es* erklären kann, was für es selbstverständlich ist und keiner Überlegung oder Erklärung bedarf. Dasselbe Kind aber kann, wenn es von mächtigen Bedürfnissen bedrängt wird, für die es eine Lösung gefunden hat (in diesem Falle durch Wechsel der Identität), durchaus die Situation erklären, weil es hier zutiefst betroffen ist. Wir dürfen nicht meinen, nur weil ein kleines Kind nicht fähig ist, uns etwas zu erklären oder auch nur unsere Frage zu verstehen, wenn *wir* neugierig und betroffen sind, *es* aber nicht, es sei dazu ebensowenig imstande, wenn *es selbst* neugierig und stark betroffen ist.

Dr. B.: Ja, aber ich bin nicht immer gleich zur Hand.

Vierte Mutter: Ich würde mich selbst fragen, wann ich so handeln würde.

Dr. B.: Richtig! Aber warum sagen Sie das so zögernd? Oft sind Sie bei der falschen Antwort sehr energisch, aber bei der richtigen Antwort zögern Sie. Wir haben einfach nicht genügend Selbstvertrauen und glauben deshalb nicht, daß wir die Antwort schon besitzen, wenn wir es nur wagen würden, auf uns selber zu hören. Aber nur bei uns können wir all die schwierigen Antworten finden. Gut. Das erste, was ich mich frage, wenn ich ein merkwürdiges Verhalten nicht verstehe, ist also: »Wann würde ich das tun; und wenn ich das tue, warum würde ich es tun?«

Mutter: Mein erster Gedanke war, daß sie nicht mehr sie selber sein wollte.

Dr. B.: Richtig! Was haben Sie daraufhin *getan*? Was haben Sie ihr durch Ihr Verhalten gezeigt?

Mutter: Ich habe jemand anders gefragt.

Dr. B.: Das ist eine Möglichkeit. Machen wir jetzt gleich ein Experiment und fragen wir jemand anders. Hier ist heute Abend eine ganze Reihe von gutaussehenden Männern und Frauen. Wenn ich nun so gut aussehen wollte wie sie, was würde ich tun? Würde ich meinen Namen gegen den eines der Anwesenden austauschen?

Vierte Mutter: Nein, man müßte Sie darin bestärken, Sie selbst zu sein.

Dr. B.: Genau! Es geht nicht darum, wer ich sein *möchte* oder was man gern *wäre*. Darum kommen wir nicht herum, mein Kind . . . darum kommen wir nicht herum: wir können nur der sein, der wir sind!

Mutter: Meinen Sie, ich sollte ihr klarmachen, daß sie sich einfach damit abfinden muß?

Dr. B.: Ja. Sie muß sich mit sich selber, mit ihrem eigenen Namen, mit dem Schwesterchen abfinden! Und Sie auch. Wir brauchen nicht »abfinden« zu sagen, obwohl sie es vielleicht so empfindet. Wir können es auch sehr viel angenehmer ausdrükken. Worauf ich hinaus will, ist, daß Sie die Mutter sind und es besser wissen müßten. Aber indem Sie sich auf dieses Spiel eingelassen haben, haben Sie Ihre Tochter nicht nur in der Idee bestärkt, daß sie jemand anders sein kann, daß sie das Geschlecht ihrer Brüder oder Schwestern verändern kann, daß sie so tun kann, als hätte sie andere Eltern, sondern daß Sie selbst auch der Meinung sind, das wäre eine feine Sache. Halten Sie das für richtig?

Mutter: So habe ich mich wohl verhalten. Eigentlich heißt sie ja Pat, und das Baby Karen. Wenn ich mit ihr sprach, habe ich also zu ihr Pat gesagt und zum Baby Karen, aber sie hat mich dauernd verbessert – sie sei Kathy und das Baby sei Brian, und dabei ist sie richtig böse geworden.

Dr. B.: Natürlich! Wer würde nicht gerne die Dinge nach seinem Willen ändern? Wenn ich glaubte, ich könnte die Dinge nach meinem Willen ändern und jemand würde mich dabei stören, dann würde ich auch böse werden!

Mutter: Ja, aber ich habe dabei noch an was anderes gedacht: ich habe gemeint, man sollte ihnen in diesem Alter von zweieinhalb Jahren, wenn sie so trotzig sind, so weit wie möglich den Willen lassen. Ich war also hin- und hergerissen!

Dr. B.: Heißt das, man soll dem Zweieinhalbjährigen seinen Willen lassen?

Mutter: Ja . . . so hab' ich's gelesen.

Dr. B.: Und Sie möchten nicht Ihren Willen haben?

Mutter: Klar, jeder möchte gern seinen Willen haben!

Dr. B.: Warum sagen Sie dann gerade von dem Zweieinhalbjährigen, daß es seinen Willen haben möchte?

Mutter: Oh, so genau habe ich es nicht gemeint, aber ich glaubte, das wäre ein Alter . . .

Dr. B.: Aber das gilt für jedes Alter . . . daß wir gern unseren Willen bekommen. Die Frage ist: Wie wollen wir unseren Willen bekommen? Und ist es gut für uns, wenn wir gerade so unseren Willen bekommen? Glauben Sie wirklich – wenn Sie träumen würden, die schönste Frau der Welt zu sein – glauben Sie wirklich, daß es Ihnen dienlich wäre, wenn alle Ihnen diese Vorstellung durchgehen ließen?

Mutter: Nein, natürlich nicht.

Dr. B.: Wieso sollte es dann für Ihr Zweieinhalbjähriges anders sein? Das eigentliche Problem ist also: Wann sollten Sie ihr ihren Willen lassen und wann nicht? Und wie können Sie ihr ihren Willen lassen? Auf welche Weise möchten wir alle gern unseren Willen bekommen? Aber lassen wir diese Allgemeinheiten und kommen wir auf Ihre kleine Tochter zurück. Was glauben Sie, warum sie mit dem Spiel anfing?

Mutter: Weil sie beachtet werden wollte.

Dr. B.: Das möchten wir alle. Aber Sie und ich wissen noch immer nicht, was sie wollte. Fangen wir damit nicht noch einmal an. Es ist ein faszinierendes Thema, aber . . .

Zweite Mutter: Wegen des neuen Babys, glaube ich.

Dr. B.: Vielleicht, aber wir sollten nicht alles auf das neue Baby schieben. Das ist eine naheliegende Vermutung, und auch eine sehr vernünftige, aber sie hat sich auch schon als falsch erwiesen. Mama interessiert sich plötzlich für etwas anderes. Es muß nicht unbedingt das neue Baby sein, aber das neue Baby ist ein ausgezeichneter Vorwand.

Mutter: Sie meinen, es könnte etwas anderes gewesen sein? Aber es passierte ungefähr, als das Baby sechs Wochen alt war.

Dr. B.: Aber mit den Tieren fing sie früher an.

Mutter: Oh . . . ja. Das mit den Tieren war, bevor das Baby kam.

Dr. B.: Ja. Warum sollten wir also annehmen, daß es das Baby war? Es fing an, als Sie schwanger waren, und vielleicht hatten Sie da weniger Zeit, mit ihr zu spielen. Auf jeden Fall sind wir einen Schritt weiter. Wir sagen nicht mehr, daß das Kind einfach seinen Willen haben möchte, und das hieße, alles auf das arme Kind zu schieben. Sagen wir lieber, daß plötzlich etwas in seinem Leben fehlt und daß das Kind auf seine kindliche Weise versucht, den Mangel auszugleichen. Sie sehen, ich mache mir über Ihre Tochter keine Sorgen. Was sie tat, war durchaus vernünftig, wenn man bedenkt, über welche Mittel eine Zweieinhalbjährige verfügt, um mit einer schwierigen Situation fertig zu werden. Was mir Sorgen macht, ist, daß Sie darauf hereingefallen sind, statt ihr einen vernünftigen Ausweg zu zeigen. Sie hätten ihr sagen können: »Wenn es dir Spaß macht, kannst du so tun, als wärest du eine Maus oder ein Löwe oder auch für eine Zeitlang Kathy. Aber bei diesem Spiel tust du nur so, denn du kannst nicht Kathy sein, und vor allem, du kannst das Geschlecht des Babys nicht verändern.« Denn das ist irgendwie eine der stärksten Befürchtungen von kleinen Kindern – daß das Geschlecht beliebig verändert werden kann. Es kann also sein, daß Sie durch Ihr Nachgeben, Ihr ernsthaftes Mitmachen ihre Angst noch gesteigert haben, statt es für sie weniger wünschenswert zu machen, Kathy zu sein.

Wie Sie das machen, ist eine andere Sache. Dazu müssen wir wissen, was Sie für Ihr Kind im Augenblick tun können, und das ist vielleicht noch schwerer herauszubekommen. Auf jeden Fall müssen Sie aber bei sich selbst, bei Ihrer Tochter und bei dem Baby auf dem wirklichen Namen und dem wirklichen Geschlecht bestehen, und auch darauf, wer ihre wirklichen Eltern sind und so weiter.

Mutter: Sie hat sogar steif und fest behauptet, ich sei Kathys Mama.

Dr. B.: Klar, denn wenn Sie Kathys Mama sind, ist sie selber im Handumdrehen Kathy. Glauben Sie, daß damit Ihre Frage beantwortet ist?

Mutter: Hm, ich weiß nicht genau. Meinen Sie, ich sollte es einfach ganz plötzlich machen? Morgen, wenn sie wieder anfängt, so zu tun . . .

Dr. B.: Ja, ich meine, Sie sollten mit einem Mal Schluß machen. Das heißt nicht, daß Sie ihr ihre Phantasien nachdrücklich verbieten sollten. Aber Sie können ihr in aller Ruhe sagen, wer Sie sind und wer sie ist. Andererseits haben Sie kein Recht, ihr Spiel zu beenden, solange Sie nicht wissen, wie Sie die Lücke schließen wollen, die sie durch dieses Leben in einer Scheinwelt auszufüllen versuchte. Ihr das Spiel wegzunehmen, ohne das Bedürfnis danach zu befriedigen, ist einfach nicht gut. Das würde sie nur zwingen, etwas anderes und vielleicht noch Abwegigeres zu erfinden.

Mutter: Meinen Sie, ich soll ihr klarmachen, warum sie es tat?

Dr. B.: Nein, das können Sie nicht. Sie können nicht mehr tun, als es ihr weiterhin geduldig zu erklären, bis sie genug davon hat, ohne aber ärgerlich oder zornig zu werden. Sagen Sie ihr: Du bist du, ich bin ich, und das Baby ist Karen. Das wird sie so langweilen, daß sie sich ein anderes Spiel ausdenkt, aber ein realistischeres. Andererseits meine ich, Sie sollten viel mit ihr spielen, viel Zeit für sie aufbringen, und vielleicht kann Ihr Mann mithelfen, damit der Wunsch, jemand anders zu sein, nachläßt, weil es ihr viel mehr Spaß macht, sie selber zu sein.

Mutter: Das versuchen wir ja. Wir verbringen viel Zeit mit ihr . . .

Dr. B.: Das ist fein. Machen Sie das, und wir werden sehen, was passiert.

[Ein Monat später]

Mutter: Ich möchte Ihnen etwas über die Ergebnisse einiger Ihrer Anregungen berichten. Sie erinnern sich, daß ich Ihnen von meiner Tochter erzählte, die für sich und auch für das Baby einen anderen Namen wählte?

Dr. B.: Oh, ja. Ich würde gern hören, was daraus geworden ist.

Mutter: Also am anderen Morgen sagten wir gleich Pat zu ihr, und sie sagte: »Nein, ich bin Kathy.« Darauf sagten wir zu ihr »nein«, sie sei Pat. So ging es ein paarmal, und dann wurde es fallengelassen. Wir sagten einfach weiter Pat zu ihr, und sie sagte nichts dazu. Am selben Morgen sagte ich dann etwas über Karen, das Baby, und sie sagte: »Nein, das Baby heißt Brian.« Darauf sagte ich: »Nein, sie heißt Karen.«

Dr. B.: Das haben Sie richtig gemacht!

Mutter: Und dann haben Sie noch gesagt, ich sollte sie »warum?« fragen, und ich glaubte ja nicht, daß sie es verstehen würde, und so war es auch. Ich sagte: »Warum glaubst du, daß Karen Brian ist?«, und sie sagte: »Weil er ein Junge ist!«, und ich sagte: »Wieso glaubst du, daß sie ein Junge ist?«, und sie sagte: »Weil er ein Junge ist«, und das war ihre einzige Ant-wort[2]. Ich sagte also: »Nein, mein Schatz, du weißt, daß sie ein

---

2 Im Hinblick auf meine Äußerung in Anmerkung 1 sollte ich hier vielleicht hinzufügen, daß dies genau die Art von Erklärung ist, die man von einem so kleinen Kind erwarten kann. Sie sagt uns, daß sie die Namen geändert haben möchte, weil sie nicht eine kleine Schwester, sondern lieber einen kleinen Bruder gehabt hätte. Er wäre, zum anderen Geschlecht gehörend, für ihre Identität, auch ihre Identität als Mädchen, weniger bedrohlich gewesen, jedenfalls mag es ihr so vorgekommen sein. So irrational ihre Antwort »weil er ein Junge ist« auch klingt, ist sie doch, ohne daß die Mutter es ahnt, unter dem Gesichtspunkt ihrer emotionalen Bedürfnisse richtig.

Mädchen ist und daß sie Karen heißt«, und darauf ging es ein paarmal hin und her, und dann gab sie es auf, und anschließend war alles in Ordnung. Außerdem teilte ich, als ich von der Sitzung heimkam, meinem Mann mit, daß ich nicht mehr kochen, backen oder saubermachen würde, sondern eine Zeitlang nur für die Kinder da sein wollte. Ich ging natürlich nicht so weit, daß es zu jeder Mahlzeit nur Butterbrote gab, aber zum Abendbrot gab es nur etwas ganz Einfaches, und ich habe gewartet, bis er nach Hause kam, um es vorzubereiten.

Dr. B.: Hat er dabei nicht furchtbar abgenommen?

Mutter: Durchaus nicht! Und anschließend war alles in Ordnung, soweit es um die Namen ging. Gestern hat sie bei zwei Gelegenheiten, wo sie wegen irgend etwas unglücklich war und ich Pat zu ihr sagte, versucht, mir klarzumachen, sie sei Kathy. Darauf habe ich ihr einfach noch einmal gesagt, sie sei Pat.

Dr. B.: Sie erkennen jetzt also, daß es nur eine Reaktion darauf war, daß sie sich unglücklich fühlte.

Mutter: Ganz bestimmt! Und irgendwie hat sich seitdem ihr Verhalten sehr gebessert. Sie ist viel zufriedener, und auf die anderen Namen ist sie überhaupt nicht mehr zurückgekommen. Es ging sogar so weit, daß ich nicht einmal mehr »mein kleiner Racker« zu ihr sagen konnte, denn dann sagte sie: »Nein, ich heiße Pat!«

Dr. B.: Das war eine Lehre für Sie!

Mutter: Jedenfalls hat es sich sehr gut ausgewirkt!

Dr. B.: Das ist sehr erfreulich. Aber täuschen Sie sich nicht: Wenn Sie bloß auf dem richtigen Namen bestanden hätten, ohne Ihrem Kind mehr Zeit zu widmen, wäre nichts dabei herausgekommen. Das eine ohne das andere hätte nichts genützt.

Mutter: Ja, das weiß ich wohl. Es war einfach eingerissen, daß ich nicht viel Zeit für sie hatte, und das wurde mir erst klar, als Sie davon sprachen. Da erkannte ich ganz deutlich, was ich getan hatte. Ach ja, und dann ist da noch etwas, womit sie seitdem angefangen hat: auf einmal fing sie an, zur Toilette zu gehen und dort ihren Stuhlgang zu machen.

Dr. B.: Also wenn wir eine solche Wunderheilung erreicht haben . . .

Mutter: Nein, eigentlich ist es kein Wunder. Es ist doch nur selbstverständlich.

Dr. B.: Wenn einer heutzutage bei der Kindererziehung das tut, was selbstverständlich ist, dann grenzt das, ehrlich gesagt, fast an ein Wunder!

2. Das Töpfchen und das Sparschweinchen

Dr. B.: Legen wir los. Wer möchte anfangen?

Mutter: Ich. Bei mir ist ein paar Wochen vor Weihnachten ein Problem aufgetaucht. In einigen Monaten wird meine Tochter drei, und bis vor kurzem war es uns ganz egal, ob sie naß oder trocken war. Wenn sie sich in die Hose gemacht hatte, haben wir sie einfach umgezogen und versucht, ihr klarzumachen, daß es besser wäre und daß wir es lieber sähen, wenn sie trocken bliebe. Aber kurz vor Weihnachten und während der ganzen Feiertage war sie ständig mit den Großeltern zusammen, und die meinten, daß es ganz furchtbar wäre, daß sie in ihrem Alter noch immer in die Hose macht. Es ist ziemlich schlimm geworden, so daß sie sich jetzt öfter in die Hose macht als vorher. Mich haben sie aber auch irgendwie angesteckt, weil sie mich so nervös gemacht haben, und ich habe deswegen ziemliche Schuldgefühle. Sie macht dauernd in die Hose, und ich habe immer mehr Wäsche, und ich glaube einfach, daß wir irgend etwas falsch machen.

Dr. B.: Danke. Will jemand dazu etwas sagen? Sie haben alle das Problem gehört. Wo fangen wir an?

Zweite Mutter: Sie könnte die Windeln in die Wäscherei geben.

Dr. B.: Warum?

Zweite Mutter: Damit das Kind sie nicht naß macht, bloß damit ihre Mutter sie waschen muß – als eine Art von Rache.

Dritte Mutter: Das sehe ich nicht ein. Nicht die Mutter, sondern die Großeltern haben doch ein Problem daraus gemacht.

Mutter: Nein, ich war auch dran schuld, weil ich mich wegen meiner Eltern und der Familie ein bißchen darüber aufgeregt habe. Jetzt komm' ich nicht los davon, denn jedesmal, wenn ich sie am Wochenende sehe, sagen sie: »Also, wie steht's mit ihr? Habt ihr Fortschritte gemacht?« Ich denke jetzt bloß, daß man ihr vielleicht zeigen muß, daß wir es nicht ernst nehmen und daß man versuchen muß, sich nicht mehr darüber aufzuregen. Aber ich weiß nicht, wie man das schafft.

Dr. B.: Vielleicht kann jemand dazu etwas sagen. Viele von Ihnen sitzen doch in demselben Boot.

Zweite Mutter: Man könnte sie auffordern, zur Toilette zu gehen.

Mutter: Das tun wir ja, und dann sagt sie: »Nein«; sie will nicht gehen.

Dr. B.: Will sie denn in die Hose machen?

Mutter: Nein, sie sagt, sie will es nicht. Sie sagt: »Ich mach mir nicht in die Hose«, aber dann tut sie's doch.

Dr. B.: Jedesmal? Geht sie nie zur Toilette?

Mutter: Hm . . . ab und zu. Vielleicht einmal am Tag.

Dr. B.: Wann? Zu welcher Zeit geht sie?

Mutter: Zu keiner bestimmten Zeit. Allerdings: im Kindergarten, wo sie jeden Morgen hingeht, hat sie noch kein einziges Mal in die Hose gemacht. Dort bringen sie die Kinder einmal am Vormittag zur Toilette.

Dr. B.: Wie machen Sie es denn bei sich zu Hause, damit sie aufs Töpfchen kann?

Mutter: Vor der Toilette steht ein kleiner Trittschemel, und obendrauf liegt so ein runder Sitz, auf den sie sich setzen kann, ohne ins Klo zu fallen.

Dr. B.: Gut. Aber wieso kann sie es im Kindergarten und nicht zu Hause? Haben Sie sie danach gefragt?

Mutter: Ich habe mich selber gefragt und –

Dr. B.: Nein, nein. Fragen Sie sich nicht, bevor Sie nicht versucht haben, es von ihr herauszubekommen. Haben Sie sie gefragt?

Mutter: Nein.

Dr. B.: Warum nicht?

Mutter: Vielleicht unterschätze ich ihren Verstand. Ich habe sie gefragt, warum sie sich lieber in die Hose macht und nicht aufs Töpfchen geht.

Dr. B.: Aber sie macht sich ja gar nicht lieber in die Hose. Das macht sie nur zu Hause.

Mutter: Stimmt, das muß ich herauskriegen.

Dr. B.: Denn ich meine wirklich, daß eine Dreijährige, sofern nichts schiefgelaufen ist, durchaus imstande sein sollte, wenn sie will, zur Toilette zu gehen. Und wenn sie es im Kindergarten kann, kann sie es sicherlich auch zu Hause. Wir müssen uns also fragen: Wieso nicht zu Hause und wieso im Kindergarten? Gut, Sie haben von den Großeltern gesprochen, von der Aufregung, der Nervosität und dem allen. Aber wir haben eigentlich nicht gefragt: Wann trat die Störung ein? Wann genau hat es sich geändert?

Mutter: Oh, ungefähr zu der Zeit, als einer von den Großeltern kam und eine Weile bei uns blieb.

Dr. B.: Sofort?

Mutter: Nein, ein paar Tage danach.

Zweite Mutter: Entschuldigung, aber meinen Sie nicht, daß es damit zusammenhängen könnte, daß Sie als Vertreterin öfter aus dem Hause sind?

Mutter: Nein, denn das tue ich schon über ein Jahr, und es lief alles sehr gut. Wir sind einfach davon ausgegangen, daß sie es tun wird, wenn sie soweit ist, und es klappte gut bei ihr. Die plötzliche Veränderung kam fast gleichzeitig mit dem Eintreffen der eifrigen Großmutter.

Dr. B.: Natürlich, den Großeltern die Schuld zu geben ist ein bequemer Ausweg. Aber wir haben jedenfalls schon einen konstruktiven Vorschlag gehört. Waschen Sie ihre Sachen nicht selber, und drängen Sie nicht. »So, deine Hose ist naß! Du machst dir also in die Hose. Wieso kommst du damit zu mir? Warum beklagst du dich bei mir?«

Mutter: Ich verstehe. Wir haben zwei Katzen, die überall hinmachen. Da werde ich mich wegen ihr auch nicht aufregen.

Dr. B.: Sieh an, Katzen haben wir auch! Seit wann haben Sie sie?

Mutter: Ach, schon lange, schon eine ganze Weile bevor die Großmutter kam.

Dr. B.: Es muß ja an den Großeltern liegen! Um Himmels willen, man sucht so lange, bis man alles auf sie schieben kann!

Mutter: Ich glaube, wir haben die Katzen vor ungefähr drei Monaten bekommen.

Dr. B.: So? Und warum? Was bedeuten sie für die Familie?

Mutter: Oh, man hat ständig Spaß mit ihnen. Sie spielen miteinander, und sie spielen auch mit uns und mit ihr. Sie sind ein willkommener Familienzuwachs.

Dr. B.: Und was sind es, Männchen oder Weibchen?

Mutter: Es sind beides kastrierte Kater.

Dr. B.: Weiß das Kind das?

Mutter: Hm – nein.

Dr. B.: Woher wissen Sie das?

Mutter: Nun, sie hat nie nachgeschaut.

Dr. B.: Wenn das eine Begründung ist!

Mutter: Also ich glaube nicht, daß sie das anatomische Wissen hat, um es durch eine Untersuchung herauszukriegen.

Dr. B.: Da wäre ich nicht so sicher.

Zweite Mutter: Auch wenn sie nicht nachgeschaut hat, wird sie es nicht trotzdem wissen wollen?

Dr. B.: Ich weiß nicht. Ich bin aber sehr gegen kastrierte Tiere im Haus.

Mutter: Tatsächlich? Warum?

Dr. B.: (In die Runde) Weiß hier jemand warum?

Zweite Mutter: Die Kinder fürchten, jemand könnte das mit ihnen machen.

Dr. B.: Richtig. Wo haben Sie das gelernt?

Zweite Mutter: Sie haben es uns gesagt.

Dr. B.: Oh, Sie haben es hier gelernt?

[Allgemeines Gelächter]

Mutter: Also weiter! Die Sache mit den Katzen hätte ich gern geklärt. Ich hätte nie gedacht, daß ihr das etwas ausmacht. Wie soll sie es erfahren haben? Vom Zuhören?

Dr. B.: Ich weiß nicht. Das ist sicher eine Möglichkeit, aber ich kann es nicht sagen. Eigentlich bin ich gar nicht sicher, daß da für sie ein Zusammenhang besteht. Aber ich weiß, daß die Kastration früher oder später Schwierigkeiten machen wird, wenn sie es nicht schon getan hat.

Mutter: Wieso denn?

Dr. B.: Ich weiß nicht, wieso. Aber drei Jahre ist so ein Alter, und besonders, wenn sie in den Kindergarten kommen, wenn das normale Kind sich der Geschlechtsunterschiede ganz deutlich bewußt wird. Sie wissen ja, daß die Toiletten im Kindergarten gewöhnlich nicht abgeteilt sind, und da beobachten die Kinder einander. Wenn in der Familie Kinder sind, die im Alter nicht sehr weit auseinander sind und von verschiedenem Geschlecht, kann es früher anfangen. Aber besonders beim Einzelkind, oder wenn man zwei Kinder vom selben Geschlecht hat und die Eltern sind vor ihren Kindern nicht allzu unbefangen gewesen, ist das in unserer Kultur gewöhnlich das Alter, in dem die Kinder die Geschlechtsunterschiede sehr deutlich wahrnehmen.

Jede Kindergärtnerin kann Ihnen sagen, daß die Kinder während der ersten Tage sehr häufig in der Toilette sind und einander zuschauen. Nur ein sehr stark unterdrücktes Kind tut das gewöhnlich nicht. Wenn Sie aber ein kleines Kind fragen, was sie im Kindergarten machen, dann sagt es oft: »Wenn wir da sind, zieh'n wir uns aus und gehen zur Toilette. Dann schlafen wir und dann gehen wir zur Toilette, und dann ziehen wir uns wieder an und gehen nach Hause.«

Das ist eine einigermaßen richtige Darstellung des Ablaufs, aber nur einigermaßen richtig. Denn sie spielen ja auch und tun andere Dinge. Wenn das Kind aber sagen darf, was es wirklich fasziniert, dann genau dies. Was sie interessiert, ist, zur Toilette gehen, schlafen, zur Toilette gehen, vielleicht eine kleine Mahlzeit, und dann das Anziehen und Heimgehen. Haben Sie das nicht selber bei Ihren Kindern beobachtet, die in den Kindergarten gehen? *(Zustimmende und belustigte Äußerungen)* So erzählen sie's doch! Und dann ziehen einige Eltern den voreiligen Schluß, daß die Kindergärtnerinnen unfähig sind, mit den Kindern zu spielen oder etwas anzufangen!

In Ausnahmefällen mag es eine richtige Zusammenfassung dessen sein, was im Kindergarten geschieht, es ist aber auf alle Fälle eine Zusammenfassung dessen, was für die Neulinge wichtig ist. Wenn sie nun einmal angefangen haben, nach Geschlechtsunterschieden zu suchen, dann werden sie überall danach suchen. Und wenn Ihr Kind noch nicht damit angefangen hat, dann wird es sehr bald damit anfangen. Dann ist es jedoch nicht gut, männliche Katzen zu haben, die nicht männlich sind. Wenn Ihr Kind einen dreibeinigen Hund sieht, dem ein Bein von einem Auto oder so überfahren wurde, begreifen Sie ohne weiteres, daß das Kind Angst kriegt. Nun, gehört das, was diesen Katzen fehlt, nicht auch zum Körper?

Mutter: Ich bin wie vom Donner gerührt. Das hätte ich nie gedacht.

Dr. B.: Und der nächste Schritt wird sein: »Wie kommt es, daß diesen Katzen etwas fehlt? Wer hat ihnen das weggenommen? Wer hat dafür gesorgt?« Nun . . . wer war's?

Mutter: Wir.

Dr. B.: Sie wissen doch, wie stark Kinder sich mit kleinen Tieren identifizieren? Daß sie sich ihnen viel näher fühlen als erwachsenen Menschen? Auch deshalb könnten sie glauben, daß das, was den Tieren geschieht, auch ihnen geschehen könnte.

Zweite Mutter: Sie haben mir doch einmal erzählt, wie Ihre Tochter die Katze auf die Toilette gesetzt hat, so als ob sie ein Kind wäre.

Dr. B.: Hat es geklappt?

Mutter: Nein! Sie fiel hinein! Ich mußte sie rausziehen!

[Ausbruch von Heiterkeit]

Dr. B.: Ausgezeichnet! Da haben wir ja das traumatische Erlebnis beim Zur-Toilette-Gehen. »Die Katze fiel hinein, und vielleicht falle ich auch hinein! Im Kindergarten fallen keine Katzen hinein, also ist im Kindergarten die Toilette sicher.«

Zweite Mutter: Passierte das nicht zu der Zeit, als Ihre Tochter wieder anfing, in die Hose zu machen?

Mutter: Ja, das stimmt, um Himmels willen!

Zweite Mutter: Und war das nicht, als die Großmutter kam?

Mutter: O Gott, das ist wahr!

Dr. B.: Ich sagte Ihnen ja, es mit den Omas nicht zu sehr zu übertreiben.

Mutter: Tja, Sie sind eben wirklich schlau!

Dr. B.: Nein, Ihr Kind ist schlau. Sie erkennt Zusammenhänge und zieht Schlußfolgerungen.

Mutter: Das stimmt, zum Teufel noch mal! Sie meinen also, wir sollten die Katzen abschaffen?

Dr. B.: Nein, nicht unbedingt.

Mutter: Möchte jemand eine ausgewachsene Katze?

Zweite Mutter: Könnte man es nicht auch in der Küche mit dem Töpfchen probieren?

Dr. B.: Sie kann es probieren, wenn sie möchte, aber ich glaube nicht, daß wir damit zum Kern des Problems kommen.

Zweite Mutter: Vielleicht sollte sie's nochmal mit dem kleinen Töpfchenstuhl probieren. Fühlen sich die Kinder nicht darauf sicherer?

Dr. B.: Manche ja. Aber schauen Sie! Um die Kinder zu ermutigen, es so zu machen wie wir, kann man ihnen zu verstehen geben, daß sie erwachsenen Menschen immer ähnlicher werden. Wenn Sie es so anfangen, müssen Sie sie allerdings dazu bringen, es möglichst genauso zu machen wie Sie selber. Aber wir wollen auch realistisch sein. Bei dem, was geschehen ist, kam vermutlich eine Reihe von Umständen zusammen. Vielleicht wurde alles dadurch ausgelöst, daß die Katze hineinfiel. Aber das war nicht das einzige! Es kann an der hineingefallenen Katze gelegen haben, es kann an der Kastration der Katzen gelegen haben oder an Ihren Gefühlen gegenüber der Großmutter und ihrer Mißbilligung; vielleicht lag es an diesem, vielleicht an jenem. Ich weiß es nicht. Hier können wir bloß herumraten und Ihnen helfen, die Tatsachen zu entdecken. Das übrige liegt bei Ihnen. Ich bin sicher, daß diese Diskussion Ihnen verschiedene Handlungsmöglichkeiten gezeigt hat. Probieren Sie eine nach der anderen aus, bis es klappt, und dann unterhalten wir uns in zwei Wochen oder einem Monat noch einmal darüber.

[Zwei Wochen später]

Zweite Mutter: Sagen Sie, . . . , was ist aus Ihren Katzen geworden?

Mutter: Ich möchte die Katzen nicht gern weggeben, und ich habe beschlossen, es nicht zu tun. Aber das andere Problem, wegen des Naßmachens, das ist gelöst. Trotzdem möchte ich noch etwas über die Katzen sagen. Ich bin mit kastrierten Katern großgeworden, und soweit ich weiß, habe ich keine anomalen Komplexe.

Dr. B.: Oh, das wissen wir!

Mutter: Also, es ist ganz leicht zu merken, wenn ein Hund seine Anhängsel verloren hat, aber es ist sehr schwer herauszufinden, ob eine Katze ein Männchen, ein Weibchen oder ein kastriertes Männchen ist. Deshalb behalten wir die Katzen. Sie sind lieb. Aber die Sache mit dem In-die-Hose-machen hat uns wirklich verrückt gemacht, und der Höhepunkt kam, als . . .

Dr. B.: Es ist doch merkwürdig, daß nur das menschliche Fehlverhalten uns verrückt macht, nicht das der Katzen. Daran sieht man, daß das, was uns verrückt macht, wenig mit der Realität zu tun hat, aber viel mit unseren Erwartungen. Von Katzen erwarten wir kein sozialisiertes Verhalten, deshalb machen sie uns nicht verrückt. Von unseren Kindern erwarten wir es, und deshalb machen sie uns verrückt. Würden wir weniger von unseren Kindern erwarten und darauf vertrauen, daß sie es mit ein bißchen Unterweisung schließlich ebenso lernen wie die Katzen, dann würden sie uns vielleicht nicht mehr verrückt machen und es ebenso leicht lernen wie jede wohlerzogene Katze.

Aber stoßen Sie sich nicht an meiner Äußerung, daß wir gegenüber unseren Kindern ebensoviel Nachsicht üben sollten wie gegenüber unseren Haustieren. Fahren Sie fort!

Mutter: Als ich das letzte Mal mit Ihnen sprach, machte Judy sich viele, viele Male am Tag in die Hose.

Dr. B.: Deshalb sprachen Sie mit Dr. Bettelheim darüber.

Mutter: Deshalb sprachen wir mit Dr. Bettelheim, und ich kam nach Hause und erzählte Jim das alles, und er kratzte sich am Kopf und sagte: »Also, was sollen wir tun?« Aber in der Zwischenzeit hatten wir Gelegenheit, einen anderen Psychologen zu hören, was er dazu zu sagen hatte.

Dr. B.: Einen richtigen!

Mutter: Hm – n-nein. Jedenfalls waren wir nach jenem Besuch der Ansicht, daß wir uns deshalb überhaupt nicht aufzuregen brauchten. Wir sind überzeugt, daß seine Einstellung richtig ist, genau wie Ihre. Er sagte, wenn wir uns von jeglichem ablehnenden Gefühl gegen das Naßmachen vollkommen freimachen könnten, würde das Kind schließlich selbst die Verantwortung übernehmen.

Dr. B.: Ein sehr vernünftiger Ratschlag . . . wenn Sie das schaffen.

Mutter: Also, während der beiden folgenden Tage haben Jim und ich uns überhaupt nicht aufgeregt, und wenn Judy sich in die Hose machte, sagten wir ihr: »Ach, das ist nicht schlimm, uns stört es nicht.« Aber sie wußte ganz genau, daß wir innerlich kochten. Schließlich wurde es ziemlich schlimm. Ich konnte nur noch ihre Hosen waschen. Ich gebe die Sachen trotzdem nicht gerne in die Wäscherei, weil es so teuer ist. . . . Jedenfalls, Jim begann sich die Haare zu raufen und sagte: »Ach, zum Teufel mit dem Psychologen! Tun wir doch, was wir für richtig halten!« Darauf sagte ich: »Was halten wir denn für richtig?« *[Großes Gelächter an dieser Stelle]* Darauf sagte er: »Sagen wir ihr doch, daß wir es nicht mögen. Seien wir ehrlich und sagen wir ihr, daß wir es nicht mögen, daß wir die Schnauze davon voll haben und daß sie gefälligst mitmachen soll.«

Dr. B.: Wie alt ist sie nochmal?

Mutter: Nächsten Monat wird sie drei. Dafür daß sie jeden Tag in die Hose macht, ein ziemlich reifes Alter.

Dr. B.: Nein, aber fahren Sie fort!

Mutter: Nach unserer Meinung schon. Also, wir haben sie deshalb nicht bestraft. Das haben wir von den Psychologen gelernt, und das sitzt. Aber jedesmal, wenn sie sich in die Hose machte, haben wir ihr gesagt, daß wir es nicht mögen, daß wir es viel lieber sehen würden, wenn sie das auf dem Töpfchen erledigen würde. Wir haben den alten Töpfchenstuhl wieder aus der Versenkung geholt und repariert, und sie war glücklich und hat sich draufgesetzt, auch wenn sie manchmal noch Fehler machte. Aber dann grub sie in einem Winkel, wo wir es versteckt hatten, ein schönes großes Sparschweinchen aus.

Allerdings weiß sie nicht, was Sparen ist, und wir haben es ihr nie gesagt. Sie ahnt nicht, daß Geld etwas bedeutet. Sie hat aber entdeckt, daß Knöpfe, alle Arten von Metallscheiben, Sicherheitsnadeln und Münzen in den Schlitz hineingehen, verschwinden und herumrasseln, und daß es Spaß macht, sie hineinzustecken. Wir haben es dann so aufgestellt, daß Judy leicht herankann, und wir haben ihr gesagt, wenn sie es schaffen würde, auf das Töpfchen zu gehen, bevor sie sich in die Hosen macht, bekäme sie jedesmal etwas Hübsches, um es in den Schlitz zu stecken. Ich habe mir also einen ganzen Haufen Pfennige besorgt . . .

Dr. B.: Ja, aber der Psychologe schätzt das überhaupt nicht!

Mutter: Aber es hat geklappt!

Dr. B.: Mit Schlägen klappt es auch! Wenn Sie ein Kind haben wollen, das ängstlich oder störrisch ist, oder eines, daß in Büchern als Analerotiker bezeichnet wird, dann machen Sie nur so weiter.

Mutter: Aber es geht noch weiter. Wir haben das nicht besonders betont. Wir haben sie nicht jedesmal, wenn sie es machte, daran erinnert, daß sie einen Pfennig oder etwas anderes bekommen würde. Und in den letzten drei Tagen hat es sich fast gar nicht mehr gezeigt.

Dr. B.: Ja, aber in ihrem Kopf steckt es doch.

Mutter: Aber sie geht trotzdem aufs Töpfchen und macht es.

Dr. B.: Mit derselben Begründung könnten Sie mich überzeugen, daß eine tüchtige Tracht Prügel dem Kind und der Mutter eine Menge hilft. Ich habe das nie angezweifelt. Aber ich mag es einfach nicht.

Mutter: Also wirklich, ich glaube . . .

Dr. B.: So erreicht man etwas, aber psychologisch ist es nicht vertretbar. Es tut mir leid, aber ich bin anderer Ansicht als Sie. Sie können mit Ihrem Kind Experimente machen, wie Sie wollen. Ich habe nichts dagegen, wenn Sie Ihrem Kind sagen, daß sie es nicht mögen, wenn sie in die Hose macht. Ich habe nichts dagegen, wenn Sie ihr sagen: »Ich möchte, daß du aufs Töpfchen gehst. Ich kann es einfach nicht ertragen, wenn du in die Hose machst.« Ich halte das nicht für das Beste, aber es ist wenigstens ehrlich.

Mutter: Ich glaube, das hat die Atmosphäre gereinigt.

Dr. B.: Das glaube ich gern.

Mutter: Jedenfalls macht sie sich noch einmal oder vielleicht zweimal am Tag in die Hose, und wir unternehmen nichts dagegen.

Dr. B.: Jedesmal, wenn die Hose naß ist, eine gute Tracht Prügel, und es wäre vielleicht noch schneller vorbei. Was Sie machen, ist eine subtilere Quälerei. Bei uns werden Gefangene nicht mehr auf die Folterbank gespannt. Wir haben unsere Methoden verfeinert. Wir schlagen die Kinder nicht mehr, aber wir tun Dinge, die psychologisch genauso schädlich sind und ihr Leben genauso zerstören.

Mutter: Aber sie kann doch Pfennige hineinstecken, wann immer sie Lust hat. Es braucht nicht damit verknüpft zu sein.

Dr. B.: Sie haben es damit verknüpft! Wenn sie selber es erfunden hätte, wäre ich skeptisch, aber nicht empört. Doch Sie als Mutter sollten intelligenter sein. Wenn das Kind aus seinen eigenen emotionalen Bedürfnissen heraus einen Weg gefunden hätte, wie Sie ihn mit dem Sparschweinchen schildern, dann wäre es zwar nicht gut, aber meinetwegen, wir kommen damit zurecht. Aber jetzt haben Sie zwischen Geld und Ausscheidung einen Zusammenhang hergestellt, den es zuvor für das Kind nicht gab. Und Geld – täuschen Sie sich nicht – ist in unserer Gesellschaft etwas sehr Wichtiges. Ich wünschte, ich hätte mehr davon. Sie haben einen falschen Zusammenhang hergestellt zwischen zwei Dingen, die in unserer Gesellschaft so furchtbar wichtig sind: Geld und Sauberkeit. Sie haben das miteinander verknüpft, Sie, die Mutter, die für das Kind die Welt bedeutet.

Mutter: Ich wünschte . . . also . . . mir scheint auch, daß es ganz verkehrt ist. Ich wollte, ich könnte noch einmal von vorne anfangen.

Dr. B.: Und ich wollte, Sie würden erst fragen und dann handeln. Dafür sind diese Gespräche da. Nun, unsere Zeit ist um. Aber wir treffen uns wieder . . . Sagen wir doch einfach: »Lebe und lern weiter.«

Bei diesem recht hitzigen Wortwechsel ließ die betroffene Mutter erkennen, daß sie das Naßmachen bei ihrer Tochter stark ablehnte. Rückblickend läßt sich sagen, daß meine Bemühungen, ihr das bewußt zu machen, in dem frühen Stadium der Diskussion scheiterten, als nämlich die Erkenntnis, daß ihr Kind im Kindergarten aufs Klo gehen konnte, zu Hause aber nicht, sie nicht betroffen machte. Hätte sie wirklich erfaßt, was das hieß, dann hätte sie auch den Unterschied erkannt: daß im Kindergarten der Widerspruch zwischen ihren eigenen Wünschen und den entgegengesetzten Wünschen ihres Kindes nicht existierte.

Ich glaube, ich habe mich meinerseits getäuscht, als ich mich durch die kastrierten Katzen ablenken ließ. Diese Abschweifung war zwar insofern sinnvoll, als sie die Tatsache ans Licht brachte, daß das kleine Mädchen eine der Katzen in die Toilette fallen sah, doch war das wohl für das Problem nicht entscheidend.

Wie sich an der Diskussion zwei Wochen später zeigt, bestand das grundlegende Problem darin, daß die Mutter das Nässen ihres Kindes so stark ablehnte. Oberflächlich war mir das klar, als ich ihr sagte, daß der Ratschlag des Psychologen, den sie konsultiert hatte, richtig sei, daß es aber nicht um die Richtigkeit seines Ratschlages gehe, sondern darum, ob jemand, dem das Problem so an die Nieren geht wie ihr, ihn befolgen kann. Die Eltern waren dazu in der Tat unfähig, wie sich an der Äußerung zeigt: »Ach, zum Teufel mit dem Psychologen!«

Ganz zu Anfang dieser Diskussion sollte meine direkte Frage: »*Will* sie denn in die Hose machen?« deutlich machen, daß die Mutter die Äußerungen ihres Kindes nicht ernst nahm. Oder anders gesagt: Die Mutter konnte nur ihre eigene Logik sehen, versuchte aber nicht, die Logik ihres Kindes zu verstehen. Als das Kind zu seiner Mutter sagte, es möchte nicht zur Toilette gehen, aber zugleich sagte, es möchte sich nicht in die Hose machen, sah die Mutter darin einen Widerspruch, nicht einen Konflikt. Sie erkannte nicht, daß es für ein Kind durchaus möglich ist, daß es trocken bleiben, aber auch nicht in die Toilette machen möchte. Meine Frage sollte ihr zeigen, daß die beiden Wünsche durchaus nicht unvereinbar sind.

Wenn wir uns als Erwachsene in einer ähnlichen Situation befinden, sehen wir ohne weiteres ein, daß uns solche Konflikte zustoßen können. Der Wunsch, Geld zu sparen, kann durchaus stark sein, aber die Versuchung oder der Wunsch, es auszugeben, kann sich als noch stärker erweisen. Obwohl also ein starker Wunsch (Sparen) weiterbesteht, kann ein noch stärkerer Wunsch (Ausgeben) sich durchsetzen. Die

Eltern sehen in ihrem eigenen Verhalten keine Unlogik, sehen sie aber im Verhalten des Kindes, nur weil alte widersprüchliche Wünsche bezüglich der Ausscheidung bei ihnen nicht mehr vorhanden sind.

Hier war es, wie in so vielen Fällen, meine Absicht, die Mutter davon zu überzeugen, daß der erste Schritt, um das Verhalten der Kinder zu verstehen, darin besteht, anzuerkennen, daß ein Kind für sein Verhalten ebenso gute Gründe hat wie ein Erwachsener, und daß, falls die Äußerungen des Kindes widersprüchlich erscheinen (sie möchte trocken bleiben, aber sie möchte nicht zur Toilette gehen), der Widerspruch unter Umständen auf mangelndem Verständnis bei dem Erwachsenen beruht. Wenn sie dies erst einmal eingesehen haben, werden die meisten Eltern sich bemühen, das Verhalten des Kindes zu verstehen, statt es als unlogisch abzutun. Und wenn sie sich erst einmal darum bemühen, dann werden sie es in der Regel schließlich auch verstehen und dadurch eher imstande sein, eine für Eltern und Kind annehmbare Lösung zu finden.

Ich hätte auch eher auf die Äußerung der Mutter eingehen können, daß sie ihr Kind nicht mehr bestrafe – als ob es keine Strafe wäre, wenn die Mutter eine tadelnde Haltung einnimmt, sobald das Kind sich in die Hose gemacht hat.

Diese Diskussion wurde wohl vor allem deshalb in das Buch aufgenommen, weil sie zeigt, daß es nichts hilft, wenn man lediglich die Ursachen für das Verhalten des Kindes feststellt, solange das Verständnis nicht zu einer veränderten Haltung bei den Eltern führt. Ein Verständnis für die mutmaßlichen Motive hinter dem Verhalten des Kindes wurde tatsächlich erreicht, doch war trotz des größeren Verständnisses keiner von den Eltern bereit, seine Einstellung zum Nässen des Kindes zu ändern. Dennoch führte die Diskussion zu gewissen Konzessionen: vor allem wurden strengere Strafen und Beschuldigungen durch eine mildere Kritik ersetzt. Auch forderten die Eltern nicht mehr, daß das Kind auf die große Toilette geht, nachdem ihnen klar geworden war, daß die Toilette zu Hause Angst erzeugen könnte. Sie taten stattdessen etwas Positives, indem sie den Töpfchenstuhl reparierten und wieder hinstellten und das Kind ermunterten, ihn zu benutzen. Aber das reichte nicht aus. Sie waren unfähig einzusehen, daß das Problem vor allem durch ihre kritische Haltung geschaffen wurde, denn wenn Toiletten als solche dem Kind Angst gemacht hätten, hätte es sie nicht im Kindergarten benutzen können.

Damit kommen wir zu einer weiteren Lehre, die sich aus diesem Fall ziehen läßt – wie nämlich ein Zwangssymptom entsteht. Daran zeigt sich auch, daß Kinder bereit sind, ihren Eltern mehr als nur auf halbem Wege entgegenzukommen. Als die Eltern ihre ablehnende Haltung etwas zurücknahmen, indem sie ihre Kritik milderten und auf andere Strafen verzichteten, und als sie die positive Maßnahme ergriffen, das Töpfchen wieder aufzustellen, machte das Kind von sich aus noch größere Schritte, um den Forderungen der Eltern nachzukommen.

Leider stand hinter diesen Forderungen eine ablehnende Haltung und nicht beispielsweise die Freude darüber, daß das Kind so scharfsinnig war, sich vor Gefahren zu schützen (wenn die Katze in die Toilette fällt, kann mir das auch passieren). Es kam deshalb nicht zu einem wirklichen Entwicklungsschritt, sondern nur zu einer kümmerlichen Anpassung an die elterlichen Forderungen – also nicht zur realistischen Lösung einer Schwierigkeit, sondern zu dem Versuch, sie durch ein neurotisches Symptom zu umgehen.

In dem von dem Mädchen gewählten Symptom kommen ihre beiden Wünsche zum Ausdruck: einerseits, daß sie nicht gezwungen werden möchte, etwas für immer aufzugeben, sondern daß man ihr gestatten sollte, es zu behalten, und andererseits, daß sie dem elterlichen Wunsch gehorchen möchte, ihren Körperinhalt in die Toilette zu entleeren. Deshalb hielt sie, als man sie zwang, ihren Körperinhalt in der Toilette zu lassen, stattdessen am Geld fest, indem sie bei jeder Ausscheidung etwas in das Sparschweinchen steckte. Dies ist eines der wenigen Beispiele, die sich bei den Gesprächen ergaben, bei denen deutlich wurde, wie ein Kind als Reaktion auf willkürliche Forderungen, denen es entsprechen wollte, aber nicht ohne weiteres konnte, spontan ein Zwangssymptom entwickelte. Deshalb wurde diese Diskussion in das Buch aufgenommen.

3. Fleisch und Blut

Mutter: Ich hab ein Problem mit meinem Jungen, der im April vier wird. Seit kurzem ist er sehr beunruhigt über . . . also, es läuft darauf hinaus: woher kommt das Fleisch? So richtig kam es beim Erntedankfest heraus, aber jetzt ist mir klar, daß es sich schon seit einiger Zeit entwickelt hat. Ich glaube, er hat es aus dem Kindergarten, weil ich nie davon gesprochen habe.

Dr. B.: Ja, das ist ein starkes Sozialisierungserlebnis.

Mutter: Jedenfalls fragte er mich: »Zum Erntedankfest gibt's bei uns Truthahn oder?« Und ich sagte, ohne mir etwas dabei zu denken, ja. Aber er fragte mich mindestens einmal am Tag danach. Als es dann soweit war, fragte er: »Wo ist der Truthahn?« Ich machte also den Ofen auf und sagte: »Da ist der Truthahn«, und er bekam einen richtigen Schock. Da wurde mir klar, daß er natürlich einen lebenden Truthahn erwartet hatte. Deshalb rührte er ihn auch nicht an. Keinen Bissen wollte er davon essen.

Dr. B.: Hat er vielleicht mit diesem Truthahn spielen wollen?

Mutter: Und ich wußte nicht, was ich sagen sollte.

Dr. B.: Das hat Sie sicher aus der Fassung gebracht.

Mutter: Und wie! Aber das ist noch nicht alles. Jetzt will er jedesmal, wenn Fleisch auf den Tisch kommt oder wenn es Fisch gibt, wissen, wo der Kopf ist. Was ist mit dem Kopf passiert? Und er sagt immer wieder, er mag es nicht, daß die Fische das nicht mögen. Es quält ihn richtig. Er scheint ganz verängstigt und beklagt sich ständig darüber. Eines Tages sagte er dann zu mir: »Weißt du noch, wie du das Huhn gekocht hast und wie es direkt im heißen Topf gelegen hat?« Ich versuchte ihm zu erklären, daß ein Huhn, wenn man es kocht, vom Topf gar nichts merkt, daß es überhaupt nichts spürt. Aber ich wollte mich nicht aufregen. Ich mochte ihm nicht sagen, daß es tot war.

Dr. B.: Ja, und was dann? Sie können ihn doch nicht glauben machen, daß er ein lebendes Huhn verzehren wird.

Mutter: Also . . . was soll ich denn sagen? Denn das ist es wohl, was ihn wirklich quält. Ich wünschte, ich hätte ihn nicht in den Kindergarten getan. Er ist jetzt so weit, daß Tiere in jeder Form ihn erschrecken. Und im Kindergarten geht es in allen

Geschichten und Liedern um Tiere. Lieder kann er sowieso nicht ausstehen.

Dr. B.: Was sollen sie ihm denn tun, daß er sich so fürchtet?

Mutter: Oh, sie werden ihn jagen.

Dr. B.: Und wenn sie ihn fangen, was tun sie ihm dann?

Mutter: Sie werden ihn beißen.

Dr. B.: Wohin?

Mutter: Das hat er, glaube ich, nie so genau gesagt.

Dr. B.: Haben Sie ihn danach gefragt?

Mutter: Nein.

Dr. B.: Wieso sollte er es dann genau sagen?

Mutter: Ich bin nie darauf gekommen, ihn danach zu fragen.

Dr. B.: Hat es Sie denn nicht interessiert?

Mutter: Hm . . .

Dr. B.: Überlegen Sie einmal. Wenn ein Kind zu Ihnen gerannt kommt und sagt: »Ein Hund hat mich gebissen«, dann ist doch Ihre erste Frage . . .

Mutter: Richtig – »Wo hat er dich gebissen?«

Dr. B.: Eben. Sie sehen also, daß Sie seine Phantasie nicht als etwas Wirkliches ernst nehmen. Wenn Sie ihm aber helfen wollen mit seinen Ängsten oder seinen angstvollen Phantasien, dann müssen Sie die als etwas Wirkliches ernst nehmen. Und wenn Ihr Kind in Wirklichkeit sagen würde: »Ich bin gebissen worden«, dann würden Sie fragen: »Wo?« Sie würden es genau wissen wollen.

Mutter: Vielleicht kriege ich die Stelle heraus, wo er Angst hat, gebissen zu werden.

Dr. B.: Wenn er es Ihnen sagt.

Mutter: Ja, wenn er es mir sagt. Glauben Sie, er weiß es?

Dr. B.: Nein. Und ich glaube nicht, daß er Ihnen unbedingt die Wahrheit sagen wird. Sie sollten allerdings, wenn er Sachen sagt, die Ihnen unwahrscheinlich vorkommen, nicht darauf hineinfallen. Sie sollten ein bißchen weiterbohren. Aber da kann Ihnen nur Ihre Intuition sagen, wann Sie aufhören müssen.

Mutter: Meinen Sie, ich sollte zuerst etwas Beruhigendes sagen?

Dr. B.: Nein. Wenn Sie zu früh damit kommen, wird das Kind, glaube ich, alarmiert. »Oh je! Mama glaubt, sie muß mich deshalb beruhigen. Was wird sie bloß denken, wenn ich ihr die Wahrheit sagen würde?« Das passiert oft, wenn man die Beruhigung wie ein Allheilmittel austeilt. Wie ein Heftpflaster: draufgeklebt, und damit hat sich's. Wenn es aber wirklich eine tiefsitzende Furcht ist, wird Ihnen der Junge nicht sofort sagen, worum es eigentlich geht. Er wird Sie beobachten. Nach dem, was Sie über sein Warten auf das Erntedankfest sagen, hat er Sie mit dem Truthahn schon getestet. »Ob auch *meine* Mama dem Truthahn den Kopf abhaut? Oder läßt sie ihn leben?« Doch hinterher weiß man's immer besser. Im Augenblick hätte ich wahrscheinlich auch nicht gewußt, was dahintersteckt. Schließlich geht der Junge in den Kindergarten, er hört vom Erntedankfest und so weiter. Hatte er denn sonst noch irgendwelche Ängste, bevor diese Sache anfing?

Zweite Mutter: Darf ich fragen ... warum lassen Sie ihn weiter in den Kindergarten gehen?

Mutter: Zum nächsten Quartal nehme ich ihn ja heraus. Ich habe ihn hingeschickt wegen seiner kleinen Schwester. Sie ist anderthalb und er kann eigentlich nie spielen, ohne daß sie ihn belästigt. Den ganzen Tag geht das hin und her, und das ist für beide sehr schlecht. Ich dachte, wenn er ein bißchen Ruhe haben könnte ... aber wenn er natürlich auch im Kindergarten keine Ruhe kriegt ...

Dr. B.: Wie ist sonst sein Verhältnis zu seiner Schwester?

Mutter: Mal so, mal so.

Dr. B.: Und was hält er im allgemeinen davon, ein Junge zu sein?

Mutter: Erinnern Sie sich, daß wir vor ungefähr einem Jahr kurz über ihn gesprochen haben?

Dr. B.: Können Sie mich darauf bringen?

Mutter: Er hatte damals eine Phase, wo er ein Mädchen sein wollte.

Dr. B.: Ich glaube, er hat diese Phase noch nicht überstanden.

Mutter: Ah, ich sehe, was Sie meinen. Zuerst verkündete er, er möchte gern auf der Toilette sitzen wie ein Mädchen, und kurz danach wurde er konkret und sagte, er möchte wie ein Mädchen sein.

Dr. B.: Was meinte er damit?

Mutter: Ach, Verschiedenes. Er sagte zum Beispiel, Kleider wären schöner als Hosen.

Dr. B.: Haben Sie mit ihm über den Unterschied zwischen Jungen und Mädchen gesprochen, und über das Sitzen auf der Toilette? Ja . . . jetzt erinnere ich mich. Wir haben darüber gesprochen. Nun, wie hat er es aufgenommen?

Mutter: Ich glaube, es ging sehr gut.

Dr. B.: Nun, vielleicht ging es zu schnell, und jetzt haben wir den Rückschlag.

Mutter: Vielleicht. Vor kurzem ist nämlich mehrmals wieder die Frage aufgetaucht, wie am Anfang, ob nicht alle Babies erst Mädchen sind und sich dann nach einiger Zeit in Jungens verwandeln.

Dr. B.: Und ob sie sich wieder in Mädchen zurückverwandeln, wenn sie unartig sind. Sagen Sie, was denkt er jetzt über seinen Penis?

Mutter: Davon hat er seit langem nichts gesagt.

Dr. B.: Dann würde ich davon sprechen, glaube ich.

Mutter: Wie meinen Sie das?

Dr. B.: Ich glaube, daß er bestimmte Ängste hat, weshalb ist schwer zu sagen, es kann so vieles sein. Sie schieben es auf den Kindergarten. Tatsache ist aber, daß in seiner Gruppe fünfzehn oder zwanzig andere Kinder waren, die nicht dieselbe Angst entwickelt haben, nicht dieselbe Abneigung gegen Tierlieder. Und da ich Sie seit mehreren Jahren kenne, nehme ich nicht an, daß die Mütter der anderen Kinder bessere Mütter sind.

Mutter: Ich sage ja nicht, daß der Kindergarten dafür verantwortlich ist. Ich weiß, daß vorher schon genügend Stoff für solche Ängste da war. Es mußte nur etwas kommen, um sie bei ihm auszulösen.

Zweite Mutter: Dr. Bettelheim, was halten Sie von dieser Entdeckung, daß wir Tiere und Fische usw. essen? Ist es nicht anzunehmen, daß die meisten Kinder, wenn sie auf diese Tatsache stoßen, egal in welchem Alter, davon einigermaßen beunruhigt werden?

Dr. B.: Schauen Sie, Sie wollen von mir etwas Allgemeines

hören, und ich hasse Verallgemeinerungen. Manche werden davon beunruhigt sein, manche nicht. Vermutlich ist es für jedes Kind bestürzend. Aber schließlich macht der Junge viele bestürzende Erfahrungen. Wichtig ist, womit er das verbindet und in welchem Augenblick es ihn trifft.

Zweite Mutter: Das genügt Ihnen, um über seine Angst Bescheid zu wissen?

Dr. B.: Ja, wenn man den Augenblick kennt, wo es ihn wirklich getroffen hat. Es kann ja Wochen und Monate dauern, bis es herauskommt – das versuchen wir gerade zu erfassen. Wann hat ihn das getroffen, um sich dann verschärfend mit seinen übrigen Ängsten zu verknüpfen? Sagen Sie, lehnt er Fisch und Hühnchen tatsächlich ab? Und wie äußert er sich eigentlich? Wie reagiert er beim Essen darauf?

Mutter: Oh, jetzt ißt er es, aber einige Wochen lang wollte er nicht.

Dr. B.: Und was haben Sie da getan?

Mutter: Ich habe nichts gesagt.

Dr. B.: Und er wollte es nicht essen?

Mutter: Er hat es nicht angerührt!

Dr. B.: Haben Sie mit ihm darüber gesprochen, weshalb?

Mutter: Nein. Ich nahm an, weil er glaubte, ich hätte es getötet.

Dr. B.: Ach, Sie nehmen zuviel an, meine Liebe. Selbst wenn Ihre Annahme stimmt, ist das nicht richtig. Da macht er etwas Ungewöhnliches, und es muß so schlimm sein, daß Mama nicht einmal darüber sprechen kann!

Mutter: Ja, das stimmt. Ich weiß, ich möchte nicht darüber sprechen. Das beunruhigt mich so, daß ich nicht weiß, was ich sagen soll.

Dr. B.: So ist es. Aber weshalb beunruhigt es Sie so? Sie essen doch schon Zeit Ihres Lebens Hühnchen.

Mutter: Ja, aber was mich beunruhigt, ist seine allgemeine Reaktion auf die Erkenntnis, daß getötet wird. Also, ich weiß nicht. Die ganze Zeit haben wir ihm Geschichten vorgelesen von den lieben freundlichen Entlein und Hühnchen, daß sie sich genau wie Menschen verhalten oder genau wie Menschen empfinden. Und jetzt sollen wir ihm sagen, daß wir hingehen und ihnen die Köpfe abschlagen und sie aufessen.

Dr. B.: Sehr richtig, sehr richtig.

Mutter: Jetzt wünschte ich, ich hätte ihm nie solche Geschichten vorgelesen. Dann würde mir das nicht solche Sorgen machen. Aber ich sehe doch den Zusammenhang. In all den Geschichten, die wir vorgelesen haben, werden sie so menschlich dargestellt, und wenn man sie tötet, warum soll man dann nicht hingehen und Menschen töten?

Dr. B.: Ja, aber wie ist er darauf gekommen, daß wir Menschen töten?

Mutter: Er noch nicht, aber ich!

Dr. B.: Nein, nein! Machen Sie aus Ihrem Jungen keinen Engel. Der Gedanke ans Töten, ans Beseitigen und so weiter steckt mittlerweile schon in ihm. Wir sollten jedoch klären, warum Sie wegen der Hühnchen, Truthähne und Fische so beunruhigt sind. Die Fische in den Geschichten sprechen doch nicht.

Mutter: Das nicht! Aber es gibt Lieder von Fischen!

Dr. B.: So viele auch nicht. Ich glaube, Sie übersehen etwas. Für Sie sind diese Tiere nette Tiere, und sie reden wie Menschen, aber in Ihrer Vorstellung ist der Abstand zwischen ihnen und den Menschen sehr viel größer als in seiner. Oder umgekehrt gesagt: Auf die Idee, ein anderes Kind zu beseitigen oder zu töten, wird er viel weniger kommen . . .

Mutter: . . . als ich!

Dr. B.: Stimmt! Wir müssen uns also fragen, wie weit diese ganze Angst vor der Beseitigung von etwas Lebendem von Ihnen stammt und wie weit von ihm.

Mutter: Es würde mich wirklich nicht überraschen, wenn seine allgemeine Unsicherheit gegenüber allen Formen von Gewalt zu einem großen Teil auf meiner eigenen Angst beruht. Ich weiß, daß sich das schon in sehr frühem Alter gezeigt hat.

Dr. B.: Da wird zum Beispiel zu Hause über die Atombombe gesprochen, und dann wundern wir uns, warum die Kinder so ängstlich sind. Es liegt natürlich nicht an der Erwähnung der Bombe, denn was kann ein Kind sich schließlich schon unter der Bombe vorstellen? Aber es spürt die furchtbare Angst, wenn wir davon sprechen. Kommen wir nun auf die Musik zurück. Das interessiert mich. Warum, glauben Sie, lehnt er die Musik ab?

Mutter: Ach, er hat immer was gegen Musik gehabt. Als er noch viel kleiner war, mochte er sie gern, ungefähr eine halbe Stunde lang, und dann verlangte er sehr energisch, daß wir sie abstellen; dann wollte er den Lärm nicht mehr hören. Eine andere Sache war die mit seinem Plattenspieler. Er hat ihn nicht nur einmal, sondern zwei- oder dreimal kaputtgemacht.

Dr. B.: Sind Sie denn nicht darauf gekommen, daß der Plattenspieler viel eher als die Tiere, von denen Sie ihm vorgelesen haben, etwas ist, das spricht? Etwas, das spricht und folglich menschlich ist?

Mutter: Nein, . . . darauf bin ich nicht gekommen.

Dr. B.: Und was hat er abgebrochen?

Mutter: Den Arm . . . und das hat ihn sehr verstört. Eine Zeitlang wollte er überhaupt keine Musik mehr hören.

Dr. B.: Verstehe. Das ist also eine der Ursachen seiner Furcht vor Gewalt. Da ist etwas, das wirklich spricht und das man gern sprechen hört. Man reißt etwas ab – ein Zubehörteil –, und die Musik verstummt. Es sagt nichts mehr. »Ich habe den Ton umgebracht. Ich bin ein Mörder.«

Zweite Mutter: Wie kann man in dieser Welt leben!

Dr. B.: Nein. Der eigentliche Punkt ist: wenn nicht schon etwas dagewesen wäre, was Ihren Sohn sehr beunruhigt, dann hätte er einen solchen Zusammenhang nicht hergestellt. Es kommt ja doch auch sonst vor, daß Kinder etwas kaputtmachen. Meine Frage nach der Musik war bloß eine Vermutung. Nun sehen wir aber, daß er hier zum erstenmal eine Stimme, ein Ding, das Töne von sich gibt, so wie Tiere es tun, zerstört hat. Wenn wir diese Spur weiterverfolgen würden, würden wir wahrscheinlich auf mehr Dinge dieser Art stoßen. Ich glaube, wenn solche Erfahrungen sich oft wiederholen, dann kann, bei den falschen Vorstellungen, die Kinder sich darüber machen, etwas schiefgehen. Wenn sich das nicht verstärken soll, können wir nichts anderes tun, als jedesmal darüber sprechen. Allen ihren falschen Interpretationen kommen wir ohnehin nicht auf die Spur, aber wenigstens einigen, und das ist unsere einzige

Chance. Sollen wir weitermachen, oder haben Sie alle genug davon?

Mutter: Es ist ein gewaltiges Thema . . . Ich kann es noch gar nicht richtig fassen. Vielleicht, weil eine Reihe von Ängsten sich bei ihm überlagert haben.

Dr. B.: Das stimmt! Und ich glaube, was noch am stärksten hinzukommt, ist, daß dieser Junge sehr an Ihnen hängt, daß er sich sehr gern Ihre ablehnende Haltung zur Gewalt zu eigen machen würde, aber dabei steckt noch eine beträchtliche Neigung zur Gewalt in ihm. Sie verstehen, was ich meine? Solange Sie diese Neigung nicht in einem gewissen Umfang akzeptieren
. . .

Mutter: Was kann ich denn tun? Unser größtes Problem ist mit seiner Schwester. Er greift sie sehr selten an, wenn er nicht gereizt worden ist. Aber er ist leicht zu reizen.

Dr. B.: Und was machen Sie?

Mutter: Ich sage ihm immer wieder, er darf das nicht: wenn sie ihn ärgert, muß er es mir sagen, und ich tue sie weg.

Dr. B.: Wegtun, wohin?

Mutter: In ein anderes Zimmer.

Dr. B.: Ja, aber was sagen Sie ihm tatsächlich?

Mutter: Ich glaube, ich sage . . . daß ich sie wegtue. Aber ich tu es nie.

Dr. B.: Auch das noch . . .

Mutter: Oh . . .

Dr. B.: Wie kann er sie denn verpetzen, wenn Sie ihre bloße Existenz dermaßen bedrohen?

Mutter: Um Gottes willen!

Dr. B.: Sie gehen davon aus, daß er sich bei den Worten dasselbe denkt wie Sie. Aber kleine Kinder nehmen alles beim Wort. Wenn Sie »wegtun« sagen, bedeutet es genau das, und nicht, daß Sie sie in ein anderes Zimmer tun.

Zweite Mutter: »Die Katze aus dem Sack lassen« heißt, die Katze aus dem Sack zu lassen.

Dr. B.: Genau! Und wie kann man die Katze aus dem Sack lassen, wenn man weder Sack noch Katze hat? Wenn man »auf dem Teppich bleiben« soll, so versteht das Kind darunter, daß man auf dem Teppich steht und nicht von ihm heruntergeht.

Mutter: Was soll ich denn nun tun? Ist es zu spät?

Dr. B.: Nein, es ist nicht zu spät. Reden Sie mir nicht von »zu spät«. Es ist nie zu spät, etwas in Ordnung zu bringen. Allerdings glaube ich, daß es nicht nur diese Sache mit dem »Wegtun« ist; da ist noch etwas anderes. Ich glaube, Sie trauen ihm zuviel zu, wenn Sie erwarten, daß er wirklich imstande ist, sich im Zorn zurückzuhalten und zu Ihnen zu kommen. Es ist also nicht nur so, daß Sie die Schwester bedrohen; denn wenn Sie die Schwester, weil sie unartig war, wegtun (dabei ist sie nur ein Baby und unvernünftig), was werden Sie dann mit ihm machen, wenn er unartig ist (wo er doch älter ist und es besser wissen müßte)?

Mutter: Was soll ich denn tun? Ich kann doch nicht zulassen, daß er sie haut. Und zuweilen tut er das.

Dr. B.: Nein, aber ich denke, Sie sollten sich mehr auf seine Seite stellen, und darüber haben wir schon gesprochen. Ich denke, Sie sollten ihm beipflichten, daß sie eine furchtbare Plage ist und daß es sehr schwer ist, bei einer so unerzogenen kleinen Schwester mit drei Jahren ein vernünftiger, gesetzestreuer Bürger zu sein. Es ist wirklich ein sehr hartes Los, und Sie sollten Mitleid mit ihm haben. Sagen Sie ihm aber auch, daß sich daran nichts ändern läßt. Wir müssen es eben hinnehmen. Wir können sie nicht wegtun. Wir können sie nicht wegschikken. Und Sie müssen betonen, daß es so, wie es im Augenblick ist, auch bleiben wird, daß Wünsche und Ängste daran nichts ändern werden. Das Baby ist da und bleibt da, und es ist und bleibt ein Mädchen. Und er ist da und bleibt da, und er ist und bleibt ein Junge.

Mutter: Ich muß es ihm immer wieder sagen.

Dr. B.: Sie können es nicht oft genug sagen, in allen Variationen. Daß er so, wie er ist, mit allen Körperteilen geboren wurde, daß er sie jetzt hat und sein ganzes Leben lang haben wird. Und wenn er dann auf der Straße einen Mann sieht, der einen Arm verloren hat, werden vermutlich all die Ängste von vorher wieder auftauchen. Dann müssen Mamas tröstliche Worte stärker sein als die Realität. Denn wenn Sie sagen: »Es kommt in dieser Welt manchmal vor, daß Menschen einen Arm verlieren«, dann sind wir wieder da, wo wir angefangen haben.

Er kann es ruhig ableugnen, er kann es ruhig verdrängen – auch das, was er mit eigenen Augen sieht. Das ist immer noch besser für ihn. Aber was fangen wir mit Mamas Ängsten wegen Ihrer eigenen Aggressionen an? Ihre starke innere Ablehnung von Feindseligkeit und Aggression läßt sich von den Ängsten Ihres Sohnes nicht ganz trennen.

Mutter: Eins weiß ich: Wenn ich ihn mit starker innerer Ablehnung zurechtweise, ihn anschreie oder zornig über ihn werde . . ., werde ich sofort von Schuldgefühlen überwältigt.

Dr. B.: So ist es. Nun, ich glaube, soweit verstehen wir uns. Lassen Sie uns in zwei Wochen noch einmal darauf zurückkommen.

[Zwei Wochen später]

Mutter: Ich möchte ein bißchen erzählen, wie es uns ergangen ist. Sie erinnern sich, daß Sie . . . letztes Mal empfohlen haben, ich sollte Mitleid mit meinem großen Jungen haben?

Dr. B.: Ja, das ist immer gut.

Mutter: Also es hat sich phantastisch ausgewirkt!

Dr. B.: Was Sie nicht sagen! Das erstaunt mich aber!

Mutter: Und mich erst! Ich bin erstaunt, wie sich das Verhältnis zwischen den beiden verbessert hat, denn es wirkt sich auf beide aus. Ich meine, er bekommt dadurch Gelegenheit, sich ihr gegenüber als Beschützer zu fühlen und nachsichtig mit ihr zu sein, und dadurch wird sie ein bißchen weniger eigensinnig und lästig.

Dr. B.: Ja, natürlich hilft es. Aber es löst keine Probleme.

Mutter: Nein, gelöst ist es damit nicht. Sie schlagen sich immer noch. Aber nicht mehr so oft. Außerdem bekomme ich jetzt eine kurze Warnung. Ich höre also, wie er sagt: »Nein, Peggy, das machen wir nicht . . . So will ich nicht spielen.« Dann habe ich noch Zeit, hinüberzugehen. Sonst habe ich nur gehört »Nein«! *[Peng!]*, bevor ich da sein konnte . . . *[Allgemeines Gelächter]*

Dr. B.: Nun kennen Sie also das große Geheimnis der Erziehung. Man braucht nur die Schüler in Diskussionen zu verwikkeln und gewinnt dadurch Zeit, sich die Antwort zu überlegen. Also, ich bin sehr froh über das, was Sie mir gesagt haben.

[Das vorstehende Gespräch fand kurz nach Beginn der Sit-

zung statt. Die Mutter berichtete freimütig, daß es ihr gelungen war, ihrem Sohn zu helfen, sich gegen seine kleine Schwester zu behaupten. Ihr eigenes Verhältnis zur Gewalt zu klären war eine sehr viel schwierigere Aufgabe. Ungefähr eine Stunde später begann sie sich noch einmal zu äußern, anfangs sehr zögernd.]

Mutter: Dr. Bettelheim . . . Sie erinnern sich an unser langes Gespräch beim letzten Mal? Also, wie ich zuhause war, habe ich mir überlegt, worauf Sie wohl hinauswollten . . . Der Vorfall . . . die ganze Zeit. Ich weiß nicht, warum es mir nicht hier eingefallen ist . . . aber der Vorfall, daß der Plattenspieler kaputtging, ereignete sich fast zu derselben Zeit, in der er zum Doktor mußte, um seine Vorhaut zurückziehen zu lassen. Sie war festgewachsen. Und das alles war kurz nach Peggys Geburt. Es gibt sogar einen Zusammenhang mit seiner Angst wegen der Hühner mit ihren abgeschlagenen Köpfen. Denn nachdem ich mich an den Zwischenfall erinnert hatte, erinnerte ich mich, daß . . . also, zunächst mußten wir dem Arzt helfen. Das heißt, wir mußten den Jungen festhalten, und dann, als wir fertig waren, erklärte mir der Doktor: »Seien Sie jetzt sehr vorsichtig. Beim Waschen müssen Sie jedesmal die Vorhaut vollständig zurückziehen, so daß der Kopf[3] freiliegt.« Nachdem mir das eingefallen war, wurde mir auch klar, daß ich damals versucht hatte, ihn zu beruhigen, daß ich ihn aber nicht richtig beruhigen konnte. Ich glaube, es hat ihm zu schaffen gemacht, daß er irgendwie beschädigt sein könnte.

Dr. B.: Daß er dachte: Was wird beim nächsten Mal abgeschnitten?

Mutter: Ja. Nun tauchte kurz danach ein anderes Problem auf, und mir ist klar, daß ich irgendwann dazu Stellung nehmen muß. Einmal war er mit einigen anderen Kindern weg; eine Bekannte fuhr mit ihrem Kind zum Baden an den See und nahm ein paar andere Kinder mit. Ihr Sohn, der ungefähr Toms Alter hat, ist beschnitten. Als die Kinder sich auszogen, schaute der Junge auf Toms Penis und sagte: »Was ist denn mit seinem

---

3 Gemeint ist das vordere Ende des Penis, die Eichel, beides heißt im Amerikanischen *head* (Anm. d. Übers.)

Penis, der ist ja gar nicht wie meiner?« Die Mutter sagte nichts dazu, weil es nicht ihr eigenes Kind war. Sie erzählte mir nur davon, war aber nicht sicher, ob Tom es gehört hatte. Tom hat es nicht erwähnt, aber ich bin sicher, daß er es früher oder später zur Sprache bringen wird. Was soll ich ihm dann sagen?

Dr. B.: Bevor wir darauf eingehen, interessiert mich zunächst, wieso Ihnen das nicht während unseres Gesprächs eingefallen ist. Wann ist es Ihnen eingefallen?

Mutter: Kurz nachdem ich hier weggegangen war. Ich weiß aber, warum es mir nicht früher eingefallen ist. Während unseres ganzen Gesprächs war ich zu sehr mit etwas anderem beschäftigt. Ich hing meinen eigenen Gedanken nach, und deshalb . . .

Dr. B.: Was dachten Sie?

Mutter: Ich dachte an das, worauf Sie mich vermutlich hinweisen wollten. Vor allem war ich sicher . . . ich hatte solche Schuldgefühle wegen seiner Ängste . . . weil ich dachte, daß sie direkt davon kommen, daß ich so oft böse mit ihm war, daß ich ihn geschlagen habe oder so. Ich war so damit beschäftigt, daß das herauskommt, und deshalb habe ich auf das andere nicht geachtet.

Dr. B.: Ich bin froh, daß Sie das gesagt haben, weil das etwas sehr Wichtiges ist. Ich weiß nicht, ob Sie alle beim letzten Mal dabei waren. Ich glaube aber, daß es zu den wichtigsten Dingen gehört, über die wir miteinander sprechen können. Es ist nämlich durchaus möglich, daß Ihre persönlichen Schuldgefühle gar nichts mit dem zu tun haben, was dem Kind zu schaffen macht. Das hält uns davon ab, mit dem Kind so umzugehen, wie es für das Kind richtig wäre.

Es ist nicht so, daß wir nicht erkennen könnten, was das Richtige ist. Das ist meistens ziemlich einfach bei Kindern, besonders bei kleinen Kindern. Nur kommen uns dann unsere persönlichen Vorstellungen dazwischen, zum Beispiel, daß unser Kind so und so sein soll, daß wir wegen irgend etwas Schuldgefühle haben und so weiter. Das müssen wir erkennen lernen. Wenn wir etwas falsch gemacht haben und deshalb Schuldgefühle empfinden, dürfen wir nicht in den Fehler verfallen und glauben, das müsse auch die Ursache für das Verhalten des

Kindes sein. Gewöhnlich ist es das nicht, und zwar aus einem ganz einfachen Grund: Was uns bewegt, unser Schuldgefühl oder unsere emotionale Betroffenheit, das vollzieht sich auf einem sehr abstrakten moralischen Niveau, vor allem bei Menschen mit höherer Bildung.

Dinge, die uns sehr zu schaffen machen, haben gewöhnlich nichts mit der Erfahrungsebene des Kindes zu tun, die viel einfacher ist; das Kind stellt beispielsweise zwischen verschiedenen Fällen von Körperverletzung, die es beobachtet hat, Zusammenhänge her, an die wir überhaupt nicht denken oder von denen wir wissen, daß es sie nicht gibt. Das alles hindert uns an einer richtigen Einschätzung dessen, was sich in den Vorstellungen des Kindes abspielt. Zum Glück ist es aber auch wieder einfacher, ein Kind zu beruhigen, und zwar aus denselben Gründen.

Für Ihren Jungen zum Beispiel hat der Penis, als Geschlechtsorgan zumindest, keine größere Bedeutung als irgendein anderer Teil seines Körpers. Wenn Sie mit dem Kind reden, müssen Sie also vor allem darauf achten, gegenüber Ihren eigenen Vorstellungen vom Geschlechtlichen und seiner Bedeutung eine gewisse Distanz zu wahren.

Was die Beschneidung betrifft, so ist es gewiß nicht einfach, sie einem Kind zu erklären. An Ihrer Stelle würde ich versuchen, ein harmloses, aber vergleichbares Beispiel ärztlicher Behandlung zu finden. Sagen Sie nicht: »Es tut nicht weh.« Manchmal vergleichen Eltern es mit dem Abschneiden von Nägeln oder Haaren und betonen, daß es nicht weh tut. Machen Sie das nie, denn für das Kind kommt das einer Aufforderung gleich, es auszuprobieren, und dann haben Sie die Bescherung. Denn es tut weh, und zwar ziemlich. Ein kleiner chirurgischer Eingriff wäre der passende Vergleich. Die Hauptsache ist aber, daß die Eltern kein besonderes Aufheben davon machen, bloß weil es der Penis ist. Mehr kann ich Ihnen nicht raten. Sagen Sie zum Beispiel: »Ja, da mußte der Doktor etwas in Ordnung bringen, aber nun ist es in Ordnung und erledigt.«

Mutter: Aber Tom war zehn Tage lang ziemlich merkwürdig, und damit fingen die Schwierigkeiten an.

Dr. B.: Ich weiß, und gewöhnlich mag ich es nicht, wenn man lügt. Doch statt mich mit einem drei- oder vierjährigen Kind auf eine Diskussion über die Beschneidung einzulassen, würde ich einfach sagen: »Penisse gibt es durchaus in verschiedenen Größen und Formen. Ist doch klar, daß der Penis bei verschiedenen Jungs verschieden aussieht.«

Mutter: Ist das denn nicht eine Lüge?

Dr. B.: Ja, es ist eine Lüge, machen wir uns nichts vor. Ich würde es aber bis zum Alter von sechs, sieben oder acht Jahren, wenn die verbale Verständigung besser klappt, mit körperlichen Unterschieden erklären. Statt zu sagen: »Jawohl, der andere Junge hatte eine Vorhaut, aber sie wurde abgeschnitten«, würde ich einfach sagen: »Sie sind eben verschieden.« Bei manchen ist die Vorhaut lang, so daß die Eichel oder die Spitze bedeckt ist, und bei anderen ist die Vorhaut kurz, so daß sie unbedeckt ist.

Aber erkennen Sie, worauf ich hinauswollte? Bei Ihrem konkreten Problem kann ich Ihnen nicht viel helfen. Doch auf was für Abwege haben wir uns locken lassen, weil Sie zunächst mit Pazifismus und brüderlicher Liebe anfingen, obwohl es in Wirklichkeit die Folgen einer verwachsenen Vorhaut waren, was Ihrem Sohn zu schaffen machte. Wie Sie sehen, kann so etwas einen vollkommen blind machen für ganz einfache Dinge. Andernfalls hätten Sie das Kind rasch beruhigen und eine konkrete Besorgnis ausräumen können, bevor das ganze durch die Ablehnung von Fleisch und andere, nicht dazu gehörende Dinge so undurchsichtig wurde.

II. Ihr Problem – oder unseres?

1. Lernen wozu?

Mutter: Ich habe eine Frage. Mein Sohn ist jetzt anderthalb, und er spricht sehr gut. Sein Wortschatz umfaßt weit über 150 Wörter, und fast alles, was er an seinem Körper berühren kann, kann er auch benennen, außer seinen Geschlechtsteilen. Dafür haben wir ihm noch kein Wort genannt. Was sollen wir nun tun? Mein Mann meint, wir sollten es ihm sagen.

Dr. B.: Warum? Ist denn die Frage aufgetaucht?

Mutter: Nein, er hat noch nicht gesagt: »Was ist das?«, aber er kommt mit anderen Fragen, und ich weiß nicht, wann er danach fragen wird.

Dr. B.: Ich weiß es wirklich nicht, und ich weiß auch nicht, warum Sie sich darüber Gedanken machen. Aber *ich* mache mir darüber Gedanken, daß *Sie* sich darüber Gedanken machen.

Mutter: Eigentlich macht es mir keine großen Sorgen, nur ist es eine Lücke in seinem Wortschatz. Er kann »Bein« und »Hand« und »Finger« sagen. Das alles kennt er.

Zweite Mutter: Mit meinem Jungen ist es dasselbe. Er hat eine Puppe, und er geht alle Teile der Puppe durch und benennt sie. Aber wenn er zum Penis kommt, hat die Puppe keinen, und dann schaut er zu mir hoch.

Dr. B.: Also, ich muß sagen, daß die Familien, in denen Ihre Jungen aufwachsen, sich von anderen ziemlich unterscheiden. Die Kinder auf der Straße würden das sehr komisch finden.

Mutter: Ach, auf der Straße werden sie die anderen Wörter sowieso aufschnappen.

Dr. B.: Sie haben dann einen Wortschatz mit doppelter Moral.

Mutter: Ja, aber dadurch wird für ihn dann ein Unterschied zwischen mir und seinen Freunden entstehen.

Dr. B.: Oh, ich glaube, daß der Unterschied schon durch die Tatsache entsteht, daß Sie ihm das Wort beibringen wollen, meinen Sie nicht? Worüber machen Sie sich also Gedanken?

Offen gesagt, interessiert mich mehr, daß Sie seinen Wortschatz zählen.

Mutter: Ach, er lernt täglich neue Wörter. Mindestens zwei jeden Tag. Ich habe eine lange Liste davon! Ich schreibe seinen Großmüttern, was er neu gelernt hat.

Dr. B.: Deshalb muß er also das Wort »Penis« lernen! Na, ich bezweifle, ob seine Großmütter sehr glücklich darüber sind, daß er es lernt. Aber wie dem auch sei, es ist leicht, über eine solche Angelegenheit Witze zu machen, doch ist es auch ernst zu nehmen. Und es interessiert mich ernsthaft, weshalb Sie den Wortschatz Ihres Sohnes zählen.

Mutter: Weil es mich stolz macht. Er begreift so schnell.

Dr. B.: Wie schön, daß er so schnell begreift und Sie daran Freude haben.

Mutter: Und wie!

Dr. B.: Das ist schon in Ordnung. Aber das Zählen – warum zählen Sie die Wörter? Und der Bericht an die Großmütter!

Mutter: Sie leben doch so weit von hier und möchten etwas über das Kind wissen.

Dr. B.: Oh, Sie können mir glauben, daß es mit dem Schreiben an die Großeltern ein Problem sein kann. Viele Eltern wissen eine Menge Geschichten über Ihre Kinder, aber wenn es darum geht, der Großmutter zu schreiben, fällt ihnen keine ein. Dann ist nichts da. Aber Sie wissen, Sie müssen schreiben, und Sie möchten Ihren Eltern durch amüsante Geschichten über Ihre Kinder Spaß machen. Nicht, daß die Großmutter sich nicht darüber freuen würde. Aber Sie wissen, daß es manchen Eltern widerstrebt, ihre Kinder für diesen Zweck zu benützen. Anderen macht es nichts aus, und sie finden es ganz in Ordnung. Allerdings befürchte ich ein bißchen, daß Sie den Jungen vielleicht drängen. Ich sage nicht, daß Sie ihn tatsächlich drängen, aber es könnte sein, daß er sich gedrängt fühlt.

Mutter: Ich sollte ihm das Wort also nicht sagen, bevor er nicht danach fragt.

Dr. B.: Nein, Sie sollten ihm überhaupt kein Wort sagen! Es wäre besser, Sie würden einfach mit ihm reden.

Mutter: Oh, das tun wir!

Dr. B.: Ich weiß. Ich meine aber, er sollte von sich aus die

Wörter aufschnappen, er sollte aus dem, was Sie sagen, wenn Sie mit ihm reden, selbst auswählen können.

Mutter: Ich glaube, das tut er.

Dr. B.: Ich bin sicher, daß er das tut. Er muß es. Wie hätte er sonst anfangen können? Aber sehen Sie: Sie haben von »einer Liste von 150 Wörtern« gesprochen, und Sie haben erklärt, daß er jeden Tag zwei neue Wörter dazulernt. Nun glaube ich zwar nicht, daß es genauso ist . . .

Mutter: Aber wir haben sie schriftlich festgehalten!

Dr. B.: Nun, dann rate ich Ihnen gerade, das Aufschreiben der neuen Wörter zu lassen.

Mutter: Aber es werden so schnell immer mehr! Sobald ich merke, daß er »ham« (Schinken) sagt . . .

Dr. B.: Was?

Mutter: Zum Mittagessen – Schinken – also, dann sage ich: »Ah, das kannst du jetzt sagen«, und damit hat sich's.

Dr. B.: Ich bin nicht so sicher, ob es sich damit hat.

Mutter: Ich mach' es nicht immer, aber wenn mein Mann dabei ist, mache ich darauf aufmerksam.

Zweite Mutter: Das tu ich auch. Heute Abend zum Beispiel sagte mein Sohn zum erstenmal »Nachtisch«, und ich sagte zu meinem Mann: »Oh, er hat ›Nachtisch‹ gesagt.«

Mutter: Meiner sagt das schon lange.

Zweite Mutter: Aber ich spreche doch von *meinem* Sohn, und der ist viel jünger!

Dr. B.: Hier sitze ich in der Klemme. Es ist richtig und falsch. Ich bin in der Klemme, weil ich mir scheinbar selbst widerspreche. Gegen das, was Sie *(zu der zweiten Mutter)* machen, sage ich nichts.

Zweite Mutter: Dann verstehe ich nicht, worauf Sie hinaus wollen.

Dr. B.: Worauf ich hinaus will, ist, daß ich nicht gegen Zustimmung bin – und gewiß nicht dagegen, daß Sie sich freuen, wenn er ein neues Wort gelernt hat. Das Kind sollte, wenn es etwas geleistet hat, Zustimmung erfahren – das ist gut und notwendig, weil sonst kein Kind lernen würde. Warum sollte es auch? Aber auch wenn ich der Ansicht bin, daß das Kind für seine Leistungen Zustimmung und Anerkennung bekommen sollte, beunruhigt es mich doch, wenn ich das Gefühl habe, daß die Leistung von ihm erwartet wird.

Mutter: Aha, ich verstehe. Aber so ist es durchaus nicht!

Dr. B.: Das habe ich auch nicht gesagt. Aber nach dem, wie Sie darüber sprachen, kamen mir Zweifel, die vielleicht gar nicht berechtigt sind.

Mutter: Als wir sagten, daß er jeden Tag zwei Wörter dazulernt, haben andere Leute das bezweifelt, und so habe ich ihn eben beobachtet, um zu sehen, ob ich mich getäuscht hatte. Und ich habe mich nicht getäuscht, bestimmt nicht!

Dr. B.: Ja, ich weiß. Manche Kinder sind sehr begabt, und Ihres scheint ein begabtes Kind zu sein. Ich glaube nicht, daß es verkehrt ist, wenn er auf diese Weise die Wörter lernt. Allerdings mache ich mir Sorgen, daß daraus eine Gewohnheit entstehen kann, daß das Kind sich vielleicht verpflichtet fühlt . . .

Mutter: Daß wir es drängen?

Dr. B.: Nein, aber daß ein Gefühl der Verpflichtung entsteht. Das ist etwas ganz anderes, als wenn das Kind von den Eltern gedrängt wird.

Mutter: Sie meinen, er bekommt den Eindruck . . . er glaubt, daß ich etwas . . . ganz Tolles erwarte?

Dr. B.: Genau! Und das erwarten auch Großmütter.

Mutter: Ja.

Dr. B.: Verstehen Sie jetzt, was mir Sorgen gemacht hat? Denn dann hat das arme Kind keine Wahl, als Ihre Erwartungen zu erfüllen. Dabei sollte das Lernen etwas Spontaneres sein. Für das, was er von sich aus gelernt hat, sollte man ihn gebührend loben. Sonst kommen solche Lernautomaten oder solche Buchstabenfanatiker heraus, die zwar Wörter buchstabieren können, aber eigentlich nicht wissen, wie man sie verwendet, und mit ihrem praktischen Wortschatz haben diese Wörter nichts zu tun. Gerade in diesem Alter wird den Worten eine sehr magische Bedeutung zugeschrieben, und deshalb müssen wir ein wenig behutsam sein. Das Kind glaubt, etwas erfaßt zu haben, was es verwenden kann, und das ist tatsächlich der Fall. Es hat tatsächlich etwas erreicht, weil es Ihnen jetzt sagen kann, daß es Nachtisch möchte. Wenn es sich dabei aber gar nicht um etwas handelt, was das Kind für sich verwenden kann, dann ist das eine andere Sache. Es ist schwierig zu erklären. Verstehen Sie, was ich meine?

Mutter: Nein.

Dr. B.: Nun, vielleicht erkläre ich es so: Es ist eine Tatsache, daß man in unserer Gesellschaft sehr weit kommen kann, wenn man redegewandt ist. Es gibt viele erfolgreiche, ja sogar berühmte Leute, die es weit bringen, weil sie gut reden können. Aber wenn das, was sie sagen, wenig zu tun hat mit dem, was sie tun, dann sind sie keine besonders nützlichen Mitglieder der Gesellschaft, und gewöhnlich sind sie nicht besonders glücklich. Auch an den Universitäten findet man solche Leute! Und damit kommen wir zu dem Problem der Anerkennung. Ich glaube, daß die verbale Leistung allzu sehr betont und anerkannt wird und daß man sich nicht im gleichen Maße dafür interessiert, wie sich der Betreffende im praktischen Leben verhält. Verstehen Sie, was ich meine?

Nun mache ich Ihnen nicht den Vorwurf, und ich habe auch nicht den Verdacht, daß Sie so etwas tun. Aber Ihre Äußerung ließ mich befürchten, daß Sie so etwas tun könnten, und deshalb meinte ich, müßten wir darüber reden. Ist das Ihnen allen klar? Schließlich ist es ja nicht so einfach: Wir müssen ja unsere Kinder zum Sprechen ermuntern, wir müssen sie ja ermuntern, daß sie lernen und ihren Wortschatz erweitern. Mir scheint aber, daß wir das am besten dadurch erreichen, daß wir immer mehr mit ihnen sprechen, daß wir über die Dinge sprechen, die für sie wichtig sind, und daß wir sie ermuntern, darauf zu antworten – und nicht dadurch, daß wir das bloße Erlernen von Wörtern betonen.

Mutter: Ich weiß nicht. Mir scheint, daß ihm das Erlernen von Wörtern durchaus schon Spaß macht. Wenn er etwas zu mir sagt, und ich verstehe es nicht, dann wiederholt er es, und wenn ich es dann verstehe, macht er »Ah!« und ist glücklich.

Dr. B.: Sicher! Das ist in Ordnung. Mir geht es hier aber nicht um die Rolle des Kindes. Für das Kind muß es wirklich befriedigend sein, wenn es neue Wörter lernt, wenn es lernt, in Sätzen zu sprechen. Das ist wirklich eine Leistung. Die Befriedigung darüber sollte jedoch ganz von selbst kommen. Und auch wir sollten uns darüber durchaus freuen, weil das Kind etwas geschafft hat, was es erreichen wollte, aber *nicht*, weil wir uns sagen: »Mein Kind ist ja so begabt!« Verstehen Sie? Wenn Sie sich aus dem zuerst genannten Grunde freuen, ist es in Ordnung, egal, wie sehr Sie sich freuen. Wenn Sie aber auch nur eine Spur von dem zuletzt genannten Gefühl empfinden, so kann das schädlich sein. *[Die Mutter lacht]*

Dr. B.: Warum lachen Sie?

Mutter: Weil ich mich eben damit abgefunden habe, daß mein Kind genial ist! Das ist für mich schon gar keine Frage mehr!

Zweite Mutter: Er wird denken, sie macht sich über ihn lustig.

Dr. B.: Die Hauptsache ist, daß er nicht den Eindruck bekommt, er müsse ein Wörtergenie sein, um die Zuneigung seiner Mutter zu gewinnen . . . Nun . . . wenn das abgeschlossen ist, haben wir noch Zeit für eine oder zwei weitere Fragen.

[Wir wandten uns dann der Frage einer anderen Mutter zu: Wenn Kinder ihre Spielsachen in der Toilettenschüssel schwimmen lassen, bedeutet das, daß man dann bei ihnen mit dem Sauberkeitstraining* beginnen kann? Nach einer kurzen Diskussion ergriff die erste Mutter erneut das Wort.]

Mutter: Mein Sohn spielt auch gern in der Toilettenschüssel, und dann zieht er die Spülung. Meinen Sie, ich sollte bei ihm mit dem Sauberkeitstraining anfangen?

Dr. B.: Wie alt ist er nochmal?

Mutter: Fast neunzehn Monate.

Dr. B.: Ich denke, Sie können es ihm vorschlagen. Schließlich hat er ja einen ganz ansehnlichen Wortschatz. Was fangen Sie beide mit Ihrem 150-Wörter-Vokabular an?

Mutter: Ach, wir reden über Spielsachen, über Leute.

Dr. B.: Gelegentlich auch über die politische Lage?

Mutter: Beinahe.

Dr. B.: Das bringt uns darauf zurück, was ich mit einem aktiven, lebensnahen Wortschatz meinte. Diesen Wortschatz müssen Sie jetzt praktisch umsetzen.

---

* Der emotional weniger belastete, aber nicht direkt übersetzbare amerikanische Ausdruck lautet: toilet training. (Anm. d. Übers.)

Mutter: Also, ich weiß nicht . . . wie würden Sie ihm das Wort »vorher« erklären? Ich weiß nicht, ob er das in seinem Wortschatz hat. Und ich meine, Sie hätten gesagt, daß die Kinder mit siebzehn Monaten noch zu klein für das Sauberkeitstraining sind.

Dr. B.: Nein, das habe ich nie gesagt. Ich habe nicht gesagt, daß Sie sich gezwungen fühlen sollten, im Alter von siebzehn oder neunzehn Monaten damit zu beginnen, aber Sie können durchaus den Vorschlag machen! Es ist nicht verkehrt, wenn Sie es Ihrem Kind erklären, sofern sein Wortschatz soweit ist, daß er Sie auch versteht. Und wenn seine Reaktion darauf »nein« ist, dann geht es nicht und damit basta.

Mutter: Was würden Sie sagen, wie wir uns dazu einstellen sollen?

Dr. B.: Nun, schauen Sie! Einerseits sind wir froh, wenn er lernt, »Nachtisch« zu sagen, und Sie möchten ihm ebenfalls den richtigen Ausdruck für Penis beibringen. Das eine wie das andere ist jedoch keine sonderlich großartige Errungenschaft, während das Sauberkeitstraining weiß Gott ein sozialer Fortschritt ist. Man fragt sich also, warum Sie seine großartigen geistigen Gaben nicht für wirkliche soziale Errungenschaften einsetzen.

Mutter: Weil ich sicher bin, daß er das Wort »vorher« nicht versteht! Und wenn ich sage: »Sag Mama, bevor du es machst«, wird er damit nichts anfangen können.

Dr. B.: Das ist vollkommen richtig. Sagen Sie: »Mach es *da*!« *[Allgemeines Gelächter]* Erklären Sie ihm: »Das gehört *dahin*!« Und falls er das nicht versteht, zeigen Sie »*dahin*«. In dem Alter können Sie nicht erklären, was »vorher« heißt. Wenn die Kinder wirklich »vorher« und »nachher« begriffen, wäre ich überrascht, wenn sie im Sauberkeitstraining nicht schon weiter wären. Denn das sind komplizierte Begriffe. Zum Sauberkeitstraining braucht man jedoch nur zu wissen, wo es hingehört. Sie wissen ja schließlich auch, daß sie abends zum Schlafen ins Bett gehören.

Zweite Mutter: Dr. Bettelheim, mir ist nicht klar geworden, in welchem Alter Sie anfangen, es ihnen »vorzuschlagen«.

Dr. B.: Wenn ihr Wortschatz so weit ist, daß sie verstehen, was Sie wollen! Vorher sicherlich nicht. Wenn sie ohne Schwierigkeiten aufrecht sitzen können und einigermaßen ihre Muskeln beherrschen, und nicht vorher. Denn um auf dem Töpfchen oder dem Toilettensitz sicher sitzen zu können, muß man die Muskeln beherrschen. Dann können Sie ihm den Vorschlag machen. Und wenn das Kind nein sagt, dann heißt das nein. Dann schlagen Sie es eben zwei Monate später wieder vor, und dieses Spiel setzen Sie bis zum Alter von drei Jahren fort.

Mutter: Im Sommer sagten Sie, daß man wenige Monate vor oder nach einer Reise mit dem Training nicht beginnen sollte, und wir werden nun in wenigen Monaten eine Reise machen.

Dr. B.: Oh, ich meinte nicht die Art von Training, wo man sagt: »Das gehört dahin.« Aber ich bin froh, daß Sie das anschneiden, denn man kann sich nie klar genug äußern. Damals meinte ich mit Sauberkeitstraining folgendes: Man weiß, daß das Kind Stuhlgang haben wird, und nimmt es und setzt es auf die Toilette. Das ist, was man gemeinhin unter »Sauberkeitstraining« versteht, und da bin ich dagegen. Ich möchte nämlich, daß man das Kind eine Lernerfahrung machen läßt, und nicht, daß man ihm einen bedingten Reflex aufzwingt. Verstehen Sie, was ich meine?

Mutter: Bevor das Kind dazu imstande ist, muß es also sprechen können. Und wenn es bereit ist, die neue Erfahrung zu machen, dann tut es das auch.

Dr. B.: So ist es. Sie sehen also, daß es verschiedene Möglichkeiten des Sauberkeitstrainings gibt. Leider macht man es gewöhnlich so, daß man das Kind auf die Toilette setzt, und damit zwingt man ihm etwas auf. Dabei macht das Kind aber genaugenommen zwei Erfahrungen, die sich im Grunde widersprechen. Die erste Lernerfahrung ist die, daß man es nimmt und auf die Toilette setzt. Und die zweite ist die, daß es auf der Toilette seinen Stuhlgang hat.

Nun kann das erste Erlebnis aber nicht sein ganzes Leben lang weitergehen. Irgendwann muß es lernen, von sich aus zu gehen. Deshalb bin ich ganz dafür, daß man wartet, bis das Kind durch andere Handlungen erkennen läßt, daß es von sich aus irgendwohin gehen und etwas machen kann. Wenn das Kind also wirklich lernen soll, zur Toilette zu gehen, muß man mit ihm darüber reden können, muß es seine Muskeln beherrschen können, muß klar sein, daß das Kind weiß, worum es geht, und muß klar sein, daß das Kind von sich aus irgendwohin gehen und etwas Zielgerichtetes oder doch einigermaßen Zielgerichtetes machen kann. Wenn das alles gegeben ist, dann ist es so weit, daß man dem Kind den »Vorschlag« machen kann. Dann ist das Kind nämlich, wenn es bereit ist, wirklich ganz bereit dazu. Und wenn es nicht bereit ist, kann es »nein« sagen.

Mutter: Ich verstehe. Ich glaube, ich hatte nicht die richtige Methode, weil ich daran nicht gedacht habe. Mich störte das Wort »vorher«.

Dr. B.: In den meisten Fällen ist es ja so, daß man dem Kind das Sauberkeitstraining vermittelt, indem man es auf die Toilette setzt und grunzende Geräusche macht. Und das ist gar nicht so schlecht, wenn man es schnell schaffen will. Aber man muß natürlich ein sehr fortgeschrittenes und lernbegieriges Kind haben. Damit kommen wir wieder auf meinen ursprünglichen Punkt zurück: Das andere Lernen, das soziale Lernen, sollte mit dem intellektuellen Lernen Schritt halten, und beides sollte von sich aus kommen. Ist damit Ihre Frage beantwortet?

Mutter: Ja, jetzt verstehe ich.

2. Der Brief

Mutter: Dr. Bettelheim, was kann man machen, wenn man Schwierigkeiten hat, das Kind dazu zu bringen, daß es badet oder ins Bett geht? Ist es dann richtig, wenn man ihm noch ein Spielzeug anbietet, oder wenn man verspricht, noch etwas Interessantes zu machen? Ich dachte, das wird als Bestechung angesehen.

Dr. B.: Was ist denn an der Bestechung so verkehrt?

Mutter: Ich weiß es nicht.

Dr. B.: Sie sagten doch: »Es wird als Bestechung aufgefaßt«. Was ist daran verkehrt?

Zweite Mutter: Ich weiß es nicht, aber es funktioniert!

Dritte Mutter: Das interessiert mich auch.

Dr. B.: Also, was ist mit der Bestechung?

Zweite Mutter: Ich glaube, man kann nichts dagegen sagen.

Dr. B.: Da bin ich nicht so sicher.

Zweite Mutter: Stellen wir uns doch mal folgendes vor. Das Kind ist völlig mit etwas beschäftigt, was es nicht mit ins Bett nehmen kann, dann bietet man ihm etwas anderes an.

Dr. B.: Aber so hat sie's nicht gesagt. Sie meint, es wäre Bestechung. Können Sie denn wirklich guten Gewissens ein Spielzeug anbieten, wenn Sie glauben, das Kind damit zu bestechen? Ich könnte sicher sehr viel zugunsten der Bestechung sagen, und auch sehr viel dagegen. Solche intellektuellen Spielereien können Spaß machen, und ich spiele gern so. Aber fragen wir uns selbst: »Kann ich als Vater oder Mutter mich wirklich dafür stark machen, wenn es doch Bestechung ist?«

Dritte Mutter: Könnte man es nicht einfach als eine Überleitung bezeichnen?

Dr. B.: Sie können es bezeichnen, wie Sie wollen, aber damit versuchen Sie nur, sich selbst zu täuschen, indem Sie der Sache einen akzeptableren Namen geben.

Zweite Mutter: Manchmal, wenn Sally nicht schlafen gehen will, habe ich das Gefühl, als ob ich selber gerne schlafen würde, und wenn ich eine Puppe hätte, daß ich sie mit ins Bett nehmen würde. Ich bin dann fast sicher, daß sie es ebenso rasch tun würde, statt das weiterzumachen, was sie gerade tut. Wenn ich ihr dann die Puppe anbiete, geht alles klar.

Dr. B.: Und haben Sie dann das Gefühl, daß das, was Sie machen, Bestechung ist?

Zweite Mutter: Also, ich persönlich mag das Wort nicht.

Dr. B.: Aber haben Sie jemals gedacht, daß es Bestechung ist?

Zweite Mutter: Nein.

Dr. B.: Gut, dann haben Sie kein Problem damit. Aber diese Mutter hat ein Problem, weil sie glaubt, daß es Bestechung ist, und ich möchte gern wissen, warum sie das glaubt. Deshalb hake ich nach.

Dritte Mutter: Weil die Frauenzeitschriften Artikel darüber bringen.

Dr. B.: Also wissen Sie, es ist schon schwer genug, und jetzt kommen Sie auch noch mit Frauenzeitschriften!

Mutter: Ich habe immer gedacht, man könnte ein Spielzeug benützen, um das Kind abzulenken.

Dr. B.: Warum wollen Sie das Kind ablenken?

Mutter: Also, ich meine . . . von etwas ablenken, was das Kind interessiert . . . um das Kind in die Badewanne oder ins Bett zu kriegen. Also gibt man ihm ein Spielzeug, um es abzulenken. Das kann man doch »Bestechung« nennen.

Dr. B.: Was ich Ihnen klarzumachen versuche, ist doch, daß es entscheidend darauf ankommt, ob Sie selber glauben, daß es Bestechung ist, egal, wie Sie es nennen. Das ist der entscheidende Punkt. Ich bin bereit, auf die Frage der Bestechung gesondert einzugehen, aber ich glaube, daß das umfassendere Problem darin besteht, ob Sie es als Bestechung auffassen. Wenn Sie meinen, daß es ein Trick ist, etwas Unmoralisches, dann sollten Sie es wirklich nicht tun.

Mutter: Oh, ich habe nie gedacht, daß es so schlimm wäre.

Dr. B.: Ach nein, ich habe nicht gesagt, daß es schlimm ist, aber Sie können nicht bestreiten, daß ein Bestechungsgeschenk im gewöhnlichen Sprachgebrauch etwas Unmoralisches, etwas nicht sehr Feines ist. Stimmt's? Meinen Sie denn wirklich, daß eine Mutter ihrem Kind gegenüber etwas tun sollte, von dem sie glaubt, daß es nicht besonders fein ist?

Mutter: Oh, nein. Ich meine aber . . . wenn sie es auffassen könnte als . . .

Dr. B.: Verstehen Sie tatsächlich nicht, worauf ich hinaus will?

Mutter: Es ist mir nicht ganz klar.

Zweite Mutter: Aber ich. Es geht wieder um den »Brief«[1].

---

1 »Der Brief« bezieht sich auf eine Geschichte, die ich des öfteren verwandte, um deutlich zu machen, daß es oft auf den wirklichen Inhalt einer Mitteilung sehr viel weniger ankommt, als auf den Geist, in dem sie aufgenommen wird. Beim Lesen geht manches von der Geschichte verloren, weil der ganze Witz auf der gefühlsmäßigen Betonung beim Erzählen beruht. Die Geschichte geht folgendermaßen: Vom Sohn der Familie, der auswärts studiert, trifft ein Brief ein. Der Vater öffnet ihn, liest ihn, schleudert ihn zornig auf den Tisch und sagt: »Der Teufel soll mich holen, wenn ich ihm Geld schicke, wenn er es in diesem Ton fordert!« Die Mutter fragt besorgt: »Um Himmels willen, was hat er geschrieben?«, und der Vater liest mit erregter Stimme vor: »Lieber *Vater*, ich bin *pleite*; schick' mir bitte *sofort* etwas Geld. Dein

75

Dr. B.: Stimmt, es geht wieder um »den Brief«. »Es kommt ganz darauf an, wie man den Brief liest.« Selbst wenn es von meinem Standpunkt aus der richtige Brief ist: wenn man ihn verkehrt liest, wenn es vom Standpunkt der Mutter aus der falsche Brief ist, ist es eben der falsche Brief. Er erreicht dann weder seinen Zweck, noch ist er gut. Nun können wir zu der zweiten Frage kommen: Was ist Bestechung? Zunächst müssen wir klären, ob wir etwas als Bestechung auffassen. Wenn ja, dann sollten wir es nicht tun, auch dann nicht, wenn es uns unter Umständen Mühe erspart. Denn darauf kommt es ja bei der Bestechung an: daß man sich Schwierigkeiten erspart. Und nachdem wir uns einig sind, daß Bestechung schlecht ist, daß aber ein bestimmtes Handeln in unseren Augen keine Bestechung ist, sollten wir herausbekommen, warum ein solches Verhalten in den Augen dieser Mutter Bestechung ist. Verstehen Sie, was ich meine? Gut, Sie haben das Wort.

Mutter: Also, ich weiß nicht. Erst habe ich es gemacht und nie daran gedacht, daß es Bestechung wäre. So konnte man sie eben ablenken und veranlassen zu folgen. Aber danach . . . ich weiß nicht . . .

Sohn.« Da nimmt die Mutter den Brief, liest ihn und sagt kopfschüttelnd: »Ich finde an dem Brief nichts Schlimmes. Es ist ein sehr netter Brief«, und dann liest sie mit liebevoller Stimme: »*Lieber* Vater, ich bin pleite; schick' mir *bitte* sofort *etwas* Geld. *Dein* Sohn.« Worauf der Vater sagt: »Ach, das ist etwas anderes. Wenn der arme Junge pleite ist und Geld braucht, schicken wir ihm eben was.« Ich benütze dieses Beispiel immer dann, wenn Mütter scheinbare Ungereimtheiten in meinen Ratschlägen zu entdecken glaubten, so etwa, wenn ich einer Mutter empfahl, mit einer bestimmten Praxis fortzufahren, während ich eine andere Mutter, die in der gleichen Weise verfuhr, bat, ihre Absichten und Gefühle sorgfältig zu prüfen. Der Unterschied beruhte gewöhnlich auf ein und demselben Grund: Ich hatte die Mütter in der Zwischenzeit ziemlich gut kennengelernt, und ich wußte aus früheren Gesprächen, daß die erstgenannte Mutter sich bei der betreffenden Praxis durchaus wohl fühlte, während die zweite Mutter gegenüber der gleichen Situation Gefühle der Ablehnung hegte. Meine Anspielung auf die Geschichte mit dem Brief bedeutete also: Das Wesen einer bestimmten Handlungsweise können wir nicht allein nach dem äußeren Anschein beurteilen, sondern wir müssen auch den Rahmen der Gefühle und Wertvorstellungen berücksichtigen, in dem sie sich vollzieht.

Dr. B.: Wie hat es sich eingeschlichen?

Mutter: Ich weiß nicht. Es war wohl vor drei Wochen oder einem Monat. Meistens spielt sie ganz zufrieden . . . und sie hat nicht viel dafür übrig, ihr Mittagsschläfchen zu halten . . .

Dr. B.: Wie alt?

Mutter: Sie wird einundzwanzig Monate. Auf einmal fällt es mir schwer, obwohl es vorher nicht schwer war, und so biete ich ihr etwas zur Ablenkung an. Dabei bin ich mir nicht bewußt, daß es Bestechung ist. Aber wenn sie es hat und zufrieden ist, finde ich es doch.

Dr. B.: Warum?

Mutter: Ich weiß wirklich nicht warum.

Dr. B.: Ich meine, Sie sollten ein wenig mit sich zurate gehen und herausfinden, warum. Weshalb sagen Sie sich nicht: »Also, sie muß jetzt schlafen, und ich werde es ihr verdammt noch mal so angenehm machen, wie ich kann. Wenn ich will, daß sie ihr Schläfchen hält, dann ist das mindeste, was ich tun kann, daß ich es so angenehm wie möglich mache.«

Mutter: Das ist richtig, sie zufriedener machen.

Dr. B.: Ja. Aber wenn Sie wirklich so denken würden, würden Sie es nie als Bestechung bezeichnen. Sie würden es einfach als die Pflicht einer Mutter auffassen, die weiß, was einem Kind schwerfällt und was ihm leichtfällt, und die weiß, wie sie es ihm leichter machen kann. Sie würden es als die normale Verpflichtung einer verständnisvollen Mutter ansehen, dem Kind die Dinge leicht zu machen, wo sie nur kann. Aber weshalb Sie das Bestechung nennen, weiß ich nicht.

Vierte Mutter: Ich habe so meine eigenen Erfahrungen . . . und ich frage mich, ob sie nicht Schuldgefühle hat, wenn sie das Kind zum Schlafen bringt, weil *sie* ihre Ruhe haben möchte, und deshalb glaubt sie, daß sie das Kind mit unsauberen Mitteln zu etwas bringt.

Dr. B.: Ja! Das ist genau, worauf ich hinaus wollte! Sie wissen, daß das Kind seinen Schlaf braucht. Aber Sie wissen auch, daß Sie ein bißchen Ruhe haben möchten. Und da Sie sich schuldig fühlen, weil auch Sie ausruhen möchten, folgern Sie daraus, daß das kein Grund sein kann, weshalb das Kind schlafen sollte. Es ist also die Einsicht, daß Sie etwas für sich wollen, was Ihnen Schuldgefühle verursacht, wenn Sie versuchen, das Kind zum Schlafen zu bringen. Wenn Sie es dann schaffen, es ins Bett zu bringen, indem Sie ihm ein Spielzeug anbieten, haben Sie das Gefühl, daß etwas verkehrt ist, und Sie glauben, das Verkehrte sei die Bestechung. Mit einem Wort, das Schuldgefühl, das Sie haben, weil Sie möchten, daß das Kind schläft, übertragen Sie darauf, daß Sie ihm ein Spielzeug anbieten, um es leichter zum Schlafen zu bringen. Aber es besteht kein Anlaß, wegen des einen oder des anderen Schuldgefühle zu haben, im Gegenteil. Es ist durchaus nichts Unrechtes, wenn Sie etwas für sich möchten. Mein Vorschlag ist, daß Sie sich zunächst sagen: »Ich brauche ein bißchen Ruhe; wenn ich es jetzt schaffe, sie zum Schlafen zu bringen, können wir beide unsere Ruhe haben, und dann geht es uns beiden besser.« Das Problem der Bestechung entstand also dadurch, daß Sie glaubten, es sei unrecht, wenn Sie ein bißchen Ruhe haben wollten. Ich bin jedoch überzeugt, daß Sie tief innerlich Ihrem Kind keine richtige Ruhe geben können, solange Sie sich selbst keine Ruhe gönnen können, wenn Sie sie brauchen.

Die Ansicht, daß wir keine Rechte hätten, nur weil wir Eltern geworden sind, ist beinahe so schlimm wie die antiquierte Vorstellung, daß unsere Kinder keine Rechte haben, weil sie uns gehören und wir mit ihnen machen können, was wir wollen. Ich glaube, die erstgenannte Ansicht gehört zu den falschen Ideen, die sich zusammen mit der folgenden eingeschlichen haben, nämlich: »Sobald das Kind etwas möchte, müssen wir es tun.« Sie sind schließlich erwachsen, und man kann annehmen, daß Sie ein bißchen besser wissen als ein einundzwanzig Monate altes Kind, was für das Kind gut ist. Ich weiß, daß es Leute gibt, die der Ansicht sind, man müsse einem Kind alles erlauben, was es möchte. Ich bin nicht dieser Auffassung. Dagegen meine ich, daß wir dafür sorgen sollten, daß es immer das tun kann, was für es das Beste ist. Und wenn es sich richtig ausruhen kann, weil es ohne Kampf ins Bett gebracht worden ist, dadurch, daß Sie es abgelenkt oder ihm ein nettes Spielzeug angeboten haben, – dann ist das gut für das Kind.

Vierte Mutter: Aber Sie sind doch nicht der Ansicht, daß man ein Kind zum Schlafen zwingen sollte?

Dr. B.: Man *kann* ein Kind *nicht* zum Schlafen zwingen. Deshalb sollte man lieber versuchen, das Schlafen attraktiv zu machen.

3. Rebell in der Latzhose

Mutter: Dr. Bettelheim, ich habe mich gefragt, wie weit man ein dreijähriges Kind unterstützen soll ... in ihrer ... also meiner Meinung nach geht es einzig und allein um Weiblichkeit. Gerade in letzter Zeit möchte sie überaus gerne Kleider anziehen. Sie weiß sehr genau, was »hübsch« bedeutet, und sie möchte gern Kleider tragen, weil sie meint, ein Kleid ist hübscher als eine Latzhose.

Dr. B.: Und von wem hat sie diese Idee?

Mutter: Nun, sie ... weil sie zweifellos ... jedes kleine Mädchen sieht im Kleid besser aus als in der Latzhose, und wenn sie ein Kleid anhat, fällt es den Nachbarn auf.

Dr. B.: Sie hat die Idee also von den Nachbarn.

Mutter: Ja. Die Erwachsenen äußern sich darüber.

Dr. B.: Denn von irgendwoher muß ja die Idee »hübsch« und »Kleid« kommen. Von selbst entwickelt sich das nicht.

Mutter: Ich habe nichts dazu getan, daß sie solche Vorstellungen hat, weil ich nicht weiß, ob man das fördern soll oder nicht.

Dr. B.: Das hängt davon ab, was für ein Kind Sie möchten.

Mutter: Ich möchte nicht ein Kind haben, das in dem Maße kleiderbewußt ist, wie ich es bei manchen Kindern gesehen habe, die ganz außer sich geraten, wenn die Schleife nicht zum Kleid paßt, und die sich ihre Kleider unbedingt selbst aussuchen müssen. Andererseits ...

Dr. B.: Möchten Sie lieber, daß sie außer sich gerät, weil Sie eine schlechte Mutter sind? Eine Dreijährige gerät von Zeit zu Zeit außer sich, und manchmal ist die Schleife einfach nur der passende Vorwand.

Mutter: Ja, aber manchmal nicht. Manchmal sind sie so kleiderbewußt geworden ...

Dr. B.: Das stimmt. Aber worauf ich hinaus will, ist: Wir

sollten nicht voreilig Schlußfolgerungen ziehen, wenn eine Dreijährige außer sich gerät, weil die Schleife nicht paßt. Oft versucht das Kind auf diese Weise, seine Selbständigkeit zu betonen und seinen Willen durchzusetzen. Verstehen Sie, was ich meine? Die Kleider sind ein verhältnismäßig harmloses Problem, und ich glaube, daß jedes Kind, egal, ob Junge oder Mädchen, im Alter zwischen zweieinhalb und fünf Jahren, sofern es nicht vollkommen unterdrückt ist, über die Frage, was es anziehen soll, irgendwann einmal außer sich geraten wird. Mit Weiblichkeit hat das wenig zu tun, aber es hat viel damit zu tun, daß sie versuchen, selbständig zu sein, daß sie ihre eigenen Vorstellungen haben und so weiter.

Mutter: Das ist genau der Punkt, Dr. Bettelheim. Wenn ich versucht habe, ihr das Röcketragen auszureden, dann vor allem, weil ich meine, daß sie sich in der Latzhose wohler fühlen wird. Andererseits möchte ich sie nicht behindern, wenn sie sich vielleicht selbständig etwas aussuchen möchte. Und das dritte ist, daß ich nicht möchte, daß sie der Vorstellung erliegt, »hübsch« zu sein.

Dr. B.: Aber dafür haben die Nachbarn schon gesorgt.

Mutter: Dagegen kann ich was tun. Aber ich weiß nicht, ob . . .

Dr. B.: Wie denn?

Mutter: Ich kann es ihr ausreden.

Dr. B.: Nein, das können Sie nicht. Wie können Sie es ihr ausreden? Wenn das Kind sagt, daß es hübsch aussehen möchte, was bleibt Ihnen dann übrig?

Mutter: Nun, ich kann ihr sagen: »In der Hose siehst du hübsch aus«.

Dr. B.: Stimmt das denn?

Mutter: N-nein . . .

Dr. B.: Aha. Dann würden Sie also lügen.

[Leichte Unmutsäußerungen]

Zweite Mutter: Um Himmelswillen, ist es denn schlimm, wenn das Kind hübsch aussehen möchte?

Dr. B.: Einen Augenblick! Darauf will ich noch kommen, aber es ist eine gute Frage.

Mutter: Ich habe das eben nicht mitbekommen.

Zweite Mutter: Ich habe gerade gesagt, ob es schlimm ist, wenn das Kind sich in etwas hübsch findet.

Mutter: Ich bin der festen Überzeugung, daß ein Kind sich solcher Dinge nicht bewußt sein sollte.

Dr. B.: Welcher Dinge *sollte* sich denn ein Kind bewußt sein?

Mutter: Oh, wie meinen Sie das?

Dr. B.: Ich weiß es nicht. Ich frage *Sie.* Da Sie wissen, wessen sich ein Kind nicht bewußt sein sollte, müssen Sie doch auch irgendeine Vorstellung davon haben, wessen es sich bewußt sein sollte. Sie verstehen, was ich meine? Sie dürfen mir nicht nur das Negative nennen. Dem Negativen steht immer etwas Positives gegenüber. Sie sagen, ein Kind sollte nicht zu kleiderbewußt sein. Gut. Das ist ein Argument, das ich akzeptieren oder ablehnen kann, je nachdem, was Sie meinen, wessen ein Kind sich bewußt sein sollte.

Mutter: Oh . . . sie sollten sich vieler Dinge bewußt sein. Des Verhältnisses zu ihren Freunden . . .

Dr. B.: Ist eine Dreijährige sich wirklich ihrer Beziehung zu ihren Freunden bewußt?

Mutter: Ich glaube schon. Ich meine aber, das führt vom Thema ab. Die Frage ist, glaube ich, ganz eindeutig, und ich möchte einfach wissen, ob man ihr diese Selbständigkeit der Entscheidung lassen soll oder nicht oder ob man verhindern soll, daß sie das Ganze überhaupt beachtet.

Dr. B.: Niemals irgend etwas verhindern. Das ist eine einfache Regel. Wenn Sie mir eine so einfache Frage stellen, werden Sie eine einfache Antwort erhalten. Nur wird Ihnen das nicht helfen. Denn Sie fragen mich zwar, haben aber doch ganz entschiedene Ansichten. Deshalb kommt es auf meine Antwort überhaupt nicht an.

Mutter: Aber durchaus. Sonst wäre es für mich keine Frage gewesen.

Dr. B.: Ja, aber die entscheidendere Frage ist: Was sind nach Ihrer Ansicht für ein dreijähriges Mädchen wichtige Probleme? Was betrachten Sie als wichtige und legitime Probleme bei einer Dreijährigen?

Mutter: Was meinen Sie mit Problemen?

Dr. B.: Offenbar ist die Frage, ob es ein Kleid oder eine Hose anzieht, für Ihr Kind ein Problem. Sie sagen, es ist keins, Sie wollen nicht, daß es ein Problem ist. Was soll dann nach Ihrer Meinung ein Problem sein?

Mutter: Ich möchte, daß sie entscheiden kann, womit sie jeweils spielen möchte, und . . .

Dr. B.: Spielsachen ja und Kleider nein? Das ist unverständlich.

Mutter: Es ist wohl verständlich.

Dr. B.: Wieso? Offenbar haben Sie doch eine bestimmte Vorstellung davon, was für ein Mensch Ihre Tochter sein soll, wenn sie erwachsen ist. Aber Sie rücken damit nicht heraus, und deshalb bin ich so hartnäckig. *(Zu den anderen gewandt)* Haben Sie nicht den Eindruck . . . daß da eine gewisse Besorgnis besteht: »Ich möchte nicht, daß mein Kind zu einem Kleidernarr wird«, und so weiter?

Zweite Mutter: Ja, aber es geht doch darum, was für das Kind bereits ein Problem ist. Man kann doch nicht einfach sagen, dies darf ein Problem sein, und dies darf keins sein.

Dr. B.: Nein, natürlich nicht. Aber genau darum geht es bei der Kleiderfrage. *(Wieder zu der Mutter gewandt)* Ich glaube, Sie haben ziemlich eindeutige Vorstellungen, und Sie befürchten schon, wenn Sie Ihr Kind zuviel über Hübschsein und hübsche Kleider reden lassen, wird das später im Leben bestimmte Konsequenzen haben.

Mutter: Ich befürchte, daß aus ihr das wird, was aus ihren Cousinen geworden ist.

Dr. B.: Haben die Cousinen dieselbe Mutter wie sie?

Mutter: Nein, sie haben alle verschiedene Mütter.

Dr. B.: Richtig. Warum also . . .

Mutter: Aber sie sind alle . . . das Ganze . . . Ich hasse das Wort »Mittelschicht«, aber genau das ist es!

Dr. B.: Was stört Sie an der Mittelschicht?

Mutter: Ich meine, wenn ein Kind allzusehr beschäftigt ist mit . . .

Dr. B.: Was möchten Sie denn aus Ihrem Kind machen, einen Proletarier? Was soll sie denn nach Ihrem Wunsch werden?

Mutter: Ich möchte, daß sie ein Rebell wird!

[Verwunderte und belustigte Äußerungen]

Dr. B.: Endlich! Wenigstens wissen wir jetzt, was Ihr Kind werden soll.

Dritte Mutter: Woher wissen Sie, daß sie nicht gerade gegen Ihre Wertvorstellungen rebellieren wird?

Mutter: Nun, ich hoffe, daß sie vernünftig genug sind, so daß . . .

Dr. B.: Wie meinen Sie das, vernünftig genug? Wogegen rebellieren Sie?

Mutter: Gegen die Ungerechtigkeit der Gesellschaft, in der wir fast alle leben.

Dr. B.: Mir scheint, daß diese Gesellschaft zu Ihnen durchaus gerecht gewesen ist, sonst würden Sie nicht heute Abend hier sitzen.

Mutter: Also ich habe mein ganzes Leben dagegen angekämpft, und versucht, es besser zu machen. Ich meine, ich habe nicht dagegen gekämpft, aber . . .

Dr. B.: Wie denn? Dadurch, daß Sie eine Latzhose tragen?

Mutter: Indem ich versuche, es bei uns selbst besser zu machen.

Zweite Mutter: Ich glaube, wir wissen alle, worauf sie anspielen will. Auf die Tatsache, daß es bestimmte Werthaltungen gibt, mit denen man Dinge verknüpft, die wir ablehnen.

Dritte Mutter: Ja, aber was hat das mit der Latzhose zu tun?

Mutter: Ach, nicht die Hose, aber die Tatsache, daß . . . Ich kann das, was ich meine, nicht richtig ausdrücken.

Dritte Mutter: Ist es nicht so, daß in dem Augenblick, wo ein Kind sich der Außenwelt bewußt wird, seine eigenen Dinge ihm viel wichtiger werden, seine Schuhe, seine Socken, seine Hose und so weiter? Ich verstehe nicht, was daran verkehrt sein soll, oder wenn es stolz ist auf das, was ihm gehört.

Dr. B.: Was mir viel mehr Sorgen macht, ist, daß diese Mutter – es tut mir leid, wenn ich das sagen muß – ihren eigenen Kampf gegen die Gesellschaft schon von ihrer dreijährigen Tochter austragen lassen möchte, und das erscheint mir nicht richtig.

Mutter: Das ist nicht fair, daß Sie so was sagen, Dr. Bettelheim.

Dr. B.: Ach, habe ich denn je gesagt, ich würde fair sein? Jeder weiß, daß ich nicht fair bin[1].

Mutter: Ich will doch nur, daß sie später . . .

Dr. B.: . . . ein Rebell ist! Das weiß ich, weil Sie uns das gesagt haben. Und jetzt wollen Sie bereits, daß sie gegen die Wertvorstellungen Ihrer Nachbarn rebelliert. Auf der einen Seite suchen Sie sich also Mittelschicht-Nachbarn aus und setzen Ihr Kind dem Einfluß dieser Nachbarn aus, und auf der anderen Seite möchten Sie, daß das Kind dagegen kämpft. Aber das ist unfair gegenüber Kindern. Daß Sie möchten, daß Ihr Kind ein Rebell wird, können Sie ruhig sagen. Das ist, von Ihren Bedürfnissen her gesehen, ein völlig legitimer Wunsch. Was Sie jedoch mit Ihrem Kind machen, scheint mir ganz dazu beizutragen, aus ihr einen Kleidernarr zu machen, und das wäre übrigens eine durchaus gesunde Reaktion auf Ihren Wunsch, aus ihr einen Rebellen zu machen. Denn Kinder möchten genausowenig wie wir zu einer bestimmten Haltung gezwungen werden.

Mutter: Aber so wichtig sind die Nachbarn doch nicht.

Dr. B.: Aber Sie waren es doch, die das Kind dem Einfluß dieser Nachbarn ausgesetzt haben. Es war nicht die freie Entscheidung des Kindes, hier zu leben. Auf die Vorteile, diese Universität zu besuchen, haben Sie und Ihr Mann nicht verzichtet, um Ihr Kind vor dem schädlichen Einfluß dieser Mittelschicht-Nachbarn zu bewahren. *[Gelächter aus der Gruppe]* Ja, Lachen ist nicht verkehrt. Viel besser als Weinen, ehrlich ge-

---

1 Dazu eine kurze Erläuterung. Was die meisten Mütter im Grunde wollen, ist, daß man ihnen hilft, gegenüber ihren Kindern fair zu sein. Um ihnen aber helfen zu können, das zu erreichen, muß man manche Konflikte zwischen Eltern und Kind aufdecken, und solange diese noch ungelöst sind, wird manches, was als Fairness gegenüber dem Kind erscheint, als grobe Unfairness gegenüber der Mutter erscheinen oder umgekehrt. Wenn ich sagte, ich hätte nicht die Absicht, fair zu sein, so hieß das also (und wurde gewöhnlich auch so verstanden): ich bin nicht daran interessiert, gegenüber einer der beiden Seiten in diesem Konflikt fair zu sein. Mir geht es darum, den Konflikt zu lösen, selbst wenn ich dabei gegenüber der einen oder anderen Seite zweitweilig unfair sein muß.

sagt. Wir sollten alle mehr lachen. Aber um bei der Sache zu bleiben, mir geht es noch immer darum, welcher Belastung Sie Ihr Kind aussetzen. Ich glaube, es ist wichtig, daß wir darüber reden. Ich mache Ihnen keinen Vorwurf daraus, daß Sie das nicht gesehen haben, aber es ist meine Aufgabe, Ihnen zu zeigen, in welche verzwickte Lage Sie Ihr Kind stürzen. Verstehen Sie, was ich meine?

Ihr Kind ist noch ein sehr ungenügend entwickeltes Individuum, noch sehr stark dem Einfluß ausgesetzt, den Sie ihr aufzwingen. Sie hat, wie wir alle, den natürlichen Wunsch, hübsch zu sein, als gutaussehend zu gelten. Gewiß ist die Meinung ihrer Mutter wichtiger als die der Nachbarn, bis zu einem gewissen Punkt. Verstehen Sie? Wenn aber die Nachbarn allzu deutlich einer Meinung sind und wenn andere Kinder, die sie beobachten kann, viel hübscher angezogen wirken, dann wird sie in Ihnen nicht jemanden sehen, der gegen die Wertvorstellungen der Mittelschicht kämpft (von denen sie gar nichts weiß), sondern jemanden, der dagegen kämpft, daß sie an gewissen Dingen des Lebens ihre Freude hat (an der Bewunderung oder Zustimmung seitens ihrer Umwelt, was für das Kind sehr wichtig ist). So wie ein Kind, dessen orale Bedürfnisse ganz unbefriedigt bleiben, vielleicht zu einem Trinker wird, genauso kann das Kind, das in bezug auf seine Kleider ganz unbefriedigt bleibt (oder zu sein glaubt), zu einem Kleidernarr werden, was Sie ja gerade verhindern möchten.

Aber meinen Sie nicht – selbst wenn Sie ein Kind haben möchten, das den Wunsch hat, die Gesellschaft zu reformieren –, daß Sie besser dran sind, wenn Sie ein Kind haben, das nett ist, das gut aussieht, das intelligent und wohlerzogen ist und das dennoch nicht zufrieden ist mit dieser Welt und ihren Ungerechtigkeiten, statt ein Kind zu haben, das sagt: »Keiner findet mich hübsch; die ganze Welt ist gegen mich; was bleibt mir übrig, als sie zu bekämpfen?« Welches von den beiden möchten Sie? Aber davon abgesehen, wieso macht es Ihnen keinen Spaß, wenn sie in einem Kleid hübsch aussieht?

Mutter: Ja, aber trotzdem . . . finde ich es nicht richtig, wenn ein Kind von drei Jahren sich etwas aus Kleidern macht, oder daraus, wie es aussieht.

Dr. B.: Ach ja? Wann hat denn das Kind ein Recht, sich etwas aus Kleidern zu machen?

Zweite Mutter: Meine Tochter fing an, als sie gerade ein Jahr alt war; sie wollte ein Kleid anziehen. Sicher, für mich ist es viel mehr Arbeit, aber es macht mir riesigen Spaß, wenn ich sehe, wie hübsch sie aussieht.

Dritte Mutter: Oh, meine Kleine war noch ganz winzig, als sie anfing, sich zu putzen.

Dr. B.: Nun, ich glaube, wir verstehen uns. Ich glaube, das Problem reicht viel tiefer. Ich glaube, Ihr Kind wird es Ihnen verübeln, wenn Sie versuchen, sie zu etwas zu formen. Was mir nämlich Sorgen macht, ist Ihr Mißtrauen gegenüber Ihrem Kind. Was mich am meisten beunruhigt, ist, daß Sie glauben: »Ich muß dich formen, sonst wird aus dir nichts Rechtes«! *(sich umwendend)* Warum schütteln Sie mit dem Kopf?

Dritte Mutter: Das hat meine Mutter mit mir gemacht! »Ich muß dich formen, sonst . . .«.

Zweite Mutter: Meine Mutter hat mich in der Auffassung erzogen, daß Kleider nicht wichtig sind, aber sie sind es. Sie sind nicht das ein und alles, aber bis zu einem gewissen Grade sind sie wichtig.

Dr. B.: Sicher sind sie das. Nun . . . haben wir Ihre Frage beantwortet? Und Sie sehen ja, daß ich nicht mit Ja oder Nein antworten konnte.

Mutter: Daß das so weit geht, habe ich mir wirklich nicht vorgestellt.

Dr. B.: Denn im Grunde – und das hat Ihre Nachbarin rechts von Ihnen zum Ausdruck gebracht – lassen Sie das Kind spüren: »Ich glaube nicht, daß aus dir von selbst der beste Mensch wird, den ich mir vorstellen kann. Ich muß dich formen, sonst . . .« Und das kommt daher, daß Sie sich so tief verletzt fühlen – weil Ihnen so übel mitgespielt wurde, daß Sie hier an der Universität von Chicago gelandet sind!

4. Freie Wahlen

Vater: Ich habe eine Frage. Wir haben zwei Söhne, einen von einundzwanzig Monaten und einen Säugling, der gerade vier Monate alt ist. Es ist die Frage entstanden, ab wann der Größere nicht mehr seine Flasche bekommen sollte. Ich habe mir darüber Gedanken gemacht. Abends verlangt er seine Flasche, aber wir haben ihm gesagt, er könnte nachts ins Bett machen, er sollte doch darauf verzichten. Natürlich, wenn er absolut darauf besteht, kriegt er seine Flasche. Aber wenn er nicht darauf besteht . . . keine Flasche.

Dr. B.: Damit schneiden Sie das Problem an, das ich letztes Mal zu erläutern versuchte, nämlich, was für ein Kind Sie haben möchten. Sie haben mir eine Frage gestellt, und Sie erwarten, daß ich Ihnen eine Antwort gebe, doch die Antwort wäre weder richtig noch falsch, weil es sie nicht gibt. Es hängt ganz davon ab, was für ein Kind Sie wollen.

Vater: Was soll ich denn tun? Offensichtlich muß ich doch eine Entscheidung treffen.

Dr. B.: Nicht *eine* Entscheidung, mein Lieber. Mit Kindern wird man, wie überall im Leben, ständig vor Entscheidungen gestellt, und was unter anderem das Erziehen heute so schwer macht, ist der Glaube an die Fachleute. Dadurch ist die Vorstellung entstanden, man könnte Entscheidungen umgehen und die Verantwortung für das, was man tut, vermeiden – nach meiner Ansicht eine vollkommen falsche Vorstellung. Sie sprechen vom Stillen und von der Entwöhnung von der Flasche. Es gibt jedoch, wie Sie wissen, Kulturen, in denen man irgendwann zwischen vier und sechs Monaten mit dem Stillen aufhört, und es gibt andere Kulturen, in denen das Kind bis zu vier Jahren und noch länger gestillt wird. Daran, daß in beiden Kulturen die Kinder aufwachsen und als Erwachsene den Anforderungen ihrer Kultur gerecht werden, sehen Sie, daß beides gleichermaßen möglich ist.

Vater: Was die gesellschaftlichen Konventionen betrifft, so interessiert mich das eigentlich nicht. Wenn das Baby sechs Jahre lang seine Flasche will, meinetwegen. Aber die Frage ist, ob es schädlich ist, sie abzusetzen.

Dr. B.: Also hören Sie. Was Sie sagen, ist ein Widerspruch. Sie sagen, wenn es nach Ihnen geht, kann er seine Flasche haben, bis er sechs ist. Auf der anderen Seite fragen Sie, ob es schädlich ist, sie abzusetzen. Das sind zwei Fragen, die Sie mir gleichzeitig stellen, die jedoch einen Widerspruch enthalten . . . und Sie haben mir noch nicht gesagt, was für ein Kind Sie möchten.

Vater: Oh, so wie er ist, sind wir sehr zufrieden mit ihm. Er hat ein angenehmes Wesen, und er ist recht helle. Als sein kleiner Bruder da war, zeigte er das normale Maß an Eifersucht, und . . .

Dr. B.: Gut, darf ich Sie unterbrechen? Erstens: Wollen Sie, daß er glaubt, daß sein Vater ein Lügner ist – oder ein Mann, der die Wahrheit sagt?

Vater: Sie haben die Frage für mich beantwortet.

Dr. B.: Dann frage ich Sie: Liegt es wirklich an der einen Flasche am Abend, wenn das Kind nachts ins Bett macht?

Vater: Nein, natürlich nicht.

Dr. B.: Aber das haben Sie ihm gesagt.

Vater: Das stimmt.

Dr. B.: Das ist meine Antwort.

Vater: Er akzeptiert es doch.

Dr. B.: Oh, ich habe nicht gefragt, ob er es akzeptiert. Ich habe Sie gefragt, ob Sie es vor Ihrem Kind rechtfertigen können. Schließlich möchte er Ihnen ja gefallen, denn alles in allem sind Sie doch ein guter Vater und meinen es gut. Also akzeptiert er, was Sie sagen. Aber irgendwann wird er darauf kommen, daß Sie ihm die Unwahrheit gesagt haben. Wie werden Sie das dann vor ihm rechtfertigen? Das ist meine Frage. Sie sind ein intelligenter und wohlmeinender Vater; ich nehme an, daß Sie etwas damit bezweckten, als Sie ihm diese Lüge erzählten. Wäre es nicht richtig, Sie würden jetzt einmal überlegen, was Ihre Absicht war?

Vater: Ich verstehe nicht, was Sie meinen.

Dr. B.: Schauen Sie. Sie versuchen mir und der Gruppe weiszumachen, daß Sie sich nichts dabei gedacht haben, daß Sie keine Absicht verfolgten, als Sie ihm das erzählt haben. Aber das stimmt nicht. Sie hatten doch eine Absicht dabei.

Vater: Ja, natürlich. Um es weiter so zu machen, wie wir uns das dachten, mußten wir einen Vorwand, eine verständliche Erklärung benützen.

Dr. B.: Aber was war Ihre Absicht?

Vater: Mit der Flasche zur Schlafenszeit aufzuhören.

Dr. B.: Ja. Aber warum wollten Sie mit der Flasche zur Schlafenszeit aufhören?

Vater: Eine Flasche weniger abzuwaschen . . .

Dr. B.: Das glaube ich nicht! Jetzt stellen Sie sich schlechter hin, als Sie sind. Ehrlich, das nehme ich Ihnen nicht ab. Ein Vater, der zu einem solchen Treffen kommt und eine solche Frage stellt, gehört nicht zu denen, die bereit sind, das Wohlergehen ihres Kindes aufs Spiel zu setzen, nur um eine Flasche weniger spülen zu müssen. Stellen Sie sich nicht schlechter hin, als Sie sind. So schlecht sind Sie nicht.

Vater: Ist die Flasche denn so wichtig?

Dr. B.: Wenn sie unwichtig wäre, würden Sie nicht ein Problem daraus machen. Da Sie ein Problem daraus machen, muß es für Sie wichtig sein. Ich habe kein Problem daraus gemacht.

Vater: Ja, ich weiß. Wenn man einem Kind die Flasche entzieht, kommt es darauf an, wie man das macht. Es kann gefährlich sein.

Dr. B.: Aber mir geht es darum, weshalb Sie ihm die Flasche entziehen wollen. Das ist noch immer meine Frage.

Vater: Eigentlich müßte meine Frau jetzt da sein. Sie könnte Ihnen wahrscheinlich eine vernünftige Antwort geben. Vielleicht ist es einfach Zeit, aufzuhören. Ich weiß es nicht . . .

Dr. B.: Warum? Was meinen Sie damit, Zeit aufzuhören?

Vater: Also, es gibt kein Naturgesetz . . .

Dr. B.: Richtig. Warum sagen Sie dann, Zeit aufzuhören? Meinen Sie: »Ich als Vater habe beschlossen, daß es Zeit ist, aufzuhören?«

Vater: Das ist wahrscheinlich die Antwort.

Dr. B.: Ja, aber ich möchte gerne wissen, warum Sie das beschlossen haben.

Vater: Direkt beschlossen haben wir es nicht. Es scheint einfach eine Tendenz zu sein.

Dr. B.: Wessen Tendenz?

Vater: Die Tendenz meiner Frau, mehr oder weniger.

Dr. B.: Schade. Ich kann nichts dazu sagen, weil Ihre Frau nicht hier ist. Ich kann nur Ihnen helfen. Wenn Ihre Frau hier wäre, würde ich es gern mit ihr diskutieren. Aber gehen Sie jetzt nicht nach Hause und laden alles bei ihr ab. Denn wenn Sie es jetzt mit ihr besprechen wollten, wären Sie wirklich nicht imstande, ihr zu erklären, worum es uns in dieser Diskussion ging. Plötzlich möchten Sie abbrechen, wogegen ich nichts habe. Aber glauben Sie nicht, Sie hätten irgend etwas erreicht. Es ist Ihnen bloß unbehaglich geworden, aber es ist kein Problem gelöst worden.

Vater: Warum soll man das Kind nicht an seiner Flasche nuckeln lassen, bis es zwölf ist? Dagegen ist doch sicher nichts einzuwenden, oder meinen Sie?

Dr. B.: Meinen Sie?

Vater: Ich glaube, nicht.

Dr. B.: Gut, was meinen Sie denn, in welchem Alter er aufhören würde?

Vater: Vielleicht, wenn sein jüngerer Bruder die Flasche aufgegeben hat.

Dr. B.: Oder vielleicht mit zwölf Jahren? Warum sollte er überhaupt aufhören?

Vater: Ach, er ist jetzt so ein großer Junge, es ist Zeit, daß er aufhört.

Dr. B.: Was meinen Sie damit: »Zeit, daß er aufhört?« Andere Kinder, die in seinem Alter sind, kriegen noch die Flasche.

Vater: Mag sein. Aber von einem bestimmten Alter an möchte man doch gern, daß sie größer werden und Fortschritte machen.

Dr. B.: Aber seine Altersgenossen kriegen sie noch.

Zweiter Vater: Mit einem bestimmten Alter wird er doch merken, daß keiner sonst aus der Flasche trinkt, und . . .

Dr. B.: Augenblick mal! Tun Sie immer, was alle anderen tun?

Zweiter Vater: Also, im allgemeinen folgen wir . . .

Dr. B.: Tun Sie, was alle anderen tun?

Zweiter Vater: Ja, aber nicht immer.

Dr. B.: Gut. Und wann tun Sie, was alle andern tun, und wann nicht? Verstehen Sie ... Wenn man Sie hört, muß man glauben, Ihre Kinder sind abartig und empfinden nicht wie alle anderen. Aber Ihre Kinder werden von genau denselben Empfindungen motiviert wie Sie.

Mutter: Es ist wirklich wichtig, was andere Kinder tun! Ich weiß noch, daß ich sehr wenig gegessen habe und daß meine Mutter mich noch fütterte, als andere Kinder längst nicht mehr gefüttert wurden. Aber einmal sagte ein anderes Kind: »Oh, deine Mutter füttert dich noch!«, und sofort hatte ich das Gefühl, ich mache etwas verkehrt, ich bin ein Baby. Und ich habe mich sehr dafür geschämt, daß meine Mutter mich noch fütterte.

Dr. B.: Warum haben Sie aufgehört, sich von Ihrer Mutter füttern zu lassen?

Mutter: Weil ich mich schämte.

Dr. B.: Richtig! Und was ist das für ein Gefühl, wenn man sich schämt?

Mutter: Oh, es ist ein sehr übles Gefühl.

Dr. B.: Ja, es ist ein unangenehmes Gefühl. Weshalb haben Sie es also aufgegeben?

Mutter: Weil es viel unangenehmer war, gehänselt zu werden, als selber zu essen.

Dr. B.: Weil es auf einmal, aus diesem oder jenem Grund – das ist für jeden anders –, keinen Spaß mehr machte. Und das ist meine Antwort! Ein Kind hört auf, an der Flasche zu lutschen, wenn die Flasche keinen Spaß mehr macht, und das ist der Augenblick, wo man etwas aufgibt: wenn man bereit ist, es aufzugeben, oder wenn es einem der Doktor sagt, weil man sonst einen Herzanfall bekommt.

Mutter: Aber ich verstehe, was er denkt, weil alle zu mir kommen und zu mir sagen: »Ihre Tochter ist ja noch nicht sauber!«, und sie finden es furchtbar, obwohl ich für mich sagen muß, daß ich mir nichts draus gemacht habe, und sie *ist* noch nicht sauber. Deshalb weiß ich, was er meint. Die Leute finden es ziemlich schrecklich, wenn ein Kind in einem bestimmten Alter nicht mit den Babygewohnheiten aufgehört hat.

Dr. B.: Das meine ich, wenn ich sage, daß man sich entscheiden muß, wofür oder für wen man sein Kind erzieht. Habe ich das nicht zu Anfang gesagt?

Vater: Ja, das sagten Sie.

Dr. B.: Denn *das* ist das Problem. Erziehen Sie Ihr Kind für die Nachbarn? Das ist eine Sache. Wenn Sie Ihr Kind erziehen, damit es in der Schule hervorragende Noten bekommt, selbst auf Kosten seines Glückes, dann ist das eine andere Sache. Dann müssen Sie anders vorgehen. Wenn Sie möchten, daß Ihr Kind Sie haßt, dann müssen Sie so verfahren, und wenn Sie möchten, daß Ihr Kind Sie liebt, dann müssen Sie anders verfahren. Eine bestimmte Methode gibt es nicht. Deshalb konnte ich Ihre Frage nicht beantworten; denn ich weiß es nicht. Ich weiß nicht, welches der richtige Zeitpunkt ist, um dem Kind die Flasche zu entziehen oder das Kind von der Flasche zu entwöhnen oder wie Sie es nennen wollen. Es hängt ganz davon ab, wie Sie Ihr Kind erziehen möchten.

Vater: Darf ich trotzdem fragen, ob es schädlich sein kann, wenn man das Kind von der Flasche entwöhnt, bevor es bereit ist, sie aufzugeben?

Dr. B.: Schädlich in welcher Hinsicht?

Vater: Ich weiß nicht. Ich nehme an, vom psychischen Standpunkt.

Dr. B.: Was ist ein psychischer Standpunkt?

Vater: Vielleicht hinterläßt es bei ihm ein Gefühl der Unsicherheit.

Dr. B.: Welches ist wohl das einzige Gefühl, das Sie bei ihm hinterlassen können, wenn Sie ihm die Flasche wegnehmen?

Vater: Vielleicht Frustration, wenn er seine Flasche dringend braucht.

Dr. B.: Vielleicht . . . ich weiß es nicht. Denn das Gefühl der Frustration hängt nicht allein davon ab, was mit den Flaschen passiert. Sie wissen, wenn Sie frustriert sind, sind daran viel mehr Faktoren beteiligt als nur ein einziges Problem. Sie haben mir aber nur ein Problem vorgetragen, und ich habe noch nicht einmal das Kind gesehen. Ich weiß nichts von ihm. Wie kann ich wissen, was für das Kind richtig oder falsch ist? Ich kann nicht über ein Kind reden, das ich nie gesehen oder untersucht habe. Verstehen Sie, was ich meine? Ich kann Ihnen lediglich eine

92

bestimmte Betrachtungsweise beibringen, damit Sie, der das Kind kennt, der dem Kind sehr nahe steht, der sich sehr um das Kind sorgt, besser Bescheid wissen.

Vorhin waren Sie ein bißchen verärgert, weil ich Ihnen nicht mit Ja oder Nein antworten wollte. Nun, diesen Ärger muß ich ertragen, weil die Antwort allein bei Ihnen liegt. Bislang haben Sie gehandelt, ohne sich viel dabei zu denken. Ich kann Sie nur darauf hinweisen, daß es gefährlich ist, derart ohne Überlegung zu handeln. Jetzt ist es aber an Ihnen, sich zu überlegen, was Sie wirklich erreichen wollen und wie Sie es erreichen wollen.

Sie müssen davon ausgehen, daß jeder Schritt, den Sie unternehmen, seine Konsequenzen haben wird. Wenn Sie Ihr Kind verwöhnen und ihm die Flasche lassen, bis es zwölf ist, wird das Konsequenzen haben. *(Zu der Mutter gewandt)* Daß Ihre Mutter Sie bis zu einem gewissen Alter gefüttert hat, hatte Konsequenzen. Ich glaube nicht, daß Ihre Mutter groß über die Konsequenzen nachgedacht hat, aber es hatte Konsequenzen. Hätte Ihre Mutter Sie dagegen nie gefüttert, so hätte auch das Konsequenzen gehabt. Verstehen Sie? Es sind nur unterschiedliche Konsequenzen.

Dritter Vater: Um Himmels willen! Ob man nun sein Kind bestraft, oder ob man etwas anders macht, ob man es von der Flasche abbringt, ob man es zur Sauberkeit erzieht oder ob man das nicht tut – jedesmal besteht die Möglichkeit, daß einen das Kind sechzig Jahre später deshalb hassen wird.

Dr. B.: Richtig, das ist ziemlich wahrscheinlich.

Dritter Vater: Aber . . . was zum Teufel . . . Ich kann mir doch nicht mein Leben lang Gedanken darüber machen, ob das eine oder das andere meiner Kinder durch diese oder jene Erfahrung das Gefühl bekommt, herumgestoßen zu sein. Letzten Endes ist doch die Gesamtheit ihrer Erfahrungen positiv.

Dr. B.: Wer entscheidet das?

Dritter Vater: Das entscheiden die Kinder.

Dr. B.: Genau!

Dritter Vater: Die Kinder sind glücklich. Es scheint jedenfalls so. Ich weiß es nicht, aber es scheint so. Und wenn sie später wütend über mich sind, weil ich ihren Kinderstuhl umrangiert habe, um Platz für das Baby zu schaffen, kann ich auch nichts dafür.

Dr. B.: Richtig. Sie können nichts dafür, wenn das Kind Ihnen manche Ihrer Handlungen übelnimmt. Worauf es ankommt, ist, daß Sie in jedem Augenblick imstande sein sollten, Ihre Handlungen gegenüber dem Kind vernünftig zu rechtfertigen. Ein Kind könnte es einem übelnehmen, daß man es zur Schule schickt. Aber wenn das Kind Sie später fragt: »Warum hast du mich zur Schule geschickt? Ich wollte nicht zur Schule gehen«, meinen Sie nicht, daß Sie imstande sein werden, ihm vernünftig auseinanderzusetzen, warum Sie es in die Schule geschickt haben?

Dritter Vater: Natürlich.

Dr. B.: Meinen Sie nicht, daß sogar das Kind selbst, wenn es ins vernünftige Alter gekommen ist, imstande sein wird, sich Ihr Verhalten zu erklären, ohne daß es Sie danach fragen muß?

Dritter Vater: Das ist durchaus möglich.

Dr. B.: Gut. Nun scheint mir aber, daß jeder Vater, jede Mutter derartige Maßnahmen ergreifen muß. Es sind notwendige Maßnahmen. Die Frage ist, im vorliegenden Falle, ob es notwendig ist, das Kind zu diesem Zeitpunkt von der Flasche zu entwöhnen. Und wenn ja, warum macht man es? Und da hat mir unser Freund keine Hilfe gegeben. Deshalb kann ich ihm nicht helfen. Er hat mir nämlich nicht die ganze Wahrheit gesagt. Denn daß er nicht noch eine Flasche abwaschen will, ist nicht der wahre Grund, so leid es mir tut.

Vater: Ich wünschte, ich könnte Ihnen eine vernünftige Antwort geben. Ich kann es nicht.

Dr. B.: Aber ich will keine vernünftige Antwort. Ich will eine ehrliche Antwort. *(Zu einer Mutter gewandt)* Was hat Sie davon abgehalten, Ihr Kind zum Sauberkeitstraining zu zwingen?

Dritter Vater: Weil die Gesellschaft dagegen ist?

Dr. B.: Doch nicht die Gesellschaft? Wer ist diese Gesellschaft? Das ist wieder so ein Popanz, mit dem wir uns selber Angst machen. Es ist nicht die Gesellschaft, was einen beeinflußt; ich habe es nie mit Herrn oder Frau Gesellschaft zu tun gehabt. Mit wem haben Sie es tatsächlich zu tun?

Dritter Vater: Freunde . . .

Dr. B.: Freunde! Gut, mit wem noch?

Dritter Vater: Die Großeltern.

Dr. B.: Die Großeltern. Das ist viel näherliegend. Wenn man von der Gesellschaft spricht, denkt man also immer an jemand Bestimmtes. Und mit den Kindern ist es genauso. Das Durchschnittskind gibt es nicht. Manche Kinder, die mit einem Jahr sauber oder von der Flasche entwöhnt sind, zeigen die von Ihnen geschilderten Auffälligkeiten – oder einige andere, die ich noch erwähnen könnte – nicht. Manche Kinder, die zu früh in eine sogenannte Scheinreife hineingetrieben wurden, entwickeln sich gut. Wieso entstehen dann solche Vorstellungen über schädliche Auswirkungen? Sie entstehen, weil die Menschen ganz verschieden sind. Deshalb ist es nicht richtig, sich an einem anderen Kind zu orientieren, dem Kind einer anderen Mutter, die sagt, ihr Johnny sei mit einem Jahr sauber gewesen; und sieht man sich den Johnny daraufhin an und stellt fest, daß er ein prachtvolles Kind ist – dann muß man trotzdem entscheiden, ob man möchte, daß das eigene Kind, egal, welchen Preis es dafür bezahlen muß, so wird wie dieser Johnny, oder ob man auf alle Fälle das tun möchte, was für das eigene Kind das Richtige ist. Schließlich können wir ja die naturgegebene Entwicklungs- und Reifungsmöglichkeiten und die Entwicklungsgeschwindigkeit unseres Kindes nicht abschätzen. Es gibt noch keinen Maßstab, um das zu messen. Was ist nochmal der einzige Maßstab, den wir anlegen können?

Dritter Vater: Das Kind selbst.

Dr. B.: Ganz richtig, das Kind selbst. Meine Frage ist deshalb immer noch: »Warum halten Sie es für notwendig, das Kind von der Flasche zu entwöhnen?« Das möchte ich noch gerne wissen.

Vater: Notwendig ist es nicht. Es ist bloß einfacher mit dem Kühlschrank. Das ist die Wahrheit.

Dr. B.: Nun hören Sie mal. Ich habe selbst Kinder, und ich weiß, daß die Zahl der Flaschen wirklich so nebensächlich ist, daß ich Sie nicht verstehe. Und bei den hier geltenden Gesundheitsvorschriften brauchen Sie die Flaschen nach sechs Monaten oder einem Jahr nicht einmal mehr zu sterilisieren; es ist also nicht mehr Arbeit, als ein Glas abzuspülen.

Vater.: Haben Sie Ihr Kind von der Flasche entwöhnt?

Dr. B.: Nein.

Vater: Sie haben es nie getan?

Dr. B.: Nie.

Vater: Wann haben sie es gelassen?

Dr. B.: Als sie sagten, sie wollten nicht mehr.

Vater: Oh . . . wie alt waren sie denn?

Dr. B.: Eine gab die Abendflasche auf, als sie dreieinhalb war.

Vater: Und am Tage bekam sie keine?

Dr. B.: Nein. Damit hörte sie auf, als sie zweieinhalb war.

Vater: Was machte sie? Erklärte sie Ihnen eines Tages, sie wolle ihre Flasche nicht?

Dr. B.: Ja.

Vater: Sie sagte einfach: »Keine Flasche mehr«?

Dr. B.: So war es.

Vater: Ich glaube, Ihre Kinder sind sehr vernünftig . . .

Dr. B.: Nein! Ich glaube, das macht jedes Kind so. Das behaupte ich. Jedes Kind wird das tun, und deshalb war ich froh, als diese Dame hier ihr eigenes Beispiel anführte. In einem bestimmten Augenblick kam sie zu dem Entschluß, daß es keinen Spaß macht, sich mit dem Löffel füttern zu lassen, und sie gab es auf der Stelle auf. War es nicht so? Und gab es nicht sogar einen gewissen Widerstand bei Ihrer Mutter?

Mutter: Ja, sie glaubte, ich würde verhungern.

Dr. B.: So war es, Sie haben es aufgegeben, gegen den Widerstand Ihrer Mutter. Hier haben wir eine Mutter, die dem Kind gewissermaßen die Flasche aufzuzwingen versuchte. Aber das Kind wollte sie nicht, weil es keinen Spaß mehr machte. Unter dieser Bedingung sind wir alle bereit, etwas aufzugeben. Da wir das alle wissen, ist die Frage also, warum Sie Ihr Kind zwingen wollen, die Flasche aufzugeben, bevor es so weit ist.

Vater: Also, darin stimme ich Ihnen hundertprozentig zu.

Dr. B.: Nein, nein, ich möchte keine Zustimmung. Ich möchte, daß Sie mir etwas erklären.

Vater: Das einzige Problem sind unsere Freunde. Das einzige Problem ist meine Mutter. Sie vergleicht unser Baby mit ihrem anderen Enkelkind und so weiter. Wenn es das ist, was Sie hören wollten, dann ist das die Antwort.

Dr. B.: Aha. Wer ist besser? Wer ist schneller?

Vater: Kann man denn ein Kind von der Flasche entwöhnen?

Dr. B.: Natürlich kann man. Die Menschen sind äußerst formbar.

Vater: Oh, ich weiß, daß man es kann, wenn man sie schreien läßt. Die Frage ist: Kann man sie entwöhnen, ohne daß sie allzuviel schreien?

Dr. B.: Hören Sie. Auf das Schreien . . . gebe ich – verzeihen Sie – verdammt wenig, und zwar aus den folgenden Gründen: weil die Menschen mit einem unterschiedlichen Maß an Stärke und mit einem unterschiedlichen Maß an Widerstandskraft geboren werden. Daß das eine Kind nach der Flasche schreit und einen dadurch zwingt, weiter die Flasche zu geben, während das andere Kind es nicht tut, bedeutet für mich nur eins: daß das eine Kind mehr Kraft hat, sich zu wehren. Es bedeutet aber keineswegs, daß das andere Kind weniger Verlangen nach der Flasche hätte. Verstehen Sie?

Im Grunde sagt man nur, daß das erste Kind größeren Spektakel machen kann, und daraus zieht man voreilig den Schluß, daß es ein stärkeres Verlangen nach der Flasche hat, was jedoch ein Fehlschluß ist. Man kann das Verlangen, das jemand nach etwas empfindet, nicht einfach nach dem Geschrei beurteilen, das er erhebt, wenn er es nicht bekommt. Es gibt Menschen, die sehr stark etwas wünschen, aber niemals darum bitten werden. Heißt das aber tatsächlich, daß sie es nicht wünschen? Es liegt einfach daran, daß sie zu der Sorte von Menschen gehören, die ihre Frustration, ihren Zorn oder ihr Unglück hinunterschlukken und nicht fragen werden. Dann gibt es andere Leute, die kein sonderlich dringendes Verlangen nach etwas haben. Aber selbst wenn sie nur einen ganz schwachen Wunsch haben, machen sie einen furchtbaren Wirbel darum. Heißt das aber, daß sie etwas stärker verlangen als der andere, der nicht aufbrüllt? Erkennen Sie den Irrtum in diesem Denken?

Vater: Ja.

Dr. B.: Fein. Ich kann Ihnen, wie ich schon sagte, nur eine bestimmte Betrachtungsweise beibringen. Deshalb kann ich Ihnen nie sagen, was Sie mit Ihrem Kind anfangen sollen. Denn um auf die Sache zurückzukommen: Wenn es Sie persönlich und auch Ihre Frau bedrückt, daß Ihr Sohn im Vergleich zu Ihrem Neffen zurückgeblieben ist, wenn es Sie wirklich stark bedrückt, dann könnte es letzten Endes besser sein, ihn schneller von der Flasche zu entwöhnen. Wenn Sie jetzt anfangen würden, Ihrem Kind wieder die Flasche zu geben, würden Sie doch jedes Mal, wenn er danach greift, denken: »Ach, warum bist du nicht so weit wie der Sohn meines Bruders . . .«

Vater: Oh, so schlimm ist es wirklich nicht.

Dr. B.: Natürlich nicht. Aber ich übertreibe, um Ihnen zu zeigen, daß nichts damit gewonnen ist, wenn Sie ihm in diesem Sinne die Flasche geben. Ich könnte ohne weiteres sagen: »Geben Sie ihm seine Flasche«, aber das wäre vielleicht das Verkehrteste, was Sie tun können. Denn wenn Sie es nur mit halber Überzeugung tun, dann ist es besser, Sie geben sie ihm gar nicht.

Zweite Mutter: Darf ich etwas dazu sagen? Mir scheint, daß die Frage von Sauberkeitstraining und Flasche in den letzten zehn oder zwölf Jahren zu sehr betont wurde. Meine eigene Tochter ist jetzt zwölf, sie ist darüber hinaus. Aber man hat nicht so ein Theater gemacht, als meine Kinder klein waren. Wir haben nicht mit so furchtbaren Schreckensbildern vom bevorstehenden Untergang gelebt. Ist es denn wirklich bewiesen, daß es letzten Endes so wichtig ist? *Ich* habe meinen Kindern die Flasche weggenommen . . .

Dr. B.: Ich habe diese Diskussion über die Flasche nicht begonnen, weil ich darin ein lebenswichtiges Problem sehe. Für mich ist jedes Problem ein geeigneter Anlaß, um Ihnen eine bestimmte Betrachtungsweise darzulegen.

Zweite Mutter: Aber es muß doch wichtig sein! Die jungen Leute nehmen das alles so ernst . . .

Dr. B.: Das bringt uns wieder zu einem alten Problem, das ich mit so vielen Elterngruppen habe. Sie erklären mir: »Ich darf meinem Kind nicht nachgeben; es muß jetzt lernen, Frustrationen zu ertragen, denn sonst könnte es sein, daß es in zehn oder in dreißig Jahren im Wettbewerb nicht durchhält oder so etwas.« Und dieselben Eltern sind fest davon überzeugt, daß wir alle innerhalb von drei Jahren von Atombomben hinweggefegt sein werden. Aber zusammengenommen ergeben diese beiden Ansichten einfach keinen Sinn.

Ich fürchte mich vor der Bombe und vor einem Krieg mit Rußland genauso wie jeder andere. Da ich ganz und gar nicht überzeugt bin, daß meine Kinder das nächste Jahrzehnt überleben werden, möchte ich, daß sie, solange sie noch am Leben sind, soviel Spaß haben, wie ich ihnen nur machen kann. Ich denke einfach: Wenn es ihnen besser gefällt, wenn es ihnen mehr Spaß macht und niemandem schadet, warum soll ich es dann nicht machen? Das Leben ist schwierig genug. Warum soll ich ihnen ein Vergnügen vorenthalten, das ich ihnen durchaus gewähren kann? Das ist, wie mir scheint, die Frage, um die es geht.

Vater: Wollen Sie damit sagen, daß die Flasche ein Vergnügen ist?

Dr. B.: Oh, ganz sicher! Sonst würde das Kind nicht danach schreien.

Vater: Ich möchte noch einmal nach dem Kind fragen, dem man die Flasche wegnimmt, weil es genausogut aus dem Glas trinken kann. Ihm verweigert man ein Vergnügen, ohne es zu wollen.

Dr. B.: Wer entscheidet denn darüber, was ein Vergnügen ist? Sie oder das Kind?

Vater: Das Kind.

Dr. B.: Gut. Angenommen, Sie stellen hier ein Glas hin und dort eine Flasche, und das Kind nimmt das Glas und läßt die Flasche stehen, ist damit nicht die Frage geklärt? Und wenn das Kind die Flasche nimmt und das Glas stehen läßt, ist damit nicht die Frage geklärt? Ich sehe nicht, wo das Problem ist.

Vater: Manchmal ist es doch berechtigt, wenn man Rücksicht darauf nimmt, was die Nachbarn denken. Jedenfalls . . . ich meine . . . wenn man in einer Gegend wohnt, wo die meisten Babies die Flasche mit drei aufgeben und das eigene Baby verlangt sie mit fünf Jahren noch immer, dann sieht man seine Entwicklung doch ein bißchen unter dem Gesichtspunkt, wie andere Kinder sich entwickeln. Würden Sie dann nicht anfangen, sich zu fragen, ob etwas nicht in Ordnung ist?

Dr. B.: Schauen Sie, ich habe mein ganzes Leben mit sehr gestörten Kindern gearbeitet, was normalerweise dazu führt, daß man sich größere Sorgen macht, wenn man selbst ein Kind hat. Wegen meiner Kinder habe ich jedoch, so merkwürdig das klingt, keine Angst gehabt. Um die Flasche habe ich mich ganz sicher den Teufel geschert. Ich will nicht behaupten, daß ich meiner Tochter nicht vorgeschlagen hätte, sie sollte doch zur Toilette gehen, sie sei doch ein großes Mädchen, und weshalb sie nicht zur Toilette ginge. Da hat sie mich angelacht und gesagt, »in einem Jahr« würde sie es machen. »Das hör ich gern«, sagte ich, »wenn du sagst, in einem Jahr . . .« Sie wußte natürlich nicht, was ein Jahr bedeutet, es war einfach so dahingesagt.

Aber natürlich wäre es töricht gewesen, hätte ich ihr nie gesagt, daß ich wünsche, daß sie zur Toilette geht. Wie wäre sie denn sonst auf den Gedanken gekommen? Natürlich muß man es vorschlagen. Und wenn das Kind dann zum erstenmal geht, macht man viel Aufhebens davon, und man ist sehr glücklich, denn wie sollte das Kind es sonst lernen?

Vater: Ist das denn kein Sauberkeitstraining, Dr. Bettelheim?

Dr. B.: Natürlich ist das Sauberkeitstraining! Habe ich je gesagt, man sollte sein Kind nicht zur Sauberkeit erziehen?

Vater: N-n-nein.

Dr. B.: Habe ich Ihnen jemals gesagt, Sie sollten Ihrem Kind nicht das Glas anbieten? Und wenn das Kind sagt: »Ich möchte aus einem Glas trinken«, sagen Sie dann: »Oh nein, mein Kind, du mußt dich verwöhnen. Bleib lieber bei der Flasche.« Das wäre töricht. Aus dem Kind würde nichts Rechtes werden. Doch soweit ich mich erinnere, ist mir bei vernünftigen Leuten eine solche Torheit nicht begegnet. Das kommt einfach nicht vor.

Vater: Vielleicht kann man ein Kind dadurch von der Flasche abbringen, daß man . . . daß man es in höchsten Tönen lobt, wenn es aus dem Glas trinkt. Hätten Sie daran etwas auszusetzen?

Dr. B.: Nein. Nur würde ich fragen: warum wollen Sie Ihr

Kind in höchsten Tönen loben? Das heißt, warum wollen Sie Ihr Kind von der Flasche forttreiben?

Vater: Warum wollen Sie denn, daß es zur Toilette geht? Sie haben eben ein Beispiel angeführt. Ich weiß nicht. Offensichtlich gab es bei Ihren Kindern eine Zeit, in der Sie sie von der Flasche entwöhnen oder zur Sauberkeit erziehen wollten, und Sie haben vorgeschlagen, sie sollten gehen, und sie sind gegangen. Sie haben das alles gemacht, genau wie ein guter Vater. Was hat Sie dazu veranlaßt? Was veranlaßt Eltern überhaupt dazu?

Dr. B.: Daß es einen freut, wenn das eigene Kind einen höheren Reifegrad erreicht. Das ist ganz natürlich. Alle Eltern freuen sich darüber, und diese Freude darf man dem Kind durchaus zeigen. Aber danach haben Sie mich nicht gefragt. Hätten Sie mich gefragt: »Was soll ich tun, wenn mein Kind aus eigenem Antrieb die Flasche aufgibt?«, dann hätte meine Antwort anders gelautet. Sie fragen mich jedoch: »Ab wann sollte mein Kind nicht mehr seine Flasche bekommen?«, und das ist etwas ganz anderes, als wenn das Kind es von sich aus tut.

Und ich will Ihnen ganz offen sagen: Wenn Sie nicht aus Gläsern trinken würden, würde kein Kind von sich aus den Wunsch entwickeln, aus einem Glas zu trinken. Wenn Sie nicht zur Toilette gingen oder das Kind keine Ahnung davon hätte, daß Sie das tun, dann würde kein Kind jemals auf einen solchen Gedanken verfallen. Denn es gibt zahlreiche Kulturen, in denen die Menschen nicht aus Gläsern trinken, sondern aus Schalen, und dort besteht die Übung darin, daß sie lernen, aus Schalen zu trinken. Denn ein richtiges, vernünftiges Lernen beruht auf der Tatsache, daß das Kind, das zu seinen Eltern eine gute Beziehung hat, sie gerne nachahmen möchte. Am besten wird es jedoch seine Eltern nachahmen, wenn es nicht dazu gezwungen wird und wenn es ganz dazu bereit ist, vorher nicht.

III. Sind sie wirklich so anders?

1. Eine Gelegenheit, sich frei zu äußern

Mutter: Ich habe etwas anderes auf dem Herzen. Mein Sohn hat es in letzter Zeit im Kindergarten schwer, weil die älteren Kinder ihn belästigen. Ich bin nicht immer dagewesen, aber wenn ich da war, habe ich gesehen, daß es ein bestimmtes Kind war, das den Anführer spielt und einen oder zwei Anhänger hat. Sie begrüßen ihn mit »Heh, du Trantüte« oder »Halt's Maul!«, oder sie schlagen ihn.

Dr. B.: Und was sagen die Kindergärtnerinnen dazu?

Mutter: Sie tun anscheinend nichts, soweit ich es bemerkt habe.

Dr. B.: Warum?

Mutter: Ich werde mit ihnen sprechen.

Dr. B.: Ja, das würde ich tun.

Mutter: Es ist so weit gekommen, daß er jeden Tag, wenn er heimkommt, sagt: »Stevie hat mich heute gehauen« oder »Stevie hat mich nicht gehauen« oder »Stevie hat das und das gemacht«.

Dr. B.: Sie sind sich doch im klaren darüber, daß das nur die eine Seite der Geschichte ist.

Mutter: Ich weiß, und ich versteh' nicht, was da los ist.

Dr. B.: Dann müssen Sie, glaube ich, doch mit der Kindergärtnerin reden.

Mutter: Aber was soll ich ihm in der Zwischenzeit sagen, wenn er mich ständig wegen dem Hauen fragt?

Dr. B.: Geht er denn gern jeden Morgen zum Kindergarten?

Mutter: Es ist am Nachmittag, und er geht gern.

Dr. B.: Geht er wirklich gern hin?

Mutter: Ja.

Dr. B.: Sehr gern?

Mutter: Meistens ja. Gelegentlich nicht, aber meistens sehr gern.

Dr. B.: Solange er gern hingeht, würde ich mir nicht allzu große Sorgen machen.

Mutter: Okay.

Dr. B.: Sie verstehen, was ich meine? Wenn es allzu schlimm wäre, würde er nicht hingehen wollen. Aber ich meine trotzdem, daß Sie feststellen sollten, was los ist.

Mutter: Ja, das hab' ich mir auch gedacht. Nun weiß er aber nicht, ob er zurückschlagen soll oder nicht, und ich habe ihm den Rat gegeben, daß es wahrscheinlich besser wäre, wenn er Stevie oder sonst jemand, der ihn ärgert, einfach aus dem Weg ginge.

Dr. B.: Das ist ein schlechter Rat.

Mutter: Wirklich?

Dr. B.: Ja.

Mutter: Ja, aber was soll ich nun . . . Das ist der Grund . . . weshalb ich Sie frage. Weil ich mit meiner Antwort nicht zufrieden war.

Dr. B.: Weshalb, glauben Sie, nenne ich es einen schlechten Rat?

Mutter: Also, ich möchte ihm nicht gern sagen: »Ja, du kannst zurückschlagen«.

Dr. B.: Was ist dagegen zu sagen? Vielleicht ist das, was Sie Ihrem Sohn gesagt haben, richtig, aber inwiefern ist Ihre Äußerung, wie wir sie hier gehört haben, verkehrt?

Mutter: Ja, was daran verkehrt ist, das wüßte ich gern. Ich bin unzufrieden, denn er fragt mich dauernd, und was ich sage, befriedigt ihn offensichtlich nicht.

Dr. B.: Genau darum geht es!

Mutter: Es ist keine Lösung . . . ihm nur zu sagen, er soll sich fernhalten.

Dr. B.: Das ist eine Antwort auf eine Frage, die er nicht gefragt hat.

Mutter: Oh!

Dr. B.: Ich glaube, Sie haben es noch nicht erfaßt, aber es ist sehr wichtig. Gehen wir die Geschichte doch noch einmal sorgfältig durch; vielleicht kann uns jemand auf die Sprünge helfen.

Mutter: Vielleicht sollte ich etwas mehr über unsere Gespräche berichten.

Dr. B.: Das ist eine gute Idee.

Mutter: Es ist jetzt seit ein paar Wochen jeden Tag dasselbe

Gespräch. Er kommt und sagt: »Stevie hat mich heute gehauen«. Und ich sage: »Das ist gemein, wenn er dich haut. Du tust mir leid«, und damit, hoffe ich, läßt er das Thema fallen. Aber er sagt: »Keiner hat mir geholfen«. Und ich sage: »Hast du denn Hilfe gebraucht?« Und er sagt: »Oja«. Und ich sage: »Was hast du denn gemacht?« Und er sagt: »Ich habe nichts gemacht«. Und ich sage: »Du kannst doch, wenn du Hilfe brauchst, die Kindergärtnerin rufen«, und er sagt: »Ich möchte Stevie wiederhauen. Darf ich Stevie wiederhauen? Findest du das richtig?« Und ich sage: »Es ist wahrscheinlich besser, ihm aus dem Wege zu gehen, wenn er dich hauen will. Es ist nicht nett von ihm, daß er haut, aber ich möchte lieber nicht, daß du haust.« Und . . .

Dr. B.: Darf ich einen Augenblick unterbrechen? Wenn ein Kind sagt: »Ich möchte aus dem Fenster springen« – würden Sie dann sagen: »Es ist wahrscheinlich eine schlechte Idee«?

Mutter: Ja . . . das heißt . . . ja, ich verstehe. Sie meinen: »Nein« soll ich sagen.

Dr. B.: In der Bibel heißt es: »Eure Rede sei ja, ja oder nein, nein«. Es steht dort nicht, daß man sagen soll »wahrscheinlich«.

Mutter: Deshalb bin ich ja unzufrieden.

Dr. B.: Das ist nur der erste Schritt in dieser Geschichte. Das eigentliche Problem haben wir noch gar nicht berührt. Das Kind fragt die Mutter nach etwas, weil es glaubt, daß die Mutter es besser weiß. Wenn die Mutter bloß sagen kann: »wahrscheinlich«, was soll das arme Kind damit anfangen?

Mutter: Ja, ich verstehe.

Dr. B.: Gut. Also . . . wenn er einen fragt, ob es morgen regnet oder ob die Sonne scheinen wird, hat man keine Wahl. Weshalb nicht?

Mutter: Weil man es nicht weiß.

Dr. B.: Das ist noch nicht alles.

Mutter: Weil es nicht von einem abhängt.

Dr. B.: Weil es nicht von einem abhängt! Das ist die richtige Antwort. Es geht um die Unbekannten, und es gibt viele verschiedene Arten von Unbekannten. Es ist ja auch unbekannt, ob Sie morgen noch leben werden, aber trotzdem sagen Sie: »Ich werde dir morgen etwas zu essen geben«. Wieso aber, wenn Sie im Grunde nicht wissen, ob Sie es tatsächlich können? Weil alles, was wir sagen, ein gewisses Maß an Wahrscheinlichkeit enthält. Aber wenn man das ausdrücken will, dann sagt man nicht: »wahrscheinlich«. Davon geht man einfach aus. Weshalb – vorausgesetzt, Sie zweifeln selber nicht daran – sagen Sie also: »wahrscheinlich«?

Mutter: Der Grund für das »wahrscheinlich« ist, daß es mir großen Kummer macht. Das ist der eigentliche Grund. In den meisten Fällen kann ich sagen: »ja« oder »nein«, aber in diesem Falle . . .

Dr. B.: Ich verstehe. Ihr Junge kommt also nach Hause und überlegt sich: »Die Kinder im Kindergarten haben mir Kummer zugefügt. Wenn ich jetzt nach Hause komme, will ich, daß Mama sich wegen mir Kummer macht, weil ich dadurch ihre Zuneigung gewinne.«

Mutter: Nein, es macht mir Kummer, weil ich gesehen habe, wie ihm die Tränen in den Augen standen.

Dr. B.: Gewiß, gewiß. Es sind schon viele Augen naß geworden, weil es anderen Leuten Kummer macht, jemanden weinen zu sehen. Können wir noch einmal auf die Geschichte zurückkommen und sehen, worauf es hinausläuft? Sagen Sie uns doch einfach, worum es im wesentlichen geht.

Mutter: Im wesentlichen geht es, ach . . .

Dr. B.: Darf ich vielleicht die Geschichte erzählen? Und wenn ich sie nicht richtig erzähle, verbessern Sie mich.

Mutter: Einverstanden.

Dr. B.: Aber haben Sie keine Bedenken, mich zu unterbrechen. Ich glaube, wenn wir klären, worum es dabei im wesentlichen geht, werden wir verstehen, warum es ein schlechter Einfall ist, »wahrscheinlich« zu sagen. Das Kind wird geschlagen – soweit wir wissen, ohne Anlaß oder Provokation. Das Kind ist darüber traurig. Es kommt heim und sagt: »Ich bin unglücklich, weil ich geschlagen wurde.«

Mutter: Nein, er berichtet entweder: »Stevie hat mich gehauen« oder »Er hat mich nicht gehauen«.

Dr. B.: So? Gut, heute berichtet er: »Stevie hat mich gehauen«. Die Mutter sagt: »Hast du um Hilfe gebeten?« »Es war keiner da, um mir zu helfen«, sagt der Junge. »Ich möchte zurückhauen; soll ich?« Die Mutter sagt: »Das ist keine sehr gute Idee«. Ist es so?

Mutter: Ja.

Dr. B.: Und wie geht es weiter?

Mutter: Ich habe ihm gesagt, ich möchte nicht, daß er haut. Daß ich es schlecht finde, zu hauen.

Dr. B.: Es ist schlecht zu hauen. Haben Sie alle verstanden, worum es geht? Was ist an dieser Geschichte verkehrt? Was hätte die Mutter tun sollen? *(In die Runde)* Haben Sie eine Idee?

Zweite Mutter: Nein, ich habe dasselbe Problem.

Dr. B.: Oh, deshalb sahen Sie so verständnisvoll aus.

Zweite Mutter: Das Kind sollte sich wehren, nicht wahr?

Dr. B.: Wenn ich es mit dem Boxer Joe Louis zu tun hätte, und wäre es auch am Ende seiner Karriere, dann würde ich mich auch nicht wehren. Ich würde weglaufen.

Dritte Mutter: Wenn die Mutter nicht so überzeugt ist, nun, dann ist sie unsicher. Sie weiß nicht genau, was das Kind nach ihrer Meinung tun sollte.

Mutter: Nein, ich weiß nur, was ich möchte.

Vierte Mutter: Man kann das Kind trösten, weil es geschlagen worden ist, ohne ein Wort darüber zu verlieren, was das Kind tun sollte.

Dr. B.: Das weiß ich nicht. Vielleicht haben Sie getan, was ich jetzt sagen werde, aber ich werde jetzt mal ausreden, damit es uns allen klar wird. Ich bin bei dieser Sache geblieben, weil ich glaube, daß es ein Problem von zentraler Bedeutung ist. Und es ist ein Problem, nicht wegen dieses Vorfalls, sondern wegen des Fehlers, den ich zu entdecken glaube. Jemand von Ihnen hat es schon gesagt . . . daß die Mutter nicht weiß, was das Kind nach ihrer Meinung tun soll. Können Sie sich dazu äußern?

Mutter: Das stimmt, aber es stimmt auch wieder nicht. Ich weiß wohl, welches Verhalten in dieser Sache mir lieb wäre, aber ich weiß nicht, wie ich ihm helfen kann, das zu schaffen.

Dr. B.: Gerade das ist verkehrt.

Mutter: Daß ich möchte, daß er meine Meinung zu dem, was er tun sollte, kennt?

Dr. B.: Daß Sie von der Art, wie er nach Ihrer Meinung damit fertig werden soll, so überzeugt sind. Daß Sie *Ihre* Einstellung kennen, aber nicht *seine.*

Mutter: Oh, ich verstehe.

Dr. B.: Es geht darum, daß Sie ihn *fragen.* Nicht, daß Sie ihm sagen: »Das ist eine gute Idee, das ist eine schlechte Idee«, oder daß Sie nicht möchten, daß er das und das tut. Die Frage muß sein: »Was hättest du denn gern getan, wozu hättest du Lust?«

Mutter: Ja, ich glaube . . . Oh Gott, . . . mir scheint . . .

Dr. B.: Was Sie auch tun mögen, Sie zwingen ihm Ihre Entscheidungen auf – ob Sie nun sagen: »Schlag doch zurück« oder ob sie sagen: »Hau nicht« oder »Ruf die Kindergärtnerin«. Implizit sagen Sie damit: »Ich bin überzeugt, daß du allein nicht mit der Situation fertig wirst.« Das weiß er schon, oder er fühlt es, und Sie verstärken das nur noch. Es ist deshalb gleichgültig, ob Sie sagen: »Schlag zurück« oder »Wehr dich« oder »Lauf weg«. Sie sagen ihm Ihre Meinung, ohne ihn nach seiner zu fragen.

Mutter: Oh, Sie meinen . . .

Dr. B.: »Stevie hat dich gehauen. Was hättest du gern getan, und was hast du tatsächlich getan?«

Mutter: Oh, es ist das Einfachste, aber daran hab ich nicht gedacht, weil er sagte: »Ist es richtig, wenn ich zurückschlage?« Ich nahm deshalb an, daß er das gern getan hätte. Aber vielleicht wäre das nicht . . .

Dr. B.: Vielleicht hat er Sie nur getestet. Vielleicht wollte er, daß Sie ihm grünes Licht geben, daß er das Recht hat, nach seinen eigenen Gefühlen statt nach Ihren zu handeln.

Mutter: Das stimmt. Ja . . .

Zweite Mutter: Aber zwingt einem die Zivilisation bei solchen Dingen nicht ein bestimmtes Verhalten auf?

Dritte Mutter: Ich wollte gerade das Gegenteil sagen. Tun Kinder nicht in jedem Augenblick instinktiv das, wozu sie Lust haben?

Mutter: Nein, John hat nicht unbedingt Lust, direkt zurückzuschlagen. Vielleicht tut er's, aber es ist nicht unbedingt das, wozu er Lust hat.

Dr. B.: Oje, jetzt habe ich es nicht bloß mit einem dreiein-halbjährigen Kind zu tun, sondern auch noch mit Instinkten und der Zivilisation.

Mutter: Was würden Sie denn tun, nachdem Sie ihm jene Frage gestellt haben? Angenommen, sein Instinkt sagt ihm, daß er zurückschlagen möchte. Wenn es das ist, was er in dem Augenblick wollte, würden Sie ihn das dann tun lassen?

Dr. B.: Nicht unbedingt. Aber dann wüßte ich wenigstens, wo er steht und wo ich stehe, und dann wüßte ich, glaube ich, was ich zu sagen hätte. Ich würde zu ihm sagen: »Ich verstehe dich. Oft möchte man zurückschlagen. Ich möchte es selber oft«, und dann würden wir darüber reden, was daran gut ist und was schlecht.

Zweite Mutter: Dennoch würden Sie nichts darüber sagen, was er tun sollte?

Mutter: Sie würden ihm aus dem Wege gehen?

Dr. B.: Habe ich das je gesagt?

Mutter: Nein, Sie sagen, daß man ihn fragen muß, was er gern tun möchte. Aber was tun Sie dann? Nachdem er . . .

Dr. B.: Das hängt von seiner Antwort ab.

Zweite Mutter: Oh.

Mutter: Angenommen, er sagt, er möchte zurückschlagen. Was würden Sie dann sagen? »Tu's nur«?

Dr. B.: Nun, ich würde sagen: »Wenn du Lust dazu hattest, warum hast du es nicht getan?«

Mutter: Oh.

Zweite Mutter: Und wenn er sagt, daß er Angst hat?

Dr. B.: Hm . . . dann kennen wir zumindest die Situation. Dann wissen wir, daß dieses Kind gern zurückschlagen würde, aber Angst davor hat. Hier kommen jetzt die Zivilisation und unsere Instinkte ins Spiel, und da muß die Mutter sich entschei-den, was sie tun will.

Mutter: Was würden Sie denn tun?

Dr. B.: Zunächst kann man ihn davon überzeugen, daß man seine Meinung achtet und daß man sich dafür interessiert. Sehr oft können wir nicht ganz einer Meinung mit dem Kind sein, aber wir können ihm wenigstens das Vorrecht einräumen, daß wir ihn erst nach seiner Ansicht fragen, bevor wir ihm unsere aufzwingen.

Mutter: Sie meinen, er möchte wie ein Mensch behandelt werden und nicht wie ein Baby.

Dr. B.: Genau: er möchte wie ein Mensch behandelt werden, besonders, wenn er Kummer hat. Und er möchte von seiner Mutter hören, daß seine Gefühle für seine Mutter mehr zählen als das, was die Zivilisation verlangt.

Mutter: Oder sogar mehr als das, was passiert ist.

Dr. B.: Oder was die Mutter gerade über Pazifismus und Krieg denkt.

Zweite Mutter: Ist es denn verkehrt, wenn man ein friedliebendes Kind haben möchte?

Dr. B.: Nein, das ist es, was dieser Mutter vorschwebt.

Mutter: Ja, ich gebe Ihnen recht. Ich möchte nicht, daß mein Sohn aggressiv ist. Ich möchte nicht, daß er schlägt.

Dr. B.: Ja, und er weiß es schon lange. Das eigentliche Problem . . . was Ihr Kind im Grunde lähmt, ist der Widerspruch zwischen seinen aggressiven Tendenzen und Ihrem Wunsch, ein nichtaggressives Kind zu haben.

Mutter: Ja, ich habe ihm gesagt, daß ich nicht möchte, daß er schlägt.

Dr. B.: Also überlegen wir jetzt einmal . . . wer also ist in erster Linie für die Schwierigkeiten im Kindergarten verantwortlich?

Mutter: Also hören Sie! Das glaube ich nicht.

Dr. B.: Na gut, machen wir's langsam. Sie möchten Ihr Kind in einem bestimmten Sinne erziehen. Nun gebe ich Ihnen zwar recht, daß das eine wünschenswerte Verhaltensweise ist, doch ist es keineswegs die vorherrschende Verhaltensweise. Dann kommt aber noch hinzu, daß Sie dem Kind die Last dieser Entscheidung aufbürden wollen, und das können Sie nicht machen. Sie bringen es in eine schwierige Situation, und dann möchten Sie ihm die Last aufbürden. Das ist für einen Dreijährigen zu schwer.

Mutter: Sie haben recht. Es muß ja nicht unbedingt Stevie sein, es könnte jeder andere sein.

Dr. B.: Das stimmt. Die Schwierigkeit – und seine Frustration – liegen nicht an dem Hieb oder an der Ohrfeige, die er von

Stevie bekommen hat. Ist es so?

Mutter: Sie haben recht. Denn Stevie haut nicht sehr fest.

Dr. B.: Richtig. Was ihn lähmt, ist das Entscheidungsproblem. An die Kindergärtnerin kann er sich nicht wenden, denn es könnte durchaus sein, daß sie ihm sagt, er soll zurückschlagen, und das würde den Konflikt zwischen seinem inneren Verlangen, der Kindergärtnerin und Ihnen nur noch verschärfen.

Mutter: Da ist noch etwas, was ich Ihnen mitteilen kann und was mir irgendwann während dieser Geschichte klar wurde. Als ich ihm sagte, er sollte sich von Stevie fernhalten, hatte ich . . . irgendwie wurde mir klar, daß . . . Oh, ich weiß, wann es war! Ich sah, daß John sich *nicht* von Stevie fernhielt, sondern versuchte, mit Stevie und diesem anderen kleinen Jungen zu spielen, und daß es ihm eines Tages gelang, sehr schön mit ihm zu spielen. Und auf einmal war mir klar: Als ich ihm sagte, er solle einer schwierigen Situation ausweichen, hielt ich ihn damit auch von schönen Erlebnissen ab.

Dr. B.: Das ist richtig! Letzten Endes könnte man so weit gehen, jeden sozialen Kontakt zu vermeiden, denn bei allen Kontakten besteht die Möglichkeit von Konflikten und die Gefahr, daß man verletzt wird.

Mutter: Ja. Das ist hier schon bei verschiedenen anderen Fällen deutlich geworden, bei denen es immer um das Schlagen ging.

Dr. B.: Richtig! Daß dem Kind gesagt wurde, es solle dem Problem ausweichen – erinnern Sie sich, daß das vor einiger Zeit schon dran war? Es ging darum, wie die Mutter reagieren soll, wenn das Kind nach Hause kommt und sagt: »Auf dem Hof hat mich eins von den anderen Kindern gehauen«. Ich erklärte Ihnen, daß das eine Sache des Kindes sei. »Hör zu, mein Kind, ich finde es gemein, daß diese anderen Kinder dich schlagen, aber das ist deine Sache. Wenn du nicht geschlagen werden willst, bleib hier. Ich freu mich, wenn du bei mir bist. Aber wenn du mit diesen Kindern spielen möchtest, mußt du dich darauf gefaßt machen, daß du geschlagen wirst.« Das Kind weiß dann am besten, was für es richtig ist; an manchen Tagen wird es zu Hause bleiben, und an anderen Tagen wird es wieder nach draußen gehen.

Mutter: Ja, John will weiter in den Kindergarten gehen.

Dr. B.: Das ist gut. Deshalb habe ich zuerst gefragt: »Geht er gern in den Kindergarten?«

Mutter: Das tut er.

Dr. B.: Die Sache ist die, daß es schwer ist, einem Kind unsere eigenen Wertvorstellungen einzuflößen, wenn sie den Werten der Gesellschaft widersprechen oder wenn die Verhaltensweise, die wir bei unserem Kind gern sehen würden, nicht mit dem Verhalten der Mehrheit oder doch einer nennenswerten Minderheit der übrigen Kinder übereinstimmt.

Mutter: Das ist ein großes Problem.

Dr. B.: Ja, aber es ist unvermeidlich. Ich glaube, wenn man sein Kind anständig erziehen will, muß man ihm gelegentlich Dinge beibringen, die mit den Ansichten der Mehrheit nicht übereinstimmen. Das ist unvermeidlich. Aber dann muß man ihm zumindest eine Gelegenheit geben, sich dazu zu äußern. Und man muß darauf achten, daß es wirklich nur aus freien Stücken handelt.

Mutter: Und einen Teil der Verantwortung übernehmen kann.

Dr. B.: Das ist äußerst wichtig: Nicht, daß es die Verantwortung übernehmen *kann*, sondern, daß es sie übernehmen *möchte*, und zwar von sich aus. Und damit es dazu imstande ist, muß Ihnen klar sein, daß Sie es sind, die in erster Linie die Schwierigkeit geschaffen hat – nicht Stevie und nicht Ihr Junge. Sie waren es. Sorgen Sie dafür, daß er das begreift, dann wird er imstande sein, die Situation selber in die Hand zu nehmen, wie er es für richtig hält.

Mutter: Es ist also nicht nötig, daß ich mit der Kindergärtnerin spreche.

Dr. B.: Das weiß ich nicht. Aber vielleicht hat er es nicht gern, daß sein innerer Konflikt noch dadurch verschärft wird, daß die Kindergärtnerin ihm etwas sagt, was zu Ihren Wertvorstellungen im Widerspruch steht.

Mutter: Heute hat er mich zum erstenmal gefragt, was die Kindergärtnerinnen vom Schlagen denken.

Dr. B.: Sehen Sie? Wir liegen gar nicht so falsch.

Mutter: Ja, das ist durchaus möglich.

Dr. B.: Kommen wir jetzt auf die Zivilisation zurück.

Zweite Mutter: Ich habe eine Frage zu Ihrer letzten Äußerung. Sie sagen, es käme zu einem inneren Konflikt. Wird sich das Kind denn nicht ohnehin bewußt sein, was für eine Einstellung die Mutter oder vermutlich die Eltern zum Schlagen haben?

Dr. B.: Oh, gewiß. Das Leben ist eine lange Folge von Konflikten. Die Frage ist, zwischen was oder wem der Konflikt besteht. Sie wissen, was ich meine? Nein, vermutlich nicht.

Zweite Mutter: Nein, ich weiß es nicht.

Dr. B.: Ich glaube, es ist besser, wenn Sie mir sagen, was Sie wirklich wissen wollen.

Zweite Mutter: Mir scheint, daß es auf jeden Fall zu einem Konflikt kommt zwischen der Außenwelt – in diesem Falle ist das die Familie, die kein aggressives Handeln wünscht – und seinen eigenen Wünschen.

Dr. B.: Das ist richtig.

Zweite Mutter: Deshalb meine Bemerkung über die Zivilisation, gegen die Sie etwas einwandten.

Dr. B.: Ich glaube, Sie sollten es nicht auf die Zivilisation schieben. Es sind unsere eigenen Werte. Es ist der Konflikt in uns selbst, der uns so zu schaffen macht. Wenn wir in uns selbst Klarheit haben, können wir unsere Konflikte mit der Gesellschaft ganz gut bewältigen. Aber wenn wir zurückschlagen möchten und zugleich jede Aggression vermeiden möchten, sitzen wir schon in der Klemme. Und wenn die Gesellschaft dann noch etwas anderes verlangt oder erwartet, dann sind wir gelähmt und müssen andere fragen: »Was soll ich tun«. Aber egal, was andere uns vorschlagen mögen – es hilft uns nichts, weil wir nur dann richtig handeln können, wenn wir unseren inneren Konflikt gelöst haben.

Zweite Mutter: Aber wir versuchen doch, unsere Kinder dahin zu bringen, daß sie sich bestimmten Vorschriften anpassen, zum Beispiel, daß sie um etwas bitten, statt danach zu grapschen, daß sie warten, bis sie an der Reihe sind – also Dinge, die ein Baby nicht weiß, bevor man sie ihm nicht beibringt.

Dr. B.: Ja . . .

Zweite Mutter: Der Konflikt ist also auf jeden Fall unvermeidbar.

Dr. B.: Das stimmt.

Zweite Mutter: Ich sehe also nicht, daß man furchtbar viel gewinnt, wenn man die Kinder nach Ihrer Meinung fragt. Der Konflikt ist auf jeden Fall da; ob man ihnen sagt, sie sollen nicht hauen, oder ob man es ihnen nicht sagt, sie wissen, daß man es nicht möchte, selbst wenn man sagt: »Okay, mach, was du willst.«

Mutter: Aber ich weiß nicht einmal, ob er gern schlagen möchte. Gerade jetzt denke ich, daß er vielleicht gern zurückschlagen würde. Es kann aber auch sein, daß er, wie Dr. Bettelheim sagt, mich ganz einfach testet. Wie kann ich das wissen, wenn ich ihn nicht frage?

Dr. B.: Oder er hat Angst vor dem anderen Jungen, vor Ihrer Meinung, vor der Meinung der Kindergärtnerin oder vor Gott weiß was noch. Zumindest können wir ihm helfen, daß er begreift, zwischen was und wem der Konflikt besteht. Aber ich weiß noch immer nicht, worauf diese Dame *(die zweite Mutter)* hinaus will. Etwas beschäftigt Sie. Sie haben etwas auf dem Herzen, und ich verstehe nicht ganz, worauf Sie hinaus wollen.

Zweite Mutter: Es scheint einfach so, als ob es auf jeden Fall zu einem Konflikt kommt.

Dr. B.: Das ist richtig.

Zweite Mutter: Natürlich wird der Konflikt nicht so stark sein, wenn man das Kind fragt: »Was möchtest du denn tun?« und es gewähren läßt. Aber es wird trotzdem das unbewußte Gefühl haben, daß man nicht ganz damit einverstanden ist.

Dr. B.: Ja, aber das ist nicht die Frage. Ich glaube, Sie haben nicht verstanden, um was es mir ging. Es geht nicht darum, daß man den Konflikt vermeiden kann, sondern darum, daß man dem Kind zeigen kann, daß man versteht, was ihm zu schaffen macht. Daß das Problem in dem Konflikt besteht und in der Unfähigkeit des Kindes, ihn zu lösen, und nicht darin, daß es geschlagen wird. Begreifen Sie den Unterschied?

Mutter: Ja, das verstehe ich.

Dr. B.: Er kommt heim, und eigentlich sagt er: »Stevie hat mich geschlagen, und ich hätte zurückschlagen können, aber ich habe es nicht getan.« Hätte er sagen können: »Ich wollte zurückschlagen, aber ich habe es nicht getan, weil du es nicht willst, und jetzt bin ich unglücklich«, dann hätte er verstanden, wo seine Schwierigkeiten liegen, und Sie hätten ihm helfen können.

Mutter: Ja, ich bin sicher, daß es so ist. Sonst hätte er es nicht wochenlang immer wieder zur Sprache gebracht. Normalerweise, wenn er etwas hat, kommt er damit zwei oder drei Tage lang, wir klären es, und es ist erledigt[1].

Dr. B.: Richtig. Aber in diesem Falle neigt er dazu, zurückzuschlagen, glaubt aber, daß Mama das nicht gutheißen würde. Und da die Mutter intelligenter und reifer ist als er, ist es ihre Aufgabe, das zu verstehen und dem Kind zu helfen, wo es Hilfe braucht. Bei der Tatsache, daß Stevie ihn geschlagen hat, braucht er keine Hilfe. Hilfe braucht er bei seinen inneren Konflikten.

Mutter: Ja, und ich habe ihm moralistische Antworten gegeben.

Dr. B.: Aber diese Antworten haben seinen Konflikt nur verschärft. Deshalb habe ich gesagt, daß es Probleme geben kann, wenn die Mutter nicht weiß, was sie will – und das ist schlimm. Aber nicht so schlimm, wie wenn die Mutter das, was sie will, dem Kind aufzwingt, ohne daß sie versucht, herauszufinden, was das Kind will. Hat sie das getan, und besteht zwischen den Wünschen der beiden immer noch ein Konflikt, dann kann sie ihr Kind dort stärken und unterstützen, wo seine eigentliche Auseinandersetzung liegt. Verstehen Sie den Unterschied?

---

1 In der Hitze des Gefechts ist mir dieser sehr wichtige Hinweis entgangen: daß der Junge heimkam und immer wieder von solchen Dingen berichtete wie »Stevie hat mich gehauen«. Wenn er imstande gewesen wäre, die Einstellung seiner Mutter zu akzeptieren, hätte er nicht mehr davon erzählt. Da er sie nicht akzeptieren konnte, erzählte er der Mutter jedesmal, wenn er nach Hause kam, daß ihre Methoden nicht klappten, in der Hoffnung, daß sein wiederholtes Mißgeschick sie veranlassen würde, ihre Wünsche bezüglich seines Verhaltens zu ändern. Zum Glück hat die Mutter das selbst begriffen, als sie merkte, wie ungewöhnlich es ist, daß der Junge wochenlang mit der selben Geschichte kam.

Zweite Mutter: Ja, jetzt verstehe ich.

Dr. B.: Und wenn er versteht, welches sein innerer Konflikt ist, kann es sein, daß er weder zurückzuschlagen noch sich alles gefallen zu lassen braucht, sondern daß er auf seinem Dreijährigen-Niveau eine Lösung findet, welche die anderen Kinder akzeptieren können. Denn das wird eine Lösung sein, die nicht dem Niveau der Mutter oder der Kindergärtnerin entspricht, sondern seiner eigenen Art, in der er als Dreijähriger die Welt versteht.

2. Gemischte Gefühle

Mutter: Ich habe ein kleines Mädchen von zwei Jahren, das seit einigen Monaten sehr schön mit zwei anderen Kindern spielt. Doch in letzter Zeit verhält sie sich merkwürdig, und ich komme nicht dahinter. Vor einer Woche ungefähr war sie bei einem anderen Kind zum Spielen, und als ich mit dem Baby kam, um sie abzuholen, weinte sie sehr heftig. Wenn ich sie jetzt mitnehme, um andere Kinder zu besuchen, möchte sie immer hingehen, aber wenn wir dort ankommen, weint sie.

Dr. B.: Wohnen Sie in demselben Haus wie ihre Spielkameraden?

Mutter: Nein, aber ganz in der Nähe.

Dr. B.: Sie wollte hinübergehen, aber dann wollte sie nicht bleiben?

Mutter: Also sie wollte gehen, und dann wollte sie es wieder nicht.

Dr. B.: Wie alt ist das Baby?

Mutter: Drei Monate.

Dr. B.: Dann würde ich sie erst einmal nicht so oft hinausschicken.

Mutter: Meinen Sie, allein?

Dr. B.: Allein oder mit Ihnen. Ich würde sie zu Hause lassen, bis sie wirklich raus will. Wenn andere Kinder zu Ihnen ins Haus kommen, okay. Aber ich würde sie zu Hause behalten, bis sie wirklich bereit ist, wieder zu anderen Kindern zu gehen.

Mutter: Soll ich dann die anderen Kinder zu uns kommen lassen?

Dr. B.: Wenn sie wollen. Das hängt schließlich nicht ganz von Ihnen ab, nicht wahr?

Mutter: Nein, aber . . .

Dr. B.: Ich glaube nicht, daß eine Zweijährige jeden Tag Gesellschaft braucht.

Mutter: Heute morgen war sie ganz zufrieden, bis wir rausgingen, und anschließend war sie ganz verstört.

Dr. B.: Ja, da kann man wohl nichts machen. Vergessen Sie nicht, daß mit drei Monaten die Neuheit des Babys sich abgenutzt hat und daß es anfängt, lästig zu werden. Ich würde sie nicht hinausschicken oder es ihr mit besonderem Nachdruck vorschlagen, solange das Baby bei Ihnen zu Hause bleibt.

Mutter: Es scheint, daß sie den Kleinen viel lieber mag als am Anfang. Sie verhält sich zu ihm, als ob sie ihn wirklich mag. Heute ist sie sogar nach oben gegangen und hat ihm zum erstenmal einen Kuß gegeben. Aber sie hat es ganz von selber getan, als ich nicht darauf achtete. Ich habe es nur zufällig gesehen.

Dr. B.: Ich habe ja schon früher erklärt, daß man am Problem der Eifersucht gut zeigen kann, entschuldigen Sie, wenn ich das sage: wie dumm wir im Hinblick auf unsere Kinder sein können. Sie haben in Büchern gelesen, daß Kinder auf den Neuankömmling eifersüchtig sind. Was bedeutet denn nun Eifersucht?

Mutter: Sie meinen, wie man es definiert? Kommt sie nicht davon, daß man durch jemand anders verdrängt wird? Oder daß man etwas verliert, was einem einmal gehört hat?

Zweite Mutter: Man möchte nicht mit jemand anders etwas teilen.

Dritte Mutter: Man befürchtet, daß der Mensch, den man liebt, jemand anderen mehr liebt als einen selbst.

Dr. B.: Ja und nein. Was Sie sagen, ist ganz typisch für die Vorstellungen, mit denen wir heutzutage an die Probleme herangehen, die durch Familienzuwachs entstehen. Da ist ein neues Baby, und man würde erwarten, daß das ältere Kind eifersüchtig ist, weil es seine bisherige Stellung eingebüßt hat. Aber dann läuft das ältere Kind nach oben und gibt dem Baby einen Kuß, also ist dieses Kind offensichtlich nicht eifersüchtig. Kann

116

man das nicht aus Ihrer Äußerung schließen?

Mutter: Allem Anschein nach ja.

Dr. B.: Wonach soll man denn nun gehen: Nach dem Anschein oder nach den Büchern, oder was ist tatsächlich los? Diese Frage stellt sich irgendwann bei jeder modernen Mutter ein, die mehr als ein Kind hat. Das zweite Kind ist im Kommen, und wir sind alle sehr behutsam. Wir wissen, daß das ältere Kind eifersüchtig sein wird, und was es da noch an schrecklichen Dingen gibt. Wir haben gehört, daß Kinder schon gesagt haben: »Wir wollen das Baby ins Krankenhaus oder zum lieben Gott zurückschicken«, oder: »Wir wollen es dem Storch wiedergeben«, oder was sonst noch alles. Aber da läuft die Zweijährige nach oben und küßt das Baby. Was ist denn nun los? Was ist denn mit dieser Eifersucht?

Zweite Mutter: Es braucht sich nicht darin zu äußern, daß das Kind das Baby hinfallen läßt. Es gibt sicher andere Anzeichen und Symptome.

Dr. B.: Ja, Sie sagen mir, das sind Symptome, aber Sie sagen mir nicht, von was.

Zweite Mutter: Es sind einfach Symptome dafür, daß das Kind sich nicht mehr so sicher fühlt wie vorher.

Mutter: Es kommt doch auch zu Feindseligkeit und Haß, nicht wahr?

Dr. B.: Meinen Sie?

Mutter: Ich glaube, daß Feindseligkeit aus einem Haßgefühl entsteht.

Dr. B.: Wieder ist alles, was Sie sagen, in einem gewissen Sinne richtig, und dennoch paßt es hier nicht. Nichts davon ist ganz zutreffend, und zwar aus einem sehr einfachen Grund. Sie reden über Eifersucht, aber Sie reden über die Kinder und nicht über sich selbst. Denken Sie doch daran, wie oft wir am Ende zu dem Schluß gelangen, daß man am ehesten zu einer verständnisvollen Haltung gegenüber den Kindern kommt, wenn man sich in ihre Lage versetzt und sich fragt: »Wie würde ich das empfinden?« Und das, worum es mir dabei geht, gilt nicht bloß für die Eifersucht, sondern auch für Strafen, Aggressionen und was immer. Warum versetzen Sie sich nicht selbst in die Lage des Kindes?

Mutter: Meinen Sie, wenn man jemanden küßt, auf den man eifersüchtig ist, weshalb man das tut? Ist das Ihre Frage?

Dr. B.: Ja. Was würden Sie empfinden?

Mutter: Man hat das Gefühl, daß einem etwas entgeht.

Dr. B.: Ja, in einem gewissen Sinne schon, aber wir wollen es genauer wissen.

Zweite Mutter: Man lernt, sich entsprechend den Erwartungen anderer zu verhalten.

Dr. B.: Das soll *Eifersucht* sein? Denken Sie doch einmal an sich selbst! Wenn Sie eifersüchtig sind, auf wen sind Sie dann eifersüchtig?

Dritte Mutter: Wenn ich auf jemand eifersüchtig bin, versuche ich, ihn zu beeindrucken.

Dr. B.: Sind Sie schon einmal auf jemand eifersüchtig gewesen?

Dritte Mutter: Nein.

Dr. B.: Dann wissen Sie nicht Bescheid.

Dritte Mutter: Oje!

Mutter: Ich glaube, wenn ich eifersüchtig war, war es ein Gefühl, daß ich in etwas nicht so gut bin wie der andere.

Dr. B.: Richtig!

Mutter: Und daß der andere deshalb etwas bekommt, was ich nicht bekomme.

Dr. B.: Das stimmt!

Mutter: Man ist dann ziemlich resigniert.

Dr. B.: Augenblick mal. Die einen resignieren, und die anderen machen weiter; wir dürfen also nicht verallgemeinern. Nun sagen Sie mir, ist man auf jemanden eifersüchtig, der für einen unwichtig ist?

Mutter: Nein.

Dr. B.: Und wie ist es, wenn einem jemand näher steht, wenn man sich stärker zu jemand hingezogen fühlt – ist die Eifersucht dann stärker oder schwächer?

Mutter: Stärker.

Dr. B.: Und wieso wundert es Sie dann, wenn Ihr Kind nach oben geht und das Baby küßt? Die Eifersucht ist doch ihrem Begriff nach eine gemischte Empfindung. Eine Kombination von Liebe und Haß und nicht ausschließlich Haß. Das Interessante ist, daß Sie das von sich sehr gut kennen. Wenn Sie jemanden hassen, sagen Sie: »Ich hasse ihn«; Sie sagen nicht: »Ich bin eifersüchtig«. Sie werden das nie durcheinanderbringen, wenn Sie selbst betroffen sind. Den Unterschied, ob man auf jemand eifersüchtig ist oder ob man jemanden haßt oder ihn verachtet, kennen Sie sehr gut. Doch wenn es um Ihre Kinder geht, dann ist Eifersucht gleichbedeutend mit Haß.

Deshalb sind Sie erstaunt, wenn sie einerseits lesen, daß Kinder eifersüchtig sind, und andererseits dann sehen, daß das Kind sich liebevoll verhält. Steckte das nicht hinter dem, was Sie uns anfangs geschildert haben, und hinter den Definitionen der Eifersucht, die wir hier gehört haben? Ich wollte Ihnen nur zeigen, daß Sie bei Ihren Kindern manchmal andere Maßstäbe anlegen als bei sich selbst. Das bedeutet aber, daß Sie dem Kind nicht so gut helfen können, wie wenn Sie richtig begreifen, was ein eifersüchtiges Kind empfindet. Verstehen wir uns?

Kennt übrigens jemand die Definition der Eifersucht aus Websters Wörterbuch? Niemand? Nun, ich kenne sie auswendig, weil ich sie oft genug zitieren mußte, aus demselben Grund, aus dem wir hier so lange gebraucht haben, um das zu klären. Im Webster heißt es: »Darauf bedacht, etwas zu behalten«. Deshalb möchte Ihre Kleine gern zu Hause bleiben. Sie möchte ein Auge auf das Baby behalten, damit das Baby nicht zu viel von dem bekommt, was sie selbst haben möchte. Solange Sie mitgehen, wenn sie bei ihren Freunden ist, kann sie noch beobachten, was Sie machen. Aber wenn Sie dann weggehen, kann sie es nicht mehr, und deshalb weint sie und möchte nach Hause.

Tatsächlich sind die Kinder meistens nicht eifersüchtig aufeinander, sondern auf ihre Eltern. Sie möchten sicher sein, daß das neue Baby nicht zuviel von Mutters Liebe bekommt. Wenn sie sich durch eigene Beobachtung überzeugt haben, daß das nicht der Fall ist, dann können sie es küssen.

Noch eine letzte Bemerkung. Wenn Sie auf ihren Mann eifersüchtig sind, wird es Ihnen unangenehm sein, wenn Sie wissen, daß er eine andere Frau besucht, und Sie nicht beobachten können, was er mit dieser anderen Frau macht. Sie möchten lieber dabei sein und wenigstens wissen, was los ist. So geht es auch Ihrer Tochter, wenn sie zu Hause bleiben und sehen möchte, was zwischen Ihnen und ihrem Bruder vor sich geht. Und wenn Sie wirklich und wahrhaftig gesehen haben, daß diese andere Frau nicht versucht, Ihnen Ihren geliebten Mann wegzunehmen, dann kann es sein, daß Sie sogar dankbar sind, daß Sie sehr freundlich werden und ihr vielleicht sogar einen Kuß geben – wie es Ihre Tochter getan hat, als sie sah, daß ihr kleiner Bruder ihr die Mutter nicht völlig wegnimmt.

Sie sehen also, daß es mit den Kindern im Grunde sehr einfach ist, sobald wir sicher sind, daß wir uns in einer bestimmten Lage genauso verhalten würden wie sie. Was Sie beobachten können, ist das äußere Verhalten. Solange Sie daraus jedoch nicht entnehmen können, daß sich das Kind in einer Lage befindet, in der Sie sich genauso verhalten würden wie das Kind, werden Sie wieder an unsere Gespräche zurückdenken müssen. Denn mehr brauchen Sie nicht zu lernen, und mehr kann ich Ihnen auch nicht beibringen.

3. Fast wie die Bibel

Mutter: Dr. Bettelheim, was mich beschäftigt, ist die Frage der Aggression bei den Jungs. Mein Junge, der jetzt drei Jahre ist, interessiert sich seit kurzem für Baseball, und seitdem hat er aufgehört, seine Schwester einzuschüchtern.

Dr. B.: Vielleicht ist es auch umgekehrt. Woher wissen Sie, was Ursache und was Wirkung ist?

Mutter: Das weiß ich nicht, aber ich weiß, daß es zeitlich zusammenfiel. Doch wie ist das mit ihrer Aggression? Muß sie nicht irgendwie raus?

Dr. B.: Dazu kann ich nichts sagen. Wir sollten aber zuerst versuchen, unsere vorgefaßten Meinungen loszuwerden. Es ist möglich, daß sie unsere Beobachtungen verzerren und uns zu voreiligen Schlußfolgerungen verleiten. Sie stellen die durchaus zutreffende allgemeine Behauptung auf, daß Ihre Kinder Aggressionen haben, aber wenn Sie das auf die Kinder beschränken, ist es falsch. Wieso die Kinder? Haben nur Kinder Aggressionen?

Mutter: Nein, natürlich nicht.

Dr. B.: Gut. Warum sagen Sie dann, daß Kinder Aggressionen haben, die sie ausagieren müssen? Wenn Sie nämlich zunächst gesagt hätten: »Menschen haben Aggressionen«, dann würde man sofort fragen: »Warum sollen Kinder sie durch Schießereien ausagieren, während wir das bei Erwachsenen ablehnen?«

Mutter: Sprechen Sie davon, daß Erwachsene auf Erwachsene schießen? Ich verstehe nicht.

Dr. B.: Schauen Sie, es wird doch oft gesagt: »Kinder brauchen das und das«, und damit wird zwischen uns und den Kindern eine Trennung gemacht, und das ist immer falsch. In mancher Hinsicht sind Kinder sicherlich anders als Erwachsene, und wenn Sie sagen: »Kinder machen das und das«, haben Sie vollkommen recht. Aber wenn man sagt: »Kinder haben Aggressionen«, so wird damit doch offenbar zwischen Kind und Nichtkind eine Unterscheidung gemacht, und die ist falsch. Dagegen habe ich mich vor allem gewehrt. Wie man weiß, hat jeder Mensch eine Menge Aggressionen. Das übersehen wir dabei, sonst würden wir nämlich auf keinen Fall sagen, daß Kinder sie durch Pistolenspielereien ausagieren müssen, denn wir wissen ja, daß Erwachsene sie nicht auf diese Weise ausagieren.

Mutter: Aber in Kriegszeiten tun sie es.

Dr. B.: Ja, aber doch nicht dauernd. Gottseidank gibt es zwischendurch friedliche Zeiten, und wir leben, alles in allem, in einer relativ friedlichen Gesellschaft. Es tut mir leid, daß in Korea gekämpft wird, aber schließlich sind das doch begrenzte Auseinandersetzungen.

Soweit ich mich in der Weltgeschichte auskenne, hat es niemals eine Zeit gegeben, in der nicht irgendwo gekämpft wurde, aber meistens war nur ein sehr geringer Prozentsatz der Menschheit daran beteiligt. Im großen und ganzen kann man sagen, daß die Mehrheit der Menschen in unserer Gesellschaft zurechtkommt, ohne ihre Aggressionen zu entladen. Und wenn wir zwischen Kindern und Erwachsenen einen Unterschied machen und sagen, daß nur die Kinder Aggressionen haben, machen wir uns etwas vor.

Wir müssen von richtigen Voraussetzungen ausgehen, wenn

wir zu richtigen Schlußfolgerungen gelangen wollen, und dann müssen wir praktikable Anwendungsmöglichkeiten dafür finden. Hier besteht das Problem, praktikable Möglichkeiten zu finden, um mit allen Arten von Aggressionen auf allen Altersstufen fertig zu werden. Wenn wir von der Voraussetzung ausgehen, daß *alle* Menschen Aggressionen haben, werden wir nicht so ohne weiteres zu der falschen Schlußfolgerung gelangen, daß ausgerechnet Kinder sie mit Pistolenspielereien entladen müssen.

Mutter: Ich möchte das vollkommen klären, damit ich es richtig kapiere. Sehr oft liest man doch folgendes: »Wenn Sie etwas getan haben, was Ihr Kind zornig macht, und Ihr Kind möchte Sie schlagen, dann sollten Sie es zulassen; denn es ist besser, wenn das Kind Sie schlägt und seinen Zorn auf Sie damit loswird, als wenn es Sie haßt, weil es Sie nicht schlagen darf, und das dann lange mit sich herumträgt.

Dr. B.: Sehr oft liest man das?

Mutter: Ja, ich habe das häufig gelesen.

Dr. B.: Wo? Sie müssen immer wieder auf die falschen Bücher stoßen. Es kann durchaus sein, daß das irgendwo geschrieben steht, aber wo? Das wüßte ich gern.

Mutter: Nun, ich glaube . . . ich meine es fällt einem schwer, sich zu erinnern, wo man so etwas gelesen hat, aber ich glaube, ich habe es bei Spock gelesen.

Dr. B.: Er hat sehr gute Sachen über Kleinkinder geschrieben, er hat ihnen einen großen Dienst erwiesen, und ich möchte nichts Nachteiliges über ihn sagen. Nach meiner Ansicht sollten wir aber nicht einfach alles, was in Büchern steht, als gegeben nehmen. Das gilt auch für meine eigenen Schriften. Gestalten Sie vielleicht Ihr Leben nach dem Vorbild einer Romanheldin?

Mutter: Aber das ist doch nicht dasselbe.

Dr. B.: Wieso nicht?

Mutter: Weil es sich in dem einen Fall grundsätzlich um einen wissenschaftlichen Ansatz handelt und von jemand geschrieben ist, der vermutlich eine Autorität ist. Und wenn so jemand etwas sagt, ist es fast wie die Bibel.

Dr. B.: Also darüber, ob man die Bibel wortwörtlich verstehen soll, habe ich auch meine eigenen Ansichten.

Mutter: Ich meine, es ist etwas anderes. Ein Roman ist doch etwas, was sich jemand ausgedacht hat, und . . .

Dr. B.: Manche wissenschaftlichen Bücher auch. Manche wissenschaftlichen Bücher sind für mich wie ein Roman – etwas, was sich ein anderer ausgedacht hat und was mich zu eigenen Gedanken anregt. Und Spocks Buch ist nach meiner Ansicht ein Roman. Denn eine wissenschaftliche Abhandlung zeichnet sich dadurch aus, daß sie Beweismaterial liefert. Wissenschaftliche Texte müssen die Voraussetzung erfüllen, daß sie das Beweismaterial unabhängig von den Folgerungen darlegen, die daraus gezogen werden. Dadurch wird es möglich, kritisch seine eigenen Folgerungen zu ziehen. Ich weiß nicht, was Ihr Mann studiert . . .

Mutter: Das weiß ich doch auch; soviel habe ich selber studiert.

Dr. B.: Was haben Sie denn studiert?

Mutter: Wirtschaftswissenschaften.

Dr. B.: Gut. Gilt denn das nicht als ein allgemeines wissenschaftliches Verfahren?

Mutter: Ja.

Dr. B.: Und wie ist das in den Wirtschaftswissenschaften? Dort gilt doch Max Weber als ein Philosoph und nicht als ein Wissenschaftler, stimmt's?

Mutter: Ja.

Dr. B.: Nun kann ja das Philosophieren in einem gewissen Sinne viel mehr anregender sein, weil man sich nicht auf die Angaben von jemand anders zu verlassen oder sie zu akzeptieren braucht. Man weiß, daß es Spekulationen sind, und deshalb kann man sie lediglich als Ausgangspunkt für die eigenen Spekulationen nehmen. Ist es nicht so mit dem, was Max Weber geschrieben hat? Stimmen Sie mir zu, wenn ich in diesem Sinne zwischen zwei Arten von Wirtschaftswissenschaften unterscheide?

Mutter: Ja.

Dr. B.: Bei der einen Art von wissenschaftlichen Texten, in denen das Beweismaterial angegeben ist, erfahren wir etwas über Tatsachen. Dann gibt es eine andere Art von Texten, und in den Wirtschaftswissenschaften könnte ich Max Weber,

Mannheim oder sonst jemand in dieser Richtung nennen: Das ist Philosophie, das ist Spekulation – und man weiß, daß es dazu dienen soll, uns selbst zur Spekulation anzuregen. Und wenn Sie Spock gelesen haben, muß Ihnen doch aufgefallen sein, daß er offenkundig zu der zweiten Art von Autoren gehört. Er bietet keine sorgfältig analysierten Untersuchungsergebnisse, sondern er verwendet Beispiele aus seinem reichen Erfahrungsschatz, und darüber stellt er Spekulationen an.

Gehen wir nun von diesem Punkt aus weiter, denn die Aggression ist ein sehr wichtiges Thema. Spekulieren wir einmal über die Äußerung, die Sie zu Recht oder zu Unrecht Spock zuschreiben. Offensichtlich ist es eine spekulative Äußerung, denn es wird nicht bewiesen, was das Bessere oder das Schlechtere ist – es sind Werturteile. Was besser oder schlechter ist, könnte zum Beispiel davon abhängen, was für ein Kind sie haben möchten oder was für eine Beziehung Sie zu Ihrem Kind haben möchten. Solange das jedoch nicht klargestellt ist, kann man nicht sagen, dies sei besser und das sei schlechter. Lassen Sie uns doch bitte noch einmal die genaue Äußerung hören.

Mutter: Also, ich habe gelesen . . . unter anderem las ich, daß man wohl sehr oft etwas tut, was das Kind erzürnt, und daß es gut wäre, wenn man dem Kind die Möglichkeit läßt, einen anzuschreien oder zu schlagen oder auf andere Weise offen seinen Zorn zu äußern, obwohl so etwas gesellschaftlich mißbilligt wird. Dennoch ist es gut, wenn man das Kind so etwas tun läßt, weil es besser ist, wenn das Kind seinen Zorn loswird, als wenn es lange mit seinem Groll herumläuft.

Dr. B.: Ja, aber haben Sie nicht alle gemerkt, daß dies jetzt eine ganz andere Äußerung ist als zuerst?

Mutter: Was habe ich denn gesagt?

Zweite Mutter: Wollen Sie sagen, daß Sie dieser Äußerung zustimmen?

Dr. B.: Sehr viel eher als der ersten.

Mutter: Warum? Wo liegt der Unterschied?

Zweite Mutter: Beim ersten Mal sagten Sie, daß es nach Ansicht der Autorität vollkommen in Ordnung sei, wenn das Kind draufschlägt. Sie sagten aber nicht, daß es eine andere Möglichkeit gibt, wie es seine Feindseligkeit loswird.

Mutter: Ach, das ist etwas Zusätzliches . . . Ich meine, wenn es möchte.

Dr. B.: Aber so wird es eine völlig andere Aussage!

Zweite Mutter: Ist es nicht gewöhnlich so, daß das Kind zurückschlagen möchte, nachdem es zuerst geschlagen wurde?

Dr. B.: Nicht unbedingt, aber lassen Sie uns einmal die Äußerung analysieren. Was versucht Spock zu verhindern? Gehen wir von der Zielsetzung aus.

Zweite Mutter: Ich glaube, er möchte, daß die Feindseligkeit sich offen äußert, statt daß sie unterdrückt wird.

Dr. B.: Was sucht er also vor allem zu vermeiden?

Mutter: Schuldgefühle . . .

Dr. B.: Nein, nein. *(Sich umwendend)* Vor einem Augenblick haben Sie es gesagt. Er spricht von »Unterdrückung«. »Unterstellt man, daß bei einem bestimmten Ablauf der Ereignisse die Unterdrückung von der Mutter ausgeht, so muß man sagen, daß jegliche Unterdrückung seitens der Mutter unerwünscht ist.« Das ist die Voraussetzung, von der er ausging und der ich voll und ganz zustimme: daß man sein Kind nicht unterdrücken sollte, wenn man ihm helfen kann. Jetzt verstehen wir wohl besser, um was es ihm geht. Das Ziel ist nicht mehr die Entladung von Feindseligkeit, wie Sie es in Ihrer ersten Äußerung gesagt haben, sondern das Vermeiden von Unterdrückung, und das ist etwas ganz anderes.

Mutter: Wollen Sie sagen, ich hätte in meiner ersten Äußerung zu verstehen gegeben, daß das Kind aus heiterem Himmel versuchen würde, über seine Eltern herzufallen?

Dr. B.: Nein, nein. Nicht aus heiterem Himmel. Aber Sie haben gesagt: Wenn das Kind aus dem einen oder anderen Grund zornig ist, sollte man ihm erlauben, die Eltern zu schlagen, weil es gut ist, wenn es seine Feindseligkeit ablädt.

Mutter: Oh nein, das habe ich nicht gemeint.

Dr. B.: Aber Sie haben es gesagt. Und es war ganz klar, daß Sie das meinten, denn wir sprachen davon, daß das Kind seine Feindseligkeit äußert.

Mutter: Aber das Kind war zornig auf die Mutter, weil die etwas getan hatte, was das Kind wütend machte.

Dr. B.: Natürlich. Und deshalb sollte man ihm gestatten, die

125

Mutter zu schlagen, weil es gut ist für das Kind, wenn es seine Feindseligkeit loswird.

Mutter: Ja.

Dr. B.: Das war offensichtlich gemeint.

Mutter: Jetzt weiß ich überhaupt nichts mehr.

Dr. B.: Sagen Sie mir, ob Sie zwischen den folgenden Haltungen, die eine Mutter oder ein Vater einnehmen kann, irgend einen Unterschied sehen. Das Kind flucht, und die Mutter sagt: »Ich kann völlig verstehen, daß du zornig bist, aber ich möchte nicht, daß du schlechte Wörter benützt«; das ist eine Möglichkeit. Eine andere Möglichkeit ist: »An deinem Fluchen erkenne ich, daß du zornig bist, aber ich kann aus diesen schmutzigen Wörtern ganz und gar nicht entnehmen, weshalb du zornig bist, und so habe ich nicht die geringste Ahnung, was wir dagegen unternehmen können«; das ist die zweite Möglichkeit. Eine andere ist: »Ich merke, daß du zornig bist. Los, beschimpf mich!« Oder man könnte einfach sagen: »Halt's Maul!« Verstehen Sie, was ich meine?

Das »los!« bedeutet: »Um Himmels willen, spuck es aus!«, und es ermuntert dazu, die Feindseligkeit abzuladen. Die zuletzt genannte Möglichkeit bedeutet Unterdrückung, und dabei spielt es nach meiner Ansicht keine Rolle, ob man das Kind anschließend schlägt oder nicht. »Halt's Maul!« ist, wenn ein Elternteil es mit genügendem Nachdruck zu einem Kind sagt, eine Aufforderung an das Kind, seine Gefühle zu unterdrükken, stimmt's? Oder zumindest, sie nicht zu äußern. Stimmen Sie mir da zu? Gut. Wenn nun das Kind sehr frustriert ist, was möchten Sie als gute Mutter dann herausbekommen?

Mutter: Den Grund.

Dr. B.: Warum?

Mutter: Damit man etwas dagegen unternehmen kann.

Dr. B.: Richtig. Und das nennen wir ein zielgerichtetes Handeln. Was ist also besser? Wenn das Kind seine Feindseligkeit ablädt, oder wenn Sie sich zu einem zielgerichteten Handeln entschließen? Die Situation zu vermeiden oder die Situation zu verbessern? Was meinen Sie?

Mutter: Die Frage beantwortet sich von selbst.

Dr. B.: Ja, aber anscheinend doch nicht. Denn sonst würden wir sie nicht diskutieren. Deshalb mußten wir ja ganz von vorn anfangen. Sie haben mir nämlich eine Äußerung von Spock als die Äußerung einer Autorität vorgetragen, und damit konnte ich nichts anfangen. Ich hoffe allerdings, daß Spock sie als eine Anregung verstanden wissen wollte und daß Sie sie in diesem Sinne auffassen und sich überlegen: was hat sich dieser Mann dabei gedacht?

Wir sind durch eine spekulative Überlegung zu dem Schluß gelangt, daß er dabei an folgendes dachte: »Wenn ich vor der Wahl stehe, eine vielleicht sogar gewalttätige Äußerung von Feindseligkeit zu akzeptieren oder sie gewaltsam zu unterdrükken, bin ich bereit, das erstere hinzunehmen, selbst wenn das bedeutet, daß ich von dem Kind geschlagen werde.« In der zweiten Äußerung, die nach meiner Ansicht richtiger ist, hat er sich bemüht, die Unterdrückung von Gefühlen nachdrücklich zu verurteilen.

Mutter: Das war ja der Grund, weshalb ich es zur Sprache gebracht habe. Sie sagten, Kinder sollten nicht anders behandelt werden als Erwachsene. Wenn ich nun etwas gegen meinen Mann habe, gehe ich doch nicht einfach hin und schlage ihn, bloß weil ich böse auf ihn bin.

Dr. B.: Manche Leute tun das.

Mutter: Das stimmt . . .

Dr. B.: Wie ist das denn mit Ihrem Mann?

Mutter: Oh, ich bin größer als er!

Dr. B.: Warum fügen Sie das hinzu?

Mutter: Ich glaube nicht . . . daß da ein unbewußtes Gefühl mitgespielt hat.

Dr. B.: Dann nennen Sie uns doch das bewußte. Fangen Sie so etwas nicht mit mir an; da sind Sie schief gewickelt.

Mutter: Also . . . auf jeden Fall . . . wenn ich auf das zurückkomme, womit wir angefangen haben . . .

Dr. B.: Schneller Rückzug!

Mutter: Bei uns wird, wie gesagt, nicht geschlagen.

Dr. B.: Bis es so weit ist, daß Ihr Kind Sie schlägt, wenn man Spock folgt.

Mutter: Ja. Warum sollte aber . . . Ich leite diese Gedanken einfach aus dem ab, was Sie vorher sagten, daß nämlich Kinder wie Erwachsene behandelt werden sollten, und Erwachsene werden sich doch nicht schlagen . . .

Dr. B.: Nein, nicht wie Erwachsene. Sie sollten so vernünftig behandelt werden, wie man erwartet, daß Erwachsene einander behandeln. Denn sie sind ja in der Tat anders; sie sind zum Beispiel verletzlicher, und ihre Aufmerksamkeit läßt schneller nach. Trotzdem haben sie dieselben Motive und Gefühle wie wir. Auf der anderen Seite drücken wir uns nicht in derselben Weise aus und haben nicht dieselben Erwartungen wie sie. Sie verstehen mich? Jetzt befürchte ich, daß man mir unterschiebt, ich hätte gesagt, daß man Kinder wie Erwachsene behandeln sollte, was ich nicht gesagt habe. Ich habe nur gesagt, daß wir nicht behaupten sollen, es gebe einen Unterschied, wo keiner ist.

Mutter: Gut, aber ich möchte trotzdem auf die Frage kommen, was man tut, wenn das Kind die Eltern schlägt.

Dr. B.: Ich bin dagegen, und das ist der Grund, weshalb ich dieser Frage zunächst ausgewichen bin. Ich bin dagegen, daß Kinder ihre Eltern schlagen, weil ich gegen das Schlagen bin, und nicht, weil es nicht nett ist oder weil ich ein so großer Pazifist wäre, was ich nicht bin. Ich halte es nicht für ein Verbrechen, wenn man dem Kind einen Klaps oder einen Schlag versetzt; ich halte es bloß für eine relativ unwirksame Methode, um ein Problem zu lösen. Nach meiner Ansicht gibt es einfach wirksamere Methoden. Aber ich weiß, daß Ihnen das nicht genügt.

Mutter: Aber was sagen Sie dazu, wenn das Kind tatsächlich geschlagen hat? Ich bin noch immer nicht sicher, daß ich kapiere, was sie meinen.

Dr. B.: Dann packt man es energisch bei der Hand und hält es von sich fern. »Das laß ich nicht mit mir machen; ich bin größer als du, und das laß ich nicht mit mir machen.« Und dann versucht man vor allem herauszubekommen, weshalb das Kind schlägt. Ob man die feindseligen Gefühle unterdrückt, was, wie alle Arten von Unterdrückung, schlecht ist, oder ob man einen physischen Angriff auf die Eltern gutheißt, macht nach meiner Ansicht einen gewaltigen Unterschied. Vielleicht sollten wir besser sagen, daß unnötige Unterdrückung schlecht ist, weil ein gewisses Maß an Unterdrückung immer notwendig sein wird.

Wogegen ich mich entschieden wehre, ist das Entweder-Oder: Entweder läßt man es zu, daß ein Kind seine Eltern körperlich angreift, oder man unterdrückt seine feindseligen Gefühle. Ich bin nicht bereit, diese Alternative zu akzeptieren. Ich finde, daß man ein Kind ermutigen sollte, seine aggressiven Empfindungen zu äußern, sie aber, sofern das möglich ist, in einer Weise zu äußern, die früher oder später zu einer Verständigung und dadurch zur Beseitigung des Ärgernisses führt. Wenn man dem Kind dagegen bloß sagt: »Sag mir, wenn dich etwas ärgert«, und dann nichts unternimmt, so bedeutet das, daß die Äußerung: »Sag mir, wenn dich etwas ärgert« bloß eine leere Geste ist, und nichts wirkt auf Kinder verheerender, als wenn Eltern leere Gesten machen.

Denken Sie nicht, daß ich diese Sachen erfinde. Ich habe Eltern gekannt, die sagten: »Sag Mama, wenn dich was ärgert, sag es Mama«, und dann reden die Kinder und reden, und nichts geschieht. Das ist viel schlimmer, als wenn man es unterdrückt, denn damit hält man das Kind schlicht zum Narren. Wenn man möchte, daß einem das Kind etwas erzählt, dann muß man auch etwas unternehmen, zumindest muß man sich darum bemühen.

Und schließlich sind Sie ja auch ein Mensch, und wenn das Kind Sie schlägt, verletzt Sie das, wenn nicht körperlich, so doch seelisch. Wenn Sie aber verletzt sind, können Sie ihm kaum helfen, die Ursache seines Ärgers herauszufinden. Und wenn das Kind Sie verprügeln kann, dann sind Sie ein schlechter Beschützer, und es ist doch so, daß ein Kind noch stärker als die Möglichkeit, seine Aggressionen loszuwerden, das Gefühl braucht, daß seine Eltern imstande sind, es zu beschützen.

Wie kam es überhaupt zu diesem Satz: »Laß dich von deinem Kind schlagen«? Ich kann nur Vermutungen anstellen, und meine Vermutung ist, daß es zwei Entstehungsgründe gibt, die beide schlimm sind. Der eine ist der, daß manche Eltern ihre Kinder durch Prügel zum Gehorsam gezwungen haben, und weil das schlimm war, möchten wir, daß es nie wieder geschieht. Statt aber daraus zu folgern, daß es überhaupt schlecht ist, andere zu schlagen, sind manche auf die Idee gekommen, daß es zwar schlecht ist, wenn Eltern ihre Kinder schlagen, aber daß es in Ordnung ist, wenn Kinder ihre Eltern schlagen. Als Argument ist das dürftig.

Der andere Entstehungsgrund ist der, daß manche von uns von ihren Eltern geschlagen wurden und dann davon träumten, sie aus Rache wiederzuschlagen. Es hat den Anschein, daß einige Erwachsene aus solchen kindlichen Rachevorstellungen noch nicht herausgewachsen sind und es immer noch erleben möchten, wie Eltern von ihren Kindern verprügelt werden. Und ihr Wunsch nach Rache ist so stark, daß es sie nicht einmal stört, wenn es das eigene Kind ist, das sie selbst verprügelt. Das ist schlimm, weil solche Eltern noch immer in kindlichem Denken befangen und deshalb kaum in der Lage sind, ihrem Kind zu einem reiferen Empfinden, Denken und Handeln zu verhelfen.

Ein letztes Wort zum Entladen von Aggressionen. Wenn Sie zornig sind und Ihr Zorn sich in Schlägen entlädt, ist die Sache damit erledigt, denn sonst kann man nicht von einer Entladung sprechen. Wenn die Sache aber damit erledigt ist, dann gibt es keinen Grund mehr, warum Sie sich überlegen sollten, was Sie zuvor zornig gemacht hat oder was Sie tun können, um zu verhindern, daß solche Verzweiflungstaten sich künftig wiederholen. Deshalb schießt Johnny auf Charlie, und Charlie schießt aus Angst oder Notwehr zurück. Johnny wiederum schießt aus Notwehr auf Charlie, und sie kommen nie auf den Gedanken: »Herrje, kann man sich den Nachmittag nicht besser vertreiben?«

4. Was ist Zuneigung?

Mutter: Sie haben uns versprochen, heute würden wir über das Küssen reden . . .weshalb Sie dagegen sind.

Dr. B.: O nein! Ich bin nicht gegen das Küssen. Wenn Sie möchten, daß ich darüber spreche, müssen sie Ihre Frage präziser stellen.

Mutter: Daß man den Babies das Küssen beibringt.

Dr. B.: Es ist sehr schwer, einem Baby etwas beizubringen.

Mutter: Also, daß man Babies küßt.

Dr. B.: Ach, das ist etwas anderes. Dennoch befüchte ich, daß es, gleichgültig was ich sage, auf dem Campus später heißen wird, ich sei gegen das Küssen. Möchte jemand etwas dafür oder dagegen sagen? Oder bleibt das ganze Reden an mir hängen?

Zweite Mutter: Was ist gegen das Küssen zu sagen, vorausgesetzt, man küßt sie nicht auf den Mund, auf die Hände oder eine andere Stelle, die sie mit dem Mund erreichen können?

Dr. B.: Nun, Ihre Wahl einer bestimmten Stelle ist nur Teil eines größeren Problems.

Zweite Mutter: Aber man erwartet doch von uns, daß wir dem Kind unsere Zuneigung zeigen.

Dr. B.: Wer hat das gesagt? Ich habe nie gesagt, daß man von Ihnen »erwartet, Ihre Zuneigung zu zeigen«.

Zweite Mutter: Jede Autorität, die man liest, ist doch dafür.

Dr. B.: Ich lese nicht Autoritäten und tue dann, was sie mir sagen. Ich lese Bücher, die mich dazu bringen können, mir meine eigenen Gedanken zu machen.

Mutter: Jedenfalls ist Küssen nicht die einzige Form, in der man seine Zuneigung zeigen kann.

Dr. B.: Hören Sie, können wir das nicht ganz von vorn aufrollen? Ich glaube, da ist uns eben was vorgeschlagen worden, das sehr viel wichtiger ist als das Küssen, nämlich das Problem, seine »Zuneigung« zu zeigen. Was das Küssen von Babies betrifft, so meine ich, sollten wir es dort belassen, wo es hingehört, also in den Wahlkampf der politischen Kandidaten. Wichtiger scheint mir zu sein, daß nach Ansicht aller Autoritäten, von denen man liest, von einem erwartet wird, seine Zuneigung zu zeigen. Was halten Sie davon?

Mutter: Nun, die »Zuneigung«, die man zeigt, soll etwas Natürliches sein, nicht etwas, was man bloß zeigt, weil es von einem erwartet wird.

Dr. B.: Also entweder man empfindet sie, oder man empfindet sie nicht. Was mich stört, ist, daß von einem erwartet wird, Zuneigung zu zeigen, gleichgültig, ob man sie empfindet oder nicht.

Mutter: Wenn man sie doch nicht empfindet, wird man sie sicher auch nicht zeigen.

Dritte Mutter: O ganz im Gegenteil! Man wird eher dazu neigen, wenn man sie nicht empfindet.

Dr. B.: Genau!

Dritte Mutter: Man hat doch Schuldgefühle, wenn man sein Kind nicht liebt, oder?

Dr. B.: Vielleicht . . . und vielleicht ist man dadurch versucht, sich selbst, den Ehemann, das Kind und die ganze Welt zu täuschen.

Dritte Mutter: Sowieso zeigt jeder sie auf seine Art. Manche verhalten sich sehr demonstrativ und küssen jeden rundherum, und manche zeigen es äußerlich nie, haben aber wirklich tiefe innere Empfindungen.

Dr. B.: Nun, mir ist bekannt, daß Sie alle mittlerweile ziemlich erwachsen sind, aber ich frage mich, ob irgend jemand von Ihnen jemals ein Kind war. Ja? Wieviele von Ihnen waren Kinder, bevor Sie Erwachsene wurden?

[Jemand fragt: »In welchem Alter?«, und das löst ein schallendes Gelächter aus.]

Dr. B.: Wer von Ihnen einmal ein Kind war und sich daran erinnern kann, muß die Erfahrung gemacht haben, daß jemand Ihnen seine Zuneigung zeigte – vielleicht war es eine Tante oder eine Großtante, die Sie rundum abküßte. Wie haben Sie darauf reagiert?

Mutter: Ich haßte sie, weil sie mir Angst machte. Nein, nicht weil sie mir Angst machte, sondern weil es unecht war.

Dr. B.: Und deshalb hat man Sie mit Küssen überschüttet: weil man versuchte, Sie zu täuschen. Aber als Kind wollten Sie sich ihre natürlichen Gefühle nicht entstellen lassen, und so haben Sie sich zurückgezogen . . . wodurch sich die Tante gerade herausgefordert fühlte, es noch zu verstärken, jetzt aber auf aggressive Weise, nach dem Motto: »Das wollen wir doch einmal sehen« . . . Gut. Wie machen wir jetzt weiter?

Dritte Mutter: Etwas, wo ich entschieden dagegen bin, sind Küsse auf Befehl. Ich habe in vielen Familien beobachtet, daß die kleinen Kinder, bevor sie zu Bett gehen, erst dem Papa und dann der Mama und dann dem Teddybär und dann, soweit vorhanden, den Geschwistern einen Gutenachtkuß geben müssen. Ich mag dieses Küssen auf Befehl nicht.

Dr. B.: Ja, ich glaube, wir sind uns alle einig, daß das nicht richtig ist. Dieses Thema können wir aber fallenlassen, weil ich glaube, daß es für uns hier kein Problem ist. Das Problem besteht, wie ich glaube, in dem »Zuneigung zeigen«, das von den Fachleuten befürwortet wird.

Zweite Mutter: Dr. Bettelheim, Sie verdrehen wirklich, was ich gesagt habe. Ich habe ganz bestimmt nicht gemeint, daß man einem Kind Zuneigung zeigen sollte, nur weil es von einer Autorität befürwortet wird.

Dr. B.: Das stimmt; aber *was* sollte man denn zeigen?

Zweite Mutter: Einfach die Gefühle, die man hat.

Dr. B.: Das ist richtig. Und sind das immer liebevolle Gefühle?

Zweite Mutter: Oh nein, durchaus nicht!

Dr. B.: Durchaus nicht. Dann sagen Sie also, daß sich nach Ihrer Auffassung die Experten dafür aussprechen, daß man all seine Gefühle zeigen sollte, so wie sie gerade sind. Habe ich damit richtig gedeutet, was Sie sagen wollten?

Zweite Mutter: Ja, ziemlich . . .

Dr. B.: »Ziemlich« hilft uns nicht viel weiter.

Zweite Mutter: Nein, daß man alle seine Gefühle zeigen darf, glaube ich auch nicht. Gewisse Zügel muß man sich schon anlegen.

Dr. B.: Das ist auch meine Ansicht. Damit ist aber, wie Sie zugeben werden, die Expertenauffassung sinnlos geworden. Zuerst sagten wir, man solle seine Zuneigung zeigen, dann, man solle alle seine Gefühle zeigen, und nun sind wir zu dem Schluß gekommen, daß man das aus naheliegenden Gründen doch nicht darf. Denn wir haben ja nicht nur positive Gefühle. Allerdings äußern sich die Experten nicht oft darüber, was wir mit unseren negativen Gefühlen anfangen sollen, die doch in Wirklichkeit ein sehr viel größeres Problem darstellen.

Wohin bringt uns also der Ratschlag der Experten? Gerade soweit, wie er uns auf alle Fälle bringen sollte: nämlich dahin, daß wir anfangen, uns selber Gedanken zu machen. Gehen wir nun noch einmal auf die Äußerung ein, daß man seinem Kind Zuneigung zeigen sollte. Was bedeutet das eigentlich?

Mutter: Es bedeutet, daß das Kind darauf angewiesen ist,

daß man ihm zeigt, daß es geliebt wird.

Dr. B.: Ja, darauf ist es angewiesen, damit es die Gewißheit hat, daß wir es lieben. Aber wie macht man das?

Mutter: Nicht allein mit Küssen; man zeigt es mit allem, was man tut; damit, daß man sich um es kümmert . . .

Dr. B.: Wie zum Beispiel?

Mutter: Wenn man im Umgang mit dem Kind konsequent bei einer Methode bleibt.

Dr. B.: Damit zeigt man nur, daß man konsequent ist. Die Konsequenz beweist nur, daß man konsequent ist, stimmt's? Sicher muß das Kind auch wissen, daß man in seiner Zuneigung zu ihm konsequent und beständig ist, aber die Beständigkeit allein läßt noch keine Zuneigung erkennen.

Mutter: Ich glaube nicht, daß man etwas Besonderes unternehmen muß, um dem Kind seine Zuneigung zu zeigen; wenn man sie empfindet, ist sie einfach da. Wenn ich meine Kleine drücke, küsse ich sie eben, und das tu' ich einfach, wenn ich Lust dazu habe.

Dr. B.: Gut, aber wird das von dem Kind als Zuneigung erlebt? Was bedeutet Zuneigung für ein kleines Kind?

Mutter: Daß man die Bedürfnisse des Kindes befriedrigt, welche es auch sein mögen.

Dr. B.: Das ist richtig. Nennen Sie uns ein Beispiel.

Mutter: Oh, man füttert es, wenn es Hunger hat, oder man bleibt immer in seiner Nähe.

Dr. B.: Was macht man noch? Wie spielt man mit einem Kleinkind?

Mutter: Ach, indem man es zärtlich umarmt.

Dr. B.: Fein, können Sie uns vielleicht sagen, woran Sie erkennen, daß Ihre Kleine sehr glücklich ist? Was macht sie dann?

Mutter: Oh, sie lächelt . . .

Dr. B.: . . . und gluckst und girrt, und gelegentlich, wenn sie sehr erregt ist, sabbert sie. Stimmt's? Nun, wann tun die Kinder das denn? Wenn man sie küßt, oder wenn man mit ihnen spielt?

Mutter: Wenn man mit ihnen spielt.

Dr. B.: Können Sie mir ungefähr sagen, wann Ihre Kleine größere Befriedigung erkennen läßt: wenn Sie sie auf den

Mund oder auf die Wange küssen, oder wenn Sie sie am Bauch kitzeln, sie zärtlich drücken oder was Sie sonst noch machen mögen?

Mutter: Natürlich, wenn ich sie am Bauch kitzele.

Dr. B.: Worauf reagiert das Kind also stärker: auf das Küssen oder darauf, daß man verschiedene Spiele mit ihm macht?

Zweite Mutter: Auf beides.

Dr. B.: Mag sein, obwohl ich da nicht sicher bin. Es läßt sich beweisen, daß ein Kleinkind kaum jemals lächelnd reagiert, wenn die Mutter es auf den Mund oder auf die Wange küßt und es nicht gleichzeitig zärtlich drückt. Umgekehrt ist es dagegen sehr oft der Fall.

Mutter: Das hängt sehr davon ab, wie man das Baby küßt. Wenn man es auf den Rücken oder auf den Nacken küßt, kitzelt das, und das haben sie gern.

Dr. B.: Sicherlich. Aber ist das nicht im Grunde Kitzeln? Sie kitzeln also das Kind mit dem Mund statt mit dem Finger, weil Ihnen das mehr Vergnügen macht.

Mutter: Aber das Baby hat es gern.

Dr. B.: Sicher hat das Baby es gern, wenn es gekitzelt wird! Sie werden beim Baby genau dieselbe Reaktion hervorrufen, ob Sie es nun mit dem Finger oder mit dem Mund kitzeln.

Mutter: Oh, ich bin mir bewußt, daß ich küsse, weil es mir Spaß macht, und das Baby hat es ebenfalls gern.

Dr. B.: Sie küssen also zu Ihrem eigenen Vergnügen und nicht wegen des Babys; mehr wollte ich nicht zeigen. Dem Baby bereitet das Kitzeln mindestens genausoviel Genuß wie das Küssen. Damit dürfte klar sein, daß das Küssen zum Vergnügen der Mutter und nicht zum Vergnügen des Babys geschieht. Allerdings wird dem Kind durch das Küssen eine Ahnung von einem Lustgewinn vermittelt, für den es noch lange nicht reif ist. Bekanntlich kommt das Küssen normalerweise erst mit der Pubertät auf.

[Dieser Satz ruft einige leise Äußerungen des Unbehagens und des Zweifels hervor.]

Dr. B.: Durch Ihr Vorbild, durch das, was Sie tun, lösen Sie eine verfrühte, weil erwachsene erotische Reaktion aus, die dem Alter des Kindes überhaupt nicht entspricht. Für das betreffende Kind ist es anfangs bloß ein Kitzel, gleichgültig, ob Sie es mit dem Finger oder mit dem Mund kitzeln. Bald wird das Kind jedoch anfangen, sich zu fragen: »Warum macht Mama das mit ihrem Mund?«, wo doch eine Hand für die Stimulation offensichtlich geeigneter ist.

Mutter: Nicht nur das – sie spüren auch, wie man es genießt.

Dr. B.: Und deshalb möchten sie einen nachahmen. Auf diese Weise weckt man bei dem Kind eine frühreife Sexualität. Die typische Reaktion des Kleinkindes ist eine allgemeine, nicht eine spezifische Reaktion. Bekanntlich drückt sich seine Reaktion nicht allein durch seine Augen oder durch seinen Mund aus, sondern durch seinen ganzen Körper. Das entspricht seinem Alter. Wenn wir älter werden, werden unsere Reaktionen in allen Bereichen, auch im sexuellen Bereich zunehmend spezialisierter. Das ist der Gang der Entwicklung. Und so wie wir ein Kind verfrüht dazu drängen können, für sich selbst zu sorgen, sich selbst anzuziehen, so können wir es verfrüht zum Küssen drängen. Nun ist es mit dem Küssen aber so, daß man, wenn man einmal damit angefangen hat, nicht so leicht damit aufhören kann.

Zweite Mutter: Was ist, wenn man das Kind küßt, weil es sich wehgetan hat? Mit der Zeit wird daraus so etwas wie ein Ritual.

Dr. B.: Wenn es sich wehgetan hat, können Sie genausogut pusten! Weshalb nicht Pusten als Ritual? Der Schmerz ist ja schließlich ein heißes Gefühl, und durch das Pusten wird die Haut gekühlt.

Mutter: Gerade in den letzten Tagen hat unsere Kleine angefangen, auf den Satz »Gib mir einen Kuß« zu reagieren. Dann leckt sie uns ab. Mich küßt sie nicht so oft wie ihren Vater – vermutlich, weil die Wirkung bei ihm größer ist als bei mir. Sie ist jetzt vierzehn Monate alt, und ich frage mich, ob wir sie nicht in eine frühreife Sexualität hineintreiben.

Dr. B.: Ich denke schon, obwohl »Sexualität« bei einem vierzehn Monate alten Kind ein schrecklich großes Wort ist. Wir wollen auch nicht übertreiben. Ich wollte nur, daß Sie das Prinzip begreifen. Ein Kind sollte seine Zuneigung zu den Eltern nicht auf erwachsene Weise, wie etwa durch Küssen, sondern auf seine eigene, kindliche Weise ausdrücken.

Mutter: Natürlich haben wir das gefördert, weil wir es hübsch fanden. Mir ist klar, daß sie ihre Zuneigung auf andere Weise zeigt; gewöhnlich kommt sie zu einem und legt einem ihre Arme um die Beine.

Dr. B.: Das ist schön. Wie Sie wissen, ist das Küssen bei normalen geschlechtlichen Beziehungen eine Vorstufe zum Petting und anschließend zum Geschlechtsverkehr. Die Frage ist: möchten Sie, daß Ihr Kind sich an diese erste Vorstufe gewöhnt und dann, sobald es ein Teenager geworden ist, in die Versuchung gerät, Geschlechtsverkehr zu haben?

[Erstaunte, ungläubige und mißbilligende Äußerungen]

Mutter: Meinen Sie, daß es sich ohne weiteres daraus ergibt?

Dr. B.: Nichts wird sich ohne weiteres oder notwendig daraus ergeben. Aber Sie haben damit angefangen. Ich sage nicht, daß sich irgend etwas daraus ergeben wird, aber ist das ein hinreichender Grund, um damit anzufangen?

Mutter: Meinen Sie, ein Kuß könnte tatsächlich erregend auf sie wirken?

Dr. B.: Auf *Sie* wirkt er sicherlich so. Deshalb tun sie es doch, nicht wahr?

Mutter: Das erreicht man auch mit Streicheln.

Dr. B.: Richtig, aber Streicheln ist nicht so betont sexuell, zumindest in der Regel nicht.

Mutter: Und wenn ich das Baby zärtlich umarme, gehört das auch dazu?

Dr. B.: Nein, denn das ist etwas Unspezifisches, und das ist es, worauf ich hinaus wollte. Solange Sie einen bestimmten Bereich des Körpers nicht den anderen vorziehen, ist alles vollkommen in Ordnung. Für das Kind ist der Mund, wenn man einmal vom Essen oder Saugen absieht, ein Körperteil wie jeder andere – wie die Nase, der Arm oder die Hand. Wenn man ihn in diesem Sinne behandelt, entstehen keine überstarken Gefühle.

Mutter: Aber das Küssen ist doch auch in der Gesellschaft allgemein üblich. Zum Beispiel das Küssen von Tieren, oder der Begrüßungskuß unter Frauen, oder das Küssen von Mutter und Tochter oder anderen Verwandten. Auch sonst ist das Küssen ganz allgemein üblich.

Dr. B.: Ich möchte Sie nur noch einmal daran erinnern, was Sie als Kinder empfanden. Wissen Sie noch, was Sie empfanden, wenn Sie von Erwachsenen geküßt wurden? Was für Emotionen wurden in Ihnen hervorgerufen, positive oder negative? Waren diese Empfindungen nicht viel stärker, wenn man Sie auf den Mund küßte oder wenn man Sie zum Küssen aufforderte? Wenn ja, dann möchte ich Sie fragen, ob die emotionale Reaktion Ihres Kindes auf einem quasi-sexuellen Reiz beruhen soll, oder ob Sie das Ergebnis einer umfassenden Beziehung sein soll. Sie bestimmen über Ihr Kind, Sie können also sagen, wie Sie es haben möchten. Ich kann Ihnen nicht sagen, was Sie tun sollten; ich kann Ihnen nur zeigen, was für Konsequenzen sich aus Ihrem Handeln ergeben können.

Zweite Mutter: Es ist komisch. Wenn das Kind dann in die Schule kommt, wird es verachtet und lächerlich gemacht, wenn es Klassenkameraden küßt oder ihnen seine Zuneigung zeigt. Das muß das Kind doch verwirren.

Dr. B.: Für das Kind ist es nicht verwirrend. Vielleicht darf ich hier ein Beispiel aus der Orthogenischen Schule anführen. Die Kinder, die wir dort bekommen, leiden sehr unter mangelnder Zuneigung; sie wurden oder fühlen sich von der ganzen Welt zurückgestoßen. Doch obwohl diese Kinder glauben, daß sie nirgendwo Zuwendung bekommen werden, gelingt es uns, mit sehr wenigen Ausnahmen, fast jedem das Gefühl zu geben, daß wir es mögen, und zwar sehr. Dabei haben wir die Kinder nie geküßt.

Allerdings ist tatsächlich einmal eine Betreuerin, die bei uns anfing, so dumm gewesen, eines dieser Kinder, einen Jungen, zu küssen, und obwohl sie ihn nicht einmal auf den Mund geküßt hatte, war seine Reaktion – wenn die Damen das bitte entschuldigen wollen – ein Wort aus vier Buchstaben und die Aufforderung, das mit ihm zu machen. Das war seine unmittelbare Reaktion. Sicher, er hatte keine besondere Erziehung gehabt, und die gesellschaftlichen Gepflogenheiten waren ihm fremd. Deshalb konnte er ungehemmt seine emotionale Reaktion zeigen. Übrigens war der Junge sechs Jahre alt.

Mutter: Soll das heißen, daß bei ihm eine bestimmte körperliche Erregung zu beobachten war?

Dr. B.: Jawohl! Und zwar sichtbar!

Mutter: Aber das Kind muß doch ein bestimmtes Alter erreicht haben, um sich dessen bewußt zu werden, nicht wahr?

Dr. B.: Nein, bekanntlich ist der Mund eine besonders empfindsame Stelle. Wenn dort durch Reibung Empfindungen erzeugt werden, sind sie viel stärker, viel erregender als an anderen Stellen des Körpers. Wenn Sie Ihr Kind dorthin küssen, erregen Sie es stärker als an den meisten anderen Stellen, stärker als mit Ihrem Kuß auf den Nacken. Allerdings ist es für das Kind vermutlich nicht so erregend, wenn Sie es auf den Mund küssen . . .

Zweite Mutter: . . . als wenn das Kind selbst küßt!

Dr. B.: Ja, und wenn es Sie nachahmt. Deshalb habe ich größere Bedenken dagegen, daß das Kind die Eltern küßt, als wenn die Eltern das Kind küssen. Aber da das erstere sich sehr oft aus dem letzteren ergibt, scheint es mir klüger zu sein, das letztere zu beschränken.

Zweite Mutter: Aber wie kann man das umgehen? Wie soll man sich zu Hause verhalten, wenn das Kind größer wird? Man kann doch nicht ständig vermeiden, das Kind zu küssen; man küßt ja auch seinen Mann vor den Augen des Kindes, und gelegentlich kommt es doch vor, daß man das Kind einfach nimmt und es küßt.

Dr. B.: Möchten Sie denn nicht dem Kind klarmachen, daß das etwas ist, was Mann und Frau miteinander machen?

Zweite Mutter: Sicher.

Dr. B.: Gut, dann würde ich eben sagen, daß das etwas ist, was Verheiratete miteinander machen.

Zweite Mutter: Aber wird er sich nicht zurückgewiesen fühlen?

Dr. B.: Lieber Gott, ist er mit Ihnen verheiratet? Da reden wir über den Ödipuskomplex und alle damit zusammenhängenden Schwierigkeiten, und dann treiben wir das Kind hinein, weil wir glauben, wir müßten alles, was wir mit unserem Ehemann machen, gleichfalls mit unserem Sohn machen, damit er sich nicht zurückgestoßen fühlt.

Zweite Mutter: Aber wie kann man verhindern, daß das Kind einen küßt?

Dr. B.: Ich weiß es nicht; ich glaube, das brauchen Sie nicht, wenn Sie es ihm nicht vorher beigebracht haben. Wenn die Kinder in den Kindergarten kommen, beobachten Sie es bei anderen Kindern, und zuweilen werden sie es selber versuchen. So haben es meine Kinder gemacht, und ich habe es mir gefallen lassen. Natürlich habe ich es nicht abgelehnt, aber ich habe es auch nicht sonderlich geschätzt. Ich hatte es lieber, wenn sie mich drücken oder auf mich klettern oder etwas ähnliches. Das wußten sie, und sie hatten es ebenfalls lieber.

Trotzdem mußten sie das mit dem Küssen ausprobieren, weil sie es bei anderen gesehen hatten, aber sie hatten es viel lieber, wenn man sie drückte oder herumtrug. Und darum geht es mir: Wenn Sie einem Kind die Wahl lassen, ob es lieber einen Kuß oder Huckepack reiten möchte, wird es sich fürs Huckepack reiten entscheiden, wenn es nicht darauf abgerichtet wurde, daß Küssen etwas Besonderes ist. Was mögen die Kinder also tatsächlich gern?

Zweite Mutter: Dann würden Sie sich also zu einer gleichgültigen oder zu einer abweisenden Einstellung entschließen?

Dr. B.: Man kann sich nicht zu einer Einstellung entschließen – entweder man hat eine Einstellung, oder man hat sie nicht. Ich kann Ihnen nur empfehlen, Ihrer eigenen Einstellung zu folgen, aber nicht ohne sie von Zeit zu Zeit zu überprüfen. Manchmal gelangen wir zu Einsichten, die unsere Einstellung verändern. Und wenn Ihre Einstellung sich ändert, dann nicht, weil ich Ihnen etwas erzählt habe, sondern nur dann, wenn es zu Ihrer inneren Überzeugung wird, daß Ihr Kind an einem Huckepackritt mehr Spaß hat als an einem Kuß. Wenn Sie dann etwas sehr Nettes tun möchten, werden Sie es Huckepack reiten lassen, weil Sie wissen, daß das Kind daran mehr Spaß hat als an dem Kuß, an dem Sie mehr Spaß haben. Aber das wird nur klappen, wenn Sie tatsächlich nach Ihrer inneren Überzeugung handeln. Mehr kann ich nicht dazu sagen.

Vierte Mutter: Können wir jetzt zu etwas anderem übergehen?

Dr. B.: Ja, gewiß.

Vierte Mutter: Vor kurzem hat mein Junge entdeckt, worin der Unterschied zwischen Jungen und Mädchen besteht, und es lief ganz anders als ich es erwartet hatte.

Dr. B.: So geht es uns allen: wir machen uns auf etwas Bestimmtes gefaßt, und dann verhalten sie sich nicht danach.

Vierte Mutter: So war es genau. Ich hatte ein kleines Mädchen, das auf dem Flur gegenüber wohnt, für ungefähr eine Stunde zu hüten, und Mark, mein Junge, der zweieinhalb Jahre ist und gerade das Urinieren gelernt hat, wollte ins Bad gehen. Ich ließ ihn also rein, und er machte es natürlich im Stehen. Da wollte das kleine Mädchen auch gehen, und so nahm ich sie und wollte sie draufsetzen, da sagte er: »Nein«, sie solle ebenfalls stehen. Eines führte zum anderen, und . . .

Dr. B.: Hier sollten Sie mehr ins einzelne gehen.

Vierte Mutter: Ich sagte, Janey kann es nicht im Stehen, sie ist ein kleines Mädchen, sie setzt sich dazu hin. Darauf sagte er: »Warum setzt sie sich hin?«, und ich sagte: »Janey hat keinen Penis.« Mehr habe ich nicht gesagt, aber er war ganz bestürzt. Inzwischen hat er übrigens eine kleine Schwester, und anscheinend hat er sie noch nicht beobachtet, und wenn ja, dann hat er es nicht zu erkennen gegeben.

Dr. B.: Er hofft, daß er bei der kleinen Schwester noch wachsen wird, daß sie vielleicht noch einen bekommt.

Vierte Mutter: Das kann sehr gut sein, denn er hat geäußert, daß sie keine Zähne hat.

Dr. B.: Ja, in den Büchern wird das als Verschiebung nach oben bezeichnet.

Vierte Mutter: Ich hab ihm natürlich gesagt, daß sie irgendwann Zähne bekommen würde, aber ich weiß, daß es ihn beunruhigt hat.

Dr. B.: In einem solchen Falle und weil er beunruhigt zu sein schien, würde ich einfach fragen: »Gibt es sonst noch einen Unterschied zwischen ihr und dir?«

Vierte Mutter: Oh, Sie würden von sich aus darauf kommen? Gerade darüber war ich mir nicht im klaren.

Dr. B.: Ich sage nicht, daß Sie mit irgend etwas von sich aus anfangen sollten, aber wenn er über die Zähne spricht, die im Vergleich zum Penis ein relativ kleiner Teil des Körpers sind, würde ich es zur Sprache bringen. Da er intelligent ist, gute Augen hat und das Fehlen der Zähne bemerkt hat, müssen wir davon ausgehen, daß er auch das Fehlen des anderen bemerkt hat.

Vierte Mutter: Aber was macht man, wenn ein kleiner Junge einfach behauptet, ein kleines Mädchen habe einen Penis?

Dr. B.: Ist das eine theoretische oder eine praktische Frage?

Vierte Mutter: Tatsächlich wirkte er ein bißchen verstört . . . und weil ich glaubte, daß er sich wegen Janey beunruhigt, habe ich gesagt: »Kein kleines Mädchen hat einen Penis, und Janey ist ein kleines Mädchen; jeder kleine Junge hat einen Penis, und du bist ein kleiner Junge.« Aber seitdem wollte er sich hinsetzen, wie die Mädchen es machen, und er ist offensichtlich beunruhigt, weil er doch einen Penis hat. Ich habe angenommen, das ist wegen dem neuen Baby; sie hat keinen, und offensichtlich genießt sie gewisse Vorteile.

Dr. B.: Das ist eine sehr treffende Vermutung. Vielleicht ist er reif für den Kindergarten. Haben Sie daran schon gedacht?

Vierte Mutter: Ja, ich habe mir überlegt, ob ich ihn in diesem Herbst hinschicken soll.

Dr. B.: Ja, ich denke, im Kindergarten wird man sich darum kümmern, daß er dabei aufsteht.

Vierte Mutter: Ich habe ihm außerdem erklärt, daß sein Vater einen Penis hat, und ähnliche Dinge, aber es gibt in der Nähe nicht genügend kleine Jungen, das ist die ganze Schwierigkeit. Soll ich es in der Zwischenzeit dabei bewenden lassen, bis er in den Kindergarten kommt?

Dr. B.: Ja. Sie können es ihm erklären, aber halten Sie sich dabei sehr zurück, und wenn er sich hinsetzen möchte, lassen Sie ihn! Oder lassen Sie es ihn im Stehen machen, wenn er möchte.

Vierte Mutter: Ich möchte bloß, daß er sich so, wie er ist, glücklich fühlt.

Dr. B.: Ja, aber da hat er Zweifel. Und zwar aus den Gründen, die Sie richtig erläutert haben: daß Mädchen anscheinend besser dran sind, weil Mama für das kleine Schwesterchen mehr Zeit übrig hat, und so weiter. Dem müssen wir entgegenwirken, indem wir ihn andererseits, wie Sie es getan haben, stärken durch den Hinweis auf seine Männlichkeit und das, was Jungen und Männer machen können.

Hier finden Sie *(jetzt wieder an die Gruppe gewandt)* nun eine Antwort auf die ursprüngliche Frage: »Wie zeigt man einem Kind seine Zuneigung?« Diese Mutter zeigt dem Jungen ihre Zuneigung dadurch, daß sie ihm hilft, und nicht durch Küsse. Daran kann er ihre Zuneigung sogar viel besser erkennen, als wenn sie ihn umarmt. Alles Umarmen in der Welt wird dem Kind keine Zuneigung »beweisen«; es wird ihm nur beweisen, daß Sie ein Bedürfnis haben, etwas für Ihre Gefühle zu tun.

Sie haben alle jene Bewunderer kennengelernt, die stets da sind, wenn Sie hübsch angezogen und in bester Stimmung sind, die aber ihr Interesse verlieren, wenn Sie schwermütig sind und der strahlende Glanz von Ihnen abgefallen ist. Sie wissen sehr gut, daß diese hergelaufenen Liebhaber nicht viel taugen, denn sie *zeigen* bloß Zuneigung, empfinden aber keine; oder sie zeigen sie nur, weil (beziehungsweise solange) sie verliebt sind, aber nicht, wenn Sie vielleicht darauf angewiesen sind. Wenn jemand wahrhaft an Ihnen interessiert ist, kann es sogar sein, daß sein Interesse an Ihnen und daran, Ihnen zu helfen, noch wächst, wenn Sie ein Problem zu lösen haben . . . wenn Sie in schlechter Verfassung sind. Natürlich auch, wenn Sie verärgert sind.

Das Kind braucht Sie viel stärker, wenn Sie zu ihm »Nein« sagen müssen, als es die Bejahung braucht, von der Sie in den Büchern lesen. Wenn das Kind von Ihnen Bejahung erfährt, nachdem es ein neues Wort erlernt hat, ist das gut und schön, aber darauf ist es wirklich nicht so dringend angewiesen. Bei den ersten Worten schon – doch nach einer gewissen Zeit weiß das Kind schon, daß es etwas erwirbt, das ihm auf alle Fälle nützen kann, ob Sie es nun bejahen oder nicht. Wenn Sie jedoch zu dem Kind »Nein« sagen oder ihm etwas verbieten müssen, dann braucht es Ihr Verständnis und Ihre Zuneigung.

Wenn Ihr Kind wegen des Urinierens oder wegen der Geschlechtsunterschiede Probleme hat und Sie dann mit ihm darüber sprechen, so ist das der praktische Beweis Ihrer Zuneigung und nicht ein »Demonstrieren« von Interesse oder Anteilnahme. Das Kind erlebt sehr stark Ihre Hilfsbereitschaft, das Ausmaß, in dem Sie ihm helfen, vor allem dann, wenn es ihm schlecht geht. Dadurch erfährt es etwas über Ihre Einstellung und bildet sich seine Meinung darüber, nicht aber durch das, was in den Büchern als Zeigen von Zuneigung bezeichnet wird wie etwa zärtliche Umarmungen und dergleichen, was alles ganz gut und schön ist, solange es nicht die wirkliche Hilfe ersetzt. Wenn das Kind bloß das eine, nicht aber das andere bekommt, werden Sie in seinen Augen nichts als ein Schwindler oder Betrüger sein. Das würde bedeuten, dem Kind etwas zu geben, was es nicht oder nicht sonderlich braucht, und ihm das, worauf es ganz angewiesen ist, vorzuenthalten, und so etwas nennt man Quälerei.

Über diese Frage, »wie man seine Zuneigung zeigt«, herrscht heute – glücklicherweise noch nicht in der Praxis, wohl aber im Denken – eine solche Verwirrung, daß ich dachte, ich könnte Ihnen einen hilfreichen Dienst erweisen, wenn ich, nachdem die Frage einmal aufgetaucht war, während dieser Sitzung darauf einging. Beim nächsten Mal werden wir dann auf Ihre wirklich drängenden Probleme eingehen, zum Beispiel auf das Problem der Weihnachtseinkäufe, wenn Sie wollen.

5. Der Sinn des Vergnügens

Mutter: Ich hätte gern, daß Sie uns etwas mehr über den Gebrauch des Schnullers sagen. Mir ist ganz unklar, wie man ihn verwendet und warum.

Dr. B.: Vorzugsweise im Mund!

Mutter: Ich habe einen Jungen von einem Monat und ein Mädchen, das beinahe zwei ist. Wir haben der Älteren auch den Schnuller gegeben, als sie so klein war, aber nur, wenn sie zum Aufbleiben schon zu müde war. Inzwischen nimmt sie den Schnuller nicht mehr, sondern statt dessen die Flasche. Ohne Flasche will sie nicht ins Bett gehen; sie benützt sie wie einen Schnuller.

Dr. B.: Das ist eine Vermutung, aber reden Sie weiter.

Mutter: Ich wüßte gern, ob es möglich ist, daß man das Bedürfnis zu Saugen zu sehr unterstützt. Oder sagen wir es so: wenn ich dem Kleinen den Schnuller gebe, wird er ihn vielleicht ständig brauchen. Bei Laurie habe ich nämlich das Gefühl, daß sie ihn womöglich dauernd braucht!

[Gelächter]

Dr. B.: Oh, es könnte sein, daß sie später zur Bierflasche übergeht. Die Entwicklung verläuft von der Milchflasche über die Limonadenflasche und die Colaflasche zur Bierflasche. Gelegentlich endet es beim Whisky, und das nennen wir dann menschlichen Fortschritt.

Mutter: Es gibt doch Zeiten, wo ich mich nicht ständig um ihn kümmern kann, und dann muß ich ihn entweder schreien lassen oder ihm den Schnuller geben. Ich muß mich ja auch um das Mädchen kümmern. Deshalb habe ich mir Gedanken darüber gemacht, ob ich ihm ohne weiteres den Schnuller geben soll.

Dr. B.: Was spricht dafür, und was spricht dagegen?

Mutter: Meine Einstellung ist folgende: Wenn ich ihm den Schnuller ohne weiteres geben kann, ist das auch für mich eine große Erleichterung. Deshalb überlege ich mir: wenn es ihm nicht schadet, oft den Schnuller zu bekommen, dann habe ich gar nichts dagegen.

Dr. B.: Ja. Jetzt verstehe ich Ihre Frage, und ich glaube, daß sie sehr wichtig ist: Ist der Schnuller abzulehnen, wenn man ihn dem Kind einfach nur gibt, um die Mutter zu entlasten?

Mutter: Ich tue es ja nach Möglichkeit nicht, außer wenn es nötig ist.

Dr. B.: Damit sind wir wieder bei einem abgründigen Problem: Wann ist es nötig?

Mutter: Ach, wenn ich etwas Bestimmtes zu tun habe. Zum Beispiel, wenn ich bei Laurie die Windeln wechseln muß. Aber der Entschluß fällt mir immer schwer.

Dr. B.: Deshalb möchte ich es ja diskutieren. Einerseits kann man dem Kind den Schnuller geben, wenn es unzufrieden ist oder wenn es nicht schläft und die Mutter es leid wird, weiter bei ihm zu sitzen, es zu halten und so weiter. Andererseits kann man dem Kind einfach den Schnuller in den Mund stecken, damit die Mutter ihre Ruhe hat. Woher weiß man nun, welches das richtige Maß ist?

Zweite Mutter: Ich habe angefangen, meiner Kleinen den

Schnuller zu geben, als sie erst zehn Tage alt war, weil sie die ganze Nacht schrie, und das jede Nacht. Ich habe gemerkt, daß sie aufhörte zu schreien, wenn sie den Schnuller hatte. Wenn wir glaubten, daß sie hungrig war, haben wir ihr ihn nicht gegeben, sondern nur zur Nacht.

Dr. B.: Hört mal, Mädchen, da ist etwas, was mich interessieren würde. Als ich mit diesen Gesprächen begann, und jetzt ist es wohl drei Jahre her, wenn ich mich nicht täusche, bestand über die Frage, ob man den Schnuller verwenden soll oder nicht, die größte Uneinigkeit. Was ist denn nun los? Ist es etwa so, daß ich mich für den Schnuller ausgesprochen habe und Sie sich jetzt nicht trauen zu sagen, was Sie denken? Oder hat sich die Welt wirklich so sehr geändert?

[Lachen und kritische Bemerkungen aus der Runde]

Dritte Mutter: Ich habe nie einen benützt. Wieso ist es überhaupt nötig?

Vierte Mutter: Das denke ich auch. Man kann ihn ja durch etwas anderes ersetzen. Man kann dem Kind vielleicht einen Schluck Wasser geben oder es auf den Bauch legen. Haben Sie das probiert?

Mutter: Oh, das tu ich alles. Erst ungefähr zwei oder drei Stunden nach dem Füttern greife ich auf den Schnuller zurück.

Vierte Mutter: Also . . . ich weiß nicht. Ich persönlich habe nie einen benützt, und ich habe keine übertriebenen Schwierigkeiten gehabt.

Dr. B.: Ja, aber das ist kein Argument, denn das erzählt man uns seit eh und je: ich prügle mein Kind, und ich stelle es in die Ecke, und ich schließe es im Klosett ein, und ich habe nie schlechte Erfahrungen damit gemacht.

Vierte Mutter: Wieso fängt man überhaupt damit an? Wenn das Kind es nicht kennt, wird es auch nicht danach verlangen.

Dr. B.: Das stimmt! Wenn das Kind nicht weiß, was Demokratie ist, warum soll man ihm dann Demokratie beibringen! Es wird nicht danach verlangen, denn es weiß nicht, was das ist.

Vierte Mutter: Demokratie und . . . und das . . . sind doch wohl zwei verschiedene Dinge.

Dr. B.: Wieso? Das Prinzip ist doch dasselbe: wenn es nicht weiß, was das ist, wird ihm das nicht fehlen; warum soll man ihm das also erst beibringen? Warum soll man ihm zum Beispiel Demokratie beibringen?

Dritte Mutter: Also, ich habe nie einen Schnuller benützt. Wenn mein Kind hungrig zu sein schien, habe ich eine Flasche mit kleinen Löchern genommen, die fast wie ein Schnuller ist.

Dr. B.: Aber wenn es fast wie ein Schnuller ist, warum dann nicht den Schnuller?

Dritte Mutter: Mir ist es ja egal, aber er hat ständig Hunger gehabt und beim Füttern so stark gesaugt. Ich verstehe nicht, wieso man einem Kind, das viel zu Essen braucht, unbedingt einen Ersatz geben soll, zum Beispiel extra einen Schnuller oder etwas ähnliches.

Zweite Mutter: Auf jeden Fall ist doch die Frage, woher man wissen soll, wann ein Kind von einem Monat den Schnuller braucht oder wann es gestillt werden muß.

Vierte Mutter: Manche Kinderärzte sagen, man soll ihnen einfach ein Beruhigungsmittel geben und sie für eine Zeit ins Bett legen.

Zweite Mutter: Das ist unterschiedlich. Manchmal braucht das Kind ein Beruhigungsmittel, und manchmal braucht es den Schnuller.

Dr. B.: Augenblick mal! Das Kind braucht kein Beruhigungsmittel.

Zweite Mutter: Ich dachte dabei an Babies, die Schwierigkeiten mit dem Schlafen haben, oder die krank sind oder etwas in der Art.

Dr. B.: Ja, gewiß, kranke Babies brauchen Medizin. Wenn es krank ist und die Krankheit macht ein Beruhigungsmittel erforderlich, dann braucht es das. Aber Sie dürfen nicht sagen, daß ein gesundes Kind ein Beruhigungsmittel braucht.

Mutter: Dies hat eigentlich mit der Frage des Schnullers wenig zu tun, sondern hier geht es um das Saugen.

Dr. B.: Alles, was mit dem Saugen zu tun hat, gehört heute Abend zum Thema.

Mutter: Unterscheiden sich die Kinder eigentlich sehr in ihrem Saugbedürfnis?

Dr. B.: Ja. Kinder unterscheiden sich in jeder Hinsicht, auch bezüglich der Stärke ihres Saugbedürfnisses.

Mutter: Würden Sie es als eine Begierde bezeichnen? Haben Babies schon Begierden?

Dr. B.: Ja, so merkwürdig es klingt, sie haben Begierden.

Mutter: Was würden Sie denn zu diesen Begierden sagen?

Dr. B.: Ich weiß nicht. Ich möchte noch nichts sagen. Ich möchte erst mehr von Ihnen hören. Wenn ich etwas sagen möchte, werde ich es schon tun, glauben Sie mir! Aber bitte nur diejenigen, die das noch nicht vorher mit mir besprochen haben, denn die neu Hinzugekommenen möchten auch etwas lernen.

Mutter: Mir scheint, daß der Schnuller die Interpretation der Mutter von den Bedürfnissen des Kindes ist.

Dr. B.: Was meinen Sie damit?

Mutter: Daß Kinder, die in gut angepaßten Familien leben, wo die Mutter gelassen ist und eine gute Mutter-Kind-Beziehung besteht, anscheinend keinen Schnuller brauchen.

Dr. B.: Wieviele Familien kennen Sie, die gut angepaßt sind und wo die Mutter immer gelassen ist?

Zweite Mutter: Und wie kann eine Mutter mit einem neugeborenen Baby eine gute Mutter-Kind-Beziehung herstellen?

Dr. B.: Einen Augenblick mal. Was ist Anpassung? Ich verwende diese Ausdrücke nicht, aber ich bekomme sie von meinen Studenten zu hören, und jetzt höre ich sie von Ihnen. Wenn Sie ausgefallene Ausdrücke benutzen, müssen Sie erklären, was Sie meinen. Was ist Anpassung?

Mutter: Anpassung?

Dr. B.: Ja . . . Sie sprachen davon, daß die Mutter und das Kind gut aneinander angepaßt sind.

Mutter: Es ist, glaube ich, eine Art von Beziehung.

Dr. B.: Was ist eine Beziehung? Fällt sie vom Himmel?

Mutter: Nein, sie besteht zwischen Mutter und Kind.

-Dr. B.: Und wie entsteht sie?

Mutter: Oh, durch die Art, wie man sich um das Kind kümmert.

Dr. B.: Und durch die Art, wie das Kind sich um einen kümmert?

Mutter: Ja, das kann sein.

Dr. B.: Machen Sie keine Witze . . . Entschuldigung . . . wie kann ein Baby sich um einen kümmern?

Mutter: Ich meine durchaus, daß das Baby sich um seine Mutter kümmert – nicht im körperlichen Sinne natürlich . . .

Dr. B.: Dieses arme Baby muß sich also schon als Kleinkind um seine Mutter kümmern. Nun gut, was ist Anpassung? Sie alle haben den Ausdruck benützt; was bedeutet es, »sich anpassen«?

Mutter: Es bedeutet, daß man in jeder Situation zurechtkommt.

Dr. B.: Richtig. Wenn Sie nun zum Beispiel in der Straßenbahn auf jemanden treffen, passen Sie sich an ihn an?

Mutter: [schüttelt mit dem Kopf]

Dr. B.: Warum nicht?

Mutter: Es ist eine vorübergehende Situation.

Dr. B.: Richtig, es ist eine vorübergehende Situation. Was ist also für die Anpassung erforderlich?

Mutter: Zeit.

Dr. B.: Eine lange Zeit . . . das ist richtig! Anpassung ist ein wechselseitiger Prozeß zwischen zwei oder mehr Personen, der Zeit erfordert. – Stimmt's? In zehn Tagen schafft man es nicht. Denken Sie nur an Ihren Mann! Und was erfordert Anpassung sonst noch?

Mutter: Einen engen Kontakt.

Dr. B.: Einen engen Kontakt zwischen wem?

Mutter: Zwischen Mutter und Kind.

Dr. B.: Aber wenn man sagt, daß zwei Menschen sich aneinander anpassen, was erwartet man dann von beiden?

Mutter: Daß zwischen ihnen Geben und Nehmen herrscht.

Dr. B.: Richtig. Und daß nicht einer sich völlig an den anderen anpaßt. Das nennen wir nicht Anpassung; das nennen wir . . . ?

Mutter: Tyrannei.

Dr. B.: Richtig. So oder ähnlich. Nun sagen Sie: kann es eine gegenseitige Anpassung zwischen Mutter und Kind geben?

Mutter: Nein.

Dr. B.: Weil das Kind keine Freiheit besitzt. Es kann schreien, aber es kann nicht angeben, weshalb. Angenommen, Sie bieten ihm einen Schnuller an, dann kann es ihn nehmen oder nicht nehmen. Wenn Sie dem Kind den Schnuller vorenthalten, kann es nichts machen. Sie sehen also, Ihre Feststellung von vorhin, daß eine wunderbare Anpassung möglich ist, trifft nicht zu.

Mutter: Vielleicht habe ich die falschen Worte benützt.

Dr. B.: Nein, Sie haben die falschen Gedanken benützt. Denn wenn Sie sagen: »Mein Kind paßt sich an mich an«, dann ist das eine höfliche Umschreibung für den Satz: »Mein Kind tut, was ich von ihm möchte.« Weil es uns aber zu unangenehm wäre, das zu denken, benützen wir diese höflichen Ausdrücke und täuschen uns darüber hinweg, was wir tatsächlich mit dem Kind tun.

Man kann nicht von einer »guten Anpassung zwischen Mutter und Kind« sprechen, weil es so etwas nicht gibt; weil ein Kind gar nicht die Freiheit hat. Und eine solche Anpassung kann auch nicht entstehen, wenn das Baby gerade geboren ist oder in seinen ersten Lebenswochen. Wenn in der Familie ein Baby ankommt, wird das Gleichgewicht der ganzen Familie gestört. Sie aber sind eine solche Heilige, und Ihr Mann ist ein solcher Heiliger, und das Baby ist ein solch vollkommenes Baby, daß Sie sich aneinander anpassen können.

Seien wir realistisch: So sehr wir das Baby auch lieben mögen, durch die Ankunft eines Kindes werden alle Familienangehörigen vor die schwierigsten Probleme einer veränderten Lebensweise gestellt. Auf einmal können Sie nicht mehr die ganze Nacht durchschlafen, und Sie wissen, was das heißt. Manche Kleinkinder schreien sehr viel und brauchen Ihre ganze Aufmerksamkeit und was sonst noch alles. Es ist ein furchtbar schwieriges Problem. Wahrscheinlich, von der Ehe abgesehen, das schwierigste.

Bei der Ehe gibt es eine gewisse Vorbereitung. Man geht zusammen aus, man verbringt immer mehr Zeit miteinander, es ist ein sehr viel langwierigerer Prozeß. Und vermutlich haben beide Partner eine gewisse Chance, auf die Anpassung, die Ehe, Einfluß zu nehmen. Das Baby hat überhaupt keine Chance, und folglich kann es auf die Beziehung – zumindest eine Zeitlang – keinen Einfluß nehmen. Um nun auf den Schnuller zurückzukommen, von dem das Baby nicht sagen kann, daß es ihn möchte oder nicht möchte, so ist die Frage, weshalb das Baby ihn überhaupt brauchen soll?

Dritte Mutter: Mein Kleiner ist drei Monate alt, und wenn er ißt, ißt er viel, aber trotzdem lutscht er ständig am Daumen.

Dr. B.: Und sind Sie eine gelassene, wohlangepaßte Mutter?

Dritte Mutter: N-n-nein . . . das bin ich nicht. Zum Teil stille ich ihn, und zum Teil gebe ich ihm die Flasche, aber trotzdem lutscht er so laut an seinem Daumen, daß man es im nächsten Zimmer hören kann. Und ich weiß nicht, ob das Daumenlutschen gut für ihn ist.

Dr. B.: Daran können Sie ohnehin nichts ändern.

Dritte Mutter: Heißt das, daß hier ein Problem vorliegt? Ich meine: würde es helfen, wenn ich einen Schnuller benutzen würde?

Dr. B.: Nach meiner Ansicht ist der Schnuller meistens leichter sauber zu halten, er ist weicher, und er bekommt keine Schwielen am Daumen. Deshalb bin ich für den Schnuller. Gewiß ist der Daumen oder der Finger genausogut geeignet, um daran zu saugen. Ich bin jedoch, sofern wir uns über das Saugen einig sind, was noch nicht der Fall ist, für den Schnuller, und zwar aus den genannten Gründen; außerdem ist seine Form besser der Saugbewegung angepaßt, und er ruft weniger Gaumendeformationen hervor.

Vierte Mutter: Eins möchte ich gerne wissen, Dr. Bettelheim. Erfüllt er einen wirklich realen Zweck?

Dr. B.: Hat das Rauchen, wenn man von der Zigarettenindustrie absieht, irgendeinen realen Zweck?

Vierte Mutter: Ja, ich glaube schon. Nicht für alle, aber für den einzelnen Raucher, glaube ich, schon.

Dr. B.: Richtig. Und was ist der Zweck?

Vierte Mutter: Entspannung.

Dr. B.: Richtig. Also ist Entspannung der reale Zweck?

Vierte Mutter: Ja.

Dr. B.: Warum übertragen Sie das dann nicht auf den Schnuller? Sie haben es ausgesprochen. Ich habe es Ihnen nicht in den Mund gelegt.

Vierte Mutter: Ich wollte es nur wissen. Ich glaube, ich habe meine eigenen Vorstellungen . . .

Dr. B.: Wenn Sie meinen, daß Entspannung für diejenigen, die Entspannung brauchen, ein vernünftiger Zweck ist, und wenn Sie sagen, daß Lutschen oder Rauchen diesem Zweck dienst und besser dient als beispielsweise Morphium oder Whisky, warum dann nicht? Wenn jemand etwas Beruhigendes braucht, dann können wir uns, glaube ich, darauf einigen, daß Kaugummikauen dem Whiskytrinken vorzuziehen ist.

Wenn Sie das akzeptieren, dann müssen wir fragen: welche denkbaren Entspannungsmittel können wir einem Kleinkind geben, das anscheinend Entspannung braucht? Ich würde sagen, daß es töricht ist, wenn man einem Kind, das niemals schreit und immer vollkommen zufrieden ist, einen Schnuller aufzwingt. Allerdings kenne ich kein Baby, das niemals schreit. Gehen wir jedoch von diesen Tatsachen aus, dann weiß ich nicht, weshalb Sie mich fragen. Wenn Sie ein Baby haben, das sich gelegentlich nicht wohlfühlt und es offenbar nötig hat, sich zu entspannen, und wenn Sie gegen Kaugummikauen im Vergleich zu Whiskytrinken nichts einzuwenden haben, warum dann nicht? Warum soll man ihm nicht den Schnuller geben?

Vierte Mutter: Nach meiner Ansicht spricht nichts dagegen. Allerdings habe ich meinem Baby oft einen Schluck Wasser gegeben, und das ist dasselbe wie ein Schnuller. Aber es hat einen Schluck Wasser bekommen.

Dr. B.: Nein, das ist nicht dasselbe! Warum geben Sie ihm Wasser, wenn es kein Wasser will?

Vierte Mutter: Anscheinend war es damit zufrieden.

Dr. B.: Woher wissen Sie das? Woher wissen Sie, daß das Baby mit dem Schnuller nicht genauso zufrieden gewesen wäre, und dabei hätte es nicht seinen Verdauungstrakt mit unnötigem Wasser belastet?

Vierte Mutter: Ich glaube, daß sie es manchmal brauchen. Mein Kleiner schien damit zufrieden zu sein.

Dr. B.: Aber weshalb glauben Sie, daß es vorzuziehen ist?

Vierte Mutter: Ich sage nicht, daß es vorzuziehen ist, aber ich kann nicht genau sagen, weshalb ich es gemacht habe.

Dr. B.: Nehmen wir einmal folgendes an: Wenn man eine Substanz (etwa Kaugummi) kaut, dann kaut man einfach nur, während eine andere Substanz (etwa Whisky) Substanzen enthält, die mit dem Bedürfnis nichts zu tun haben. Welche würden Sie vorziehen? Was ist vernünftiger, was ist sinnvoller?

Vierte Mutter: Alles, was den jeweiligen Zweck erfüllt.

Dr. B.: Aber nur das! Und ohne den Zusatz irgendwelcher Substanzen, die nichts damit zu tun haben. Nun ist es zwar möglich, daß das Kind tatsächlich Wasser möchte, was wir allerdings noch nicht festgestellt haben. Alles, was wir wissen, ist, daß das Kind saugen möchte. Warum muß das Kind, das nur das Saugen genießen möchte, dann außerdem noch Wasser schlucken? Das ist meine Frage. Es ist einfach nicht einzusehen. Vielleicht wollte das Baby bloß saugen und kein Wasser. Weshalb sagen Sie: »Ich habe ihm statt des Schnullers Wasser gegeben«, obwohl Sie nicht wußten, was es wollte?

Vierte Mutter: Da gebe ich Ihnen recht.

Dr. B.: Das sollten Sie nicht sagen, denn Sie handeln nicht danach, und folglich müssen Sie gute Gründe für Ihr Handeln haben. Wenn Sie dem Baby statt des Schnullers die Wasserflasche geben, müssen Sie gute Gründe dafür haben. Und damit wir Zeit sparen, denn es wird spät, lassen Sie mich andeuten, was für Gründe das sein könnten. Sie gehören zu unserer puritanischen Tradition in Amerika: Wenn es einem praktischen Zweck dient, darf man sich dem Lutschen hingeben. Wenn es nur zum Vergnügen ist, ist es schlecht und darf nicht gestattet werden. Wegen unserer puritanischen Traditionen also muß das Kind essen, bevor es das Lutschen genießen darf, obwohl es im Augenblick kein Essen möchte und kein Essen braucht und obwohl Essen nur etwas Überflüssiges in seinem Verdauungstrakt ist.

Wir erleben das immer wieder. Bei meiner Arbeit sehe ich Kinder . . . Ein Kind hat immer noch vierzig Pfund Übergewicht, weil es so erzogen wurde, daß es nur kauen kann, wenn es ißt. Essen ist richtig, aber Kauen ohne Essen ist falsch. Deshalb muß dieses arme Kind, das aus seinen persönlichen Gründen ein starkes Bedürfnis zu kauen hat, vierzig Pfund Übergewicht bekommen, bis es sich kaum noch bewegen kann. Aber das ist in Ordnung! Solange es ißt, darf es weiterkauen.

Vierte Mutter: Aber die Lehrer in der Schule verbieten den Kindern das Kaugummikauen.

153

Dr. B.: Das ist sehr einfach. Für den, der das Kauen nicht genießen durfte, ist es ein schmerzliches Erlebnis, andere kauen zu sehen. Da er es sich selbst nicht gestatten kann, muß er es bei anderen unterbinden.

Vierte Mutter: Wird das Bedürfnis nicht befriedigt, wenn das Kind an Spielsachen kaut, wenn man einmal von der Härte absieht?

Dr. B.: Nein. Es entspricht zwar dem Bedürfnis, aber es vermittelt nicht das Vergnügen. Hier haben wir es wieder: das Kind darf kauen, aber es darf keinen Spaß machen. Ich kann auch nicht einsehen, warum *(zu der vierten Mutter gewandt)* das arme Kind, um das Saugen genießen zu können, auch noch Wasser schlucken muß. Den wahren Grund haben Sie mir immer noch nicht genannt.

Dritte Mutter: Wenn das Kind nicht den Schnuller bekommt, aber trotzdem an etwas saugen möchte, wird es dann nicht schließlich den Daumen nehmen? Was ist denn gegen den Daumen einzuwenden?

Dr. B.: Ich habe nichts dagegen!

Dritte Mutter: Und was ist dagegen zu sagen, wenn man das Kind statt am Schnuller am Daumen lutschen läßt?

Dr. B.: Ich habe Ihnen gesagt, warum! Der Schnuller ist sauberer und weicher. Auch behindert er das Kind nicht in seinen Bewegungen. Vor allem das Kleinkind muß sich ständig entscheiden, ob es mit etwas spielen möchte oder ob es den Daumen im Mund behalten möchte.

Zweite Mutter: Ich wollte sagen, daß mein älterer Junge immer am Daumen gelutscht hat, und jetzt sieht es wirklich merkwürdig aus; er hat eine ziemlich große Schwiele.

Dr. B.: Ich hoffe, das wird sich später wieder geben. Aber ist es nötig, die Schwiele an den Fingern zu haben? Ist es nötig, die Benutzung der rechten Hand zu behindern, der starken Hand, die eigentlich zum Kriechen oder zum Spielen zur Verfügung stehen sollte? Mit dem Schnuller kann sich das Kind bewegen und spielen, wie es will.

Vierte Mutter: Ist es nicht so, daß der Schnuller die Magensäfte anregt und Bauchweh hervorruft?

Dr. B.: Sicher. Das ist beim Daumenlutschen aber auch so,

und noch stärker, weil er größer ist. Auch das ist ein Grund, weshalb der Daumen viel schlechter ist als der Schnuller. Aber ich habe trotzdem nichts gegen den Daumen. Doch machen Sie sich auf keinen Fall etwas vor; jedes Kind wird auch dann am Daumen lutschen, wenn Sie ihm den Schnuller geben.

Fünfte Mutter: Darf ich das Thema wechseln, Dr. Bettelheim? Bei meiner Frage geht es um Spielsachen. Ich möchte kein Geld ausgeben, ohne Sie vorher zu fragen . . .

[Schallendes Gelächter]

Dr. B.: Endlich haben wir ein wirkliches Problem! Also . . . das Schnullerproblem haben wir eigentlich nicht gelöst, weil Sie mir eigentlich nicht gesagt haben, was Sie dagegen haben . . . ich meine Ihre gefühlsmäßige Ablehnung, nicht Ihre verstandesmäßige Zustimmung. Und wenn Sie sich damit nicht auseinandersetzen, werden Sie nichts erreichen. Ich hätte gern ein einziges glaubwürdiges Argument gegen den Schnuller gehört! Denn es steht außer Zweifel, daß mindestens die Hälfte von Ihnen Bedenken hat, ihn zu benutzen. Wahrscheinlich ist es besser, ihn gar nicht zu benutzen, solange sie Bedenken haben.

Sie müssen wissen, daß der Schnuller kein Patentrezept ist. Er wirkt keine Wunder; das einzige, was wirkt, ist der Schnuller und die richtige Einstellung dazu. Der Schnuller allein hilft Ihnen nicht viel. Ich fürchte aber, genau das haben wir hier auch erreicht. Wir haben die Opposition gegen den Schnuller zum Schweigen gebracht, und es hat Ihnen überhaupt nichts geholfen. Vielleicht beim nächsten Mal. Einverstanden?

Bei dieser Diskussion trat eine Schwierigkeit ganz deutlich zutage. Die Mütter waren nicht imstande, dem Kind das Vergnügen am Saugen zu gewähren, wenn es nicht mit der Nahrungsaufnahme verbunden war. Es gab jedoch noch andere Emotionen, die nicht diskutiert wurden und die es der Gruppe unmöglich machten, den Schnuller als ein simples Mittel zu akzeptieren, mit dem das Kind sich körperliches Wohlbehagen verschafft. Da diese Emotionen nicht offen geäußert wurden, möchte ich meinen Lesern zumindest zwei von ihnen nennen.

Erstens scheint die moderne Mutter gelegentlich zu glauben, sie müsse imstande sein, ihrem Kind alle erdenklichen Lusterlebnisse zu verschaffen, oder zumindest so viele, daß es kein Bedürfnis mehr danach hat. Schlimm genug, wenn das Kind am Daumen lutscht; bietet man ihm dann aber noch den Schnuller an, so scheint das ein Eingeständnis des Versagens zu sein. Die zweite, damit zusammenhängende Einstellung scheint in folgendem zu bestehen: Wenn das Kind schon zusätzliche Befriedigung sucht, dann sollte es sie von der Mutter erwarten und sie sich nicht selber verschaffen. Die Bedenken, die bei den Müttern dagegen bestehen, daß das Kind Lust aus seinem eigenen Körper bezieht, zeugen von einem tiefen Mißtrauen gegenüber der Mutter-Kind-Beziehung, so als könnte diese Lust das Kind dazu bringen, seine Beziehungen zur Mutter zu vernachlässigen.

Ich erwähnte in der Diskussion die puritanische Einstellung, die verlangt, daß die Lust nicht um ihrer selbst willen und nicht im körperlichen Wohlbehagen gesucht wird. Hier darf ich vielleicht hinzufügen, daß dieses spezielle Element des Puritanismus zwar glücklicherweise im Verschwinden ist, daß aber anscheinend ein tiefersitzender Puritanismus dennoch weiterbesteht. Er verlangt von der Mutter, ein so perfekter Lieferant mütterlicher Fürsorge zu sein, daß kein Bedürfnis des Kindes unbefriedigt bleibt. Wenn das Kind dann seine Lust auf eigene Faust sucht, sieht man darin den Beweis, daß die Mutter unzulänglich und folglich eine schlechte Mutter ist, und deshalb ist das Treiben des Kindes der Mutter äußerst unangenehm.

Ich darf hier vielleicht noch eine Bemerkung anfügen, denn sie scheint angebracht: Es hat lange gedauert, bis wir erkannt haben, daß wir uns bemühen sollten, unsere Kinder vor Schmerzen und unnötigen Frustrationen zu bewahren. Ganz am Anfang stehen wir jedoch, was die ergänzende Einsicht betrifft, daß der bloße Schutz vor Schmerzen oder Unbehagen das Individuum in einem Vakuum läßt, solange man ihm nicht gleichzeitig hilft, die Freude am Dasein zu entdecken.

IV. Was für ein Kind möchten Sie?

1. Ursache und Wirkung

Vater: Ich weiß nicht, ob ich es richtig ausdrücken kann: Wir machen uns ganz allgemein Gedanken darüber, in welchem Maße man dem Kind gegenüber den Menschen oder den Dingen seiner Umgebung Zwänge zumuten kann und soll.

Dr. B.: Das hängt von der grundsätzlicheren Frage ab, was für ein Kind Sie möchten. Was für ein Mensch soll Ihr Kind werden, wenn es größer ist? Natürlich kriegen Sie keinen Menschen nach Maß. Ich denke aber, wenn Sie ein vernünftiger Vater sind, wird Ihnen klar sein, daß alles, was Sie auch tun mögen, seine Konsequenzen hat. Und wichtig ist ja nicht, was Sie tun, sondern was dabei herauskommt, meinen Sie nicht auch?

Ich bin also der Ansicht, daß es Konsequenzen hat, welches Maß von Zwang Sie Ihrem Kind zumuten, und daß es Konsequenzen hat, wenn Sie es an entsprechenden Einschränkungen fehlen lassen, so daß es folglich bei Ihnen liegt, was für ein Mensch dabei herauskommt. Deshalb kann ich Ihre Frage eigentlich nicht beantworten.

Es wäre äußerst anmaßend von mir, wenn ich Ihnen sagen würde, was für ein Kind Sie haben sollten, oder zu was für einem Menschen Ihr Kind nach Ihren Wünschen heranwachsen sollte. Das ist ja der Grund, weshalb einige von Ihnen genug haben von den Büchern über Kindererziehung. Denn dort verfährt man so, als ob es einen anzustrebenden Mustermenschen gäbe, und man braucht nur dies zu tun und das zu tun, damit man einen solchen Menschen herausbekommt. Erstens stimmt es nicht, daß man einen solchen Menschen herausbekommt, und zweitens glaube ich, daß es eine schreckliche Welt wäre, wenn alle zu der gleichen Sorte Mensch heranwachsen würden. Solange Sie mir also nicht sagen, was für ein Mensch aus Ihrem Kind werden soll, kann ich Ihnen nicht sagen, ob Sie viel oder wenig Zwang ausüben sollten, oder wie Sie ihn ausüben sollten und so weiter.

Vater: Wenn ich es vielleicht verkürzen darf, was für ein Kind wir möchten . . . im Grunde, glaube ich, sollte das Kind im Stande sein, sich an eine sich wandelnde Welt anzupassen. Es sollte also flexibel sein.

Dr. B.: Wie flexibel? Wenn Hitler kommt, dann ist es für Hitler, und wenn am nächsten Tag Stalin kommt, dann ist es für Stalin? Ist das die Art von Flexibilität, die Sie möchten?

Vater: Nein, nein! Das ganz bestimmt nicht.

Dr. B.: Gut. Sie sehen also schon nach ein paar Sekunden, daß Sie sich zu unbestimmt ausgedrückt haben. Erwarten Sie also bitte nicht von mir, daß ich bezüglich der Frage, ob man dem Kind Einschränkungen auferlegen soll oder nicht, genauso unbestimmt antworte. Das kann ich nicht. Falls Sie mir jedoch sagen könnten, was für ein Mensch aus Ihrem Kind werden soll, könnte ich Ihnen, glaube ich, ein wenig helfen herauszufinden, welche Erziehungsmittel überhaupt nicht in Frage kommen, welche Verhaltensweisen vielleicht eher zu der Art von Kind führen könnten, die Sie sich wünschen, und welche Erziehungsmittel zu etwas führen, was dazwischen liegt. Zuvor müssen Sie sich jedoch selber die Frage beantworten – und zwar nicht vage, sondern ziemlich bestimmt –, was für ein Kind Sie haben möchten. Sie müssen nicht mit dem, was ich sage, einverstanden sein, aber wenn Sie es nicht richtig finden, müssen Sie das sagen.

Vater: Ich finde es schon richtig. Allerdings: so wie Sie es sagen, läuft es darauf hinaus, daß ich noch nicht genügend geklärt habe, was für ein Kind ich möchte.

Dr. B.: Richtig. Aber kann man die Frage, ob Einschränkungen oder nicht, unabhängig davon entscheiden? Das ist es, was ich Ihnen klarzumachen versuche. Denn die Frage, wann man dem Kind Einschränkungen auferlegt – wann man gewisse Erziehungsmittel anwendet und wann nicht –, ist ein ganz entscheidendes Problem der Erziehung. Ich meine aber, daß es davon abhängt, was für ein Kind Sie möchten, denn das ist genau der Punkt, an dem die Eltern tatsächlich etwas verändern können. Am Aussehen können sie sehr wenig ändern. An der angeborenen Intelligenz oder einer sonstigen natürlichen Begabung können sie sehr wenig ändern. Die Erziehung ist das einzige, wodurch die Eltern das, was von Natur gegeben ist, verändern – oder sagen wir lieber: beeinflussen – können.

Vater: Ich glaube, ich muß mir die Frage noch einmal in diesem Sinne durch den Kopf gehen lassen. Das heißt, Sie haben eine Frage aufgeworfen. Im Grunde eine kulturell-politische Frage, vielleicht auch eine ökonomische, bezüglich Hitler und Stalin.

Dr. B.: Da habe ich ein übertriebenes und ausgefallenes Beispiel gewählt, um Ihnen deutlich zu zeigen, daß Ihre Äußerung in ihrer allgemeinen Form nicht sehr sinnvoll ist.

Vater: Ich habe das so aufgefaßt, daß unsere Gesellschaft sich in ihrem heutigen Zustand durchaus behaupten kann, und zwar aufgrund ihrer Gesetze oder wie man es sonst nennen will.

Dr. B.: Wissen Sie, wieviel Prozent der Bürger noch nie das Gesetz übertreten haben?

Vater: Nein, ich weiß es nicht.

Dr. B. Es sind sehr wenige.

Vater: Dann geht also der Zwang völlig von der Gesellschaft aus. Ist damit bewiesen, daß der Zwang von den Gesetzen ausgeht? Oder ist es ihre eigene Moral, was die Leute zurückhält? Was ist es?

Dr. B.: Ich weiß es nicht. Man kann, glaube ich, durchaus behaupten, daß von den Gesetzen ein hemmender Einfluß ausgeht, wenn auch einige über das Gesetz straucheln, wie Sie wissen. Aber im großen und ganzen wird ein Gesetz nur dann befolgt, wenn die öffentliche Meinung dieses Gesetz akzeptiert. Wenn die öffentliche Meinung dagegen ist, wird das Gesetz nicht befolgt. Der hemmende Einfluß geht demnach nicht von dem Gesetz, sondern von der Haltung der Allgemeinheit aus. Ich kann also umgekehrt sagen, daß Ihr Sohn oder Ihre Tochter bald zu dieser Allgemeinheit gehören werden und dann nicht nur den gesetzlichen Einschränkungen unterliegen, sondern auch darüber mitentscheiden werden, welche Gesetze befolgt, welche verändert, welche nicht beachtet werden sollten und so weiter.

Vater: Diese Einschränkungen bestehen jedenfalls. Ich nehme an, daß die Einschränkungen, denen das Kind in seiner sozialen Entwicklung unterliegt, von der allgemeinen Auffassung abhängen. Die öffentliche Meinung ist also durchaus wirksam.

Dr. B.: Das stimmt. Aber . . . möchten Sie ein Kind, das von der öffentlichen Meinung gelenkt wird?

Vater: Ach . . . darunter kann ich mir leider nichts Genaues vorstellen.

Dr. B.: Nun, dann kann ich Ihnen nicht helfen. Ich möchte Ihnen nur bewußt machen, daß alle Erziehungsmittel, die Sie anwenden, ihre Wirkung auf das Kind haben werden. Je radikaler sie sind, desto radikaler werden im guten wie im bösen die Wirkungen sein. Das heißt nicht unbedingt, daß sie in der von Ihnen gewünschten Richtung wirken werden, denn gewisse Kräfte rufen bekanntlich Gegenkräfte hervor. Im großen und ganzen meine ich aber, es wäre das beste, wenn Sie sich dieses Problem zunächst einmal durch den Kopf gehen ließen.

Vater: Ich möchte eine ganz extreme Frage stellen. Halten Sie es für positiv, wenn die Eltern überhaupt keinen Zwang ausüben?

Dr. B.: Entschuldigung . . . was ist Ihr Spezialgebiet?

Vater: Ich arbeite in der Bakteriologie.

Dr. B.: In der Bakteriologie würden Sie – entschuldigen Sie – niemals eine so dumme Frage stellen. Schauen Sie! Wenn ich die Frage an Sie richte, werden Sie sofort einsehen, daß Sie die Sache mit sehr viel mehr Verstand anpacken würden, wenn es darum ginge, ein bakteriologisches Experiment aufzubauen.

Vater: Ich denke dabei bloß an Verhaltensweisen und Einstellungen, die ich beobachtet habe. Und es erscheint mir genauso dumm, wenn ich sehe . . . obwohl . . . vielleicht hat es doch einen gewissen Sinn, keinen Zwang anzuwenden . . .

Dr. B.: Was meinen Sie, mit »keinen Zwang«? Wenn es um Bakterien ginge, würden Sie nicht so reden, als ob sie im Nirgendwo existieren. Ihnen wäre sofort klar, daß Bakterien in einem bestimmten Rahmen, in einer bestimmten Umwelt existieren. Daß es gerade auf diese Bedingungen ankommt, zum Beispiel die Temperatur. Bei einer bestimmten Temperatur vermehren sie sich, bei einer anderen nicht. Aber von Ihrem Kind sprechen Sie so, als würde es in einem Vakuum aufwachsen. Für das Kind sind bestimmte Dinge gegeben, so wie im

160

Labor bestimmte Bedingungen gegeben sind. Sie reden zum Beispiel mit dem Kind. Allein die Tatsache, daß Sie mit ihm reden und nicht stumm sind, übt bereits einen gewissen Einfluß auf das Kind aus – oder nicht? Also: Was verstehen Sie unter Zwang?

Vater: Gewisse Variablen können doch beeinflußt werden, je nachdem, wieviel man mit dem Kind spricht, wie oft man zu ihm »Nein« sagt und wie oft man »Ja« sagt.

Dr. B.: Und wie oft man sowohl das »Ja« als auch das »Nein« umgeht, denn das gehört auch dazu.

Vater: Ja, das sind die Variablen . . .

Dr. B.: Ist nun das »Nein« ein Zwang in Ihrem Sinne?

Vater: Ja, das heißt, es ist ein negativer Zwang.

Dr. B.: Gut. Aber ist nicht das »Ja« auch ein Zwang? Ist es nicht, allerdings in der entgegengesetzten Richtung, auch eine Form von Zwang, vielleicht eine etwas subtilere?

Vater: Möglich. Weil es den Wünschen der Eltern entspricht.

Dr. B.: Natürlich! Sie sehen also, Sie üben dauernd Einfluß aus. Kommen wir jetzt auf Ihr Kind zurück. Als Sie Ihre Frage äußerten, hatten Sie dabei etwas Bestimmtes im Sinne. Warum taucht das in Ihrer Frage nicht auf? Sie dachten an eine bestimmte Form von Zwang, an eine bestimmte Situation, in der das Kind nach Ihrer Ansicht eingeschränkt werden sollte. Sonst hätten Sie überhaupt nicht gefragt.

Vater: Tatsächlich habe ich an etwas Bestimmtes dabei gedacht.

Dr. B.: Na also. Warum fragen Sie nicht danach!

Vater: Ach, wir haben uns ganz allgemein Gedanken darüber gemacht und darüber gesprochen, was unsere Einstellung gegenüber dem Kind betrifft.

Dr. B.: Sprechen Sie doch nicht von diesen Dingen im allge–meinen. Das führt zu nichts. Es gibt schließlich keine allgemeinen Bakterien, oder? Warum also wenden Sie nicht die gleiche spezifische Denkweise, die Sie auf Ihrem Fachgebiet erlernt haben, auf das Problem der Kindererziehung an? In diesem Bereich gibt es keine allgemeinen Probleme, sowenig wie es allgemeine Probleme auf dem Gebiet der Bakterien gibt, habe ich recht? Und wenn jemand über Bakterien im allgemeinen sprechen würde, würden Sie ihn nicht für ganz verrückt halten?

Vater: Ja.

Dr. B.: Das habe ich gemeint . . . daß Sie in Ihrem eigenen Spezialbereich eine solche Frage niemals stellen würden.

Vater: Aber . . . ich würde eine solche Frage von jemand erwarten, der nicht vom Fach ist!

Dr. B.: Ach! . . . Nun . . . Sie möchten, daß ich eine solche Frage von Ihnen erwarte? Gut, ich erwarte sie von Ihnen.

Vater: Ich habe keine speziellen Fragen zu stellen, weil ich mit den Einzelheiten des Faches nicht vertraut bin.

Dr. B.: In Ordnung. Allerdings kann ich nur Einzelfragen beantworten.

Vater: Sie haben es angedeutet. Ich glaube, ich muß mich mit dem Gebiet der Kindererziehung vertraut machen. Letzten Endes muß ja das Problem geklärt werden, mehr nicht.

Dr. B.: Das ist ganz meine Meinung.

2. Überlegen Sie, was Sie wollen!

Vater: Ich weiß nicht, ob . . . es kann sein, daß sich hier ein Problem entwickelt, es kann aber auch nicht sein. Wir haben eine Tochter von sechs Monaten und einen Sohn, der fünfzehn Monate ist. Das ist wirklich nicht weit auseinander. Und die Kleine fürchtet sich sehr vor Fremden.

Dr. B.: Seit wann fürchtet sie sich vor ihnen?

Vater: Wir haben es erst in den letzten drei oder vier Wochen bemerkt. Mir fiel es auf, weil . . . ich weiß, daß Kinder so eine Zeit haben, in der sie mißtrauisch gegenüber anderen werden. Allerdings ist unser Sohn nie mißtrauisch gewesen und ist es auch jetzt nicht. Er ist freundlich. Ich weiß wohl, daß es für beide dieselbe Umgebung ist, daß aber die Situation anders ist, denn zu jedem Kind verhält man sich anders. Ich habe mich bloß gefragt, ob dieses Mißtrauen bei ihr nicht ein bißchen früh auftritt.

Dr. B.: Ja, es ist ein bißchen früh. Wenn es allerdings keine anderen Gefahrensignale gibt, würde ich einfach davon ausgehen, daß das Kind ein Frühentwickler ist.

Vater: Ja, sie ist ein ziemlich empfindliches Kind. Ich weiß nicht; manchmal wird sie ziemlich böse auf einen, wenn gar nichts ist. Könnte das nicht ein Gefahrensignal sein? Ich weiß nicht. Wie gesagt, ich weiß nicht einmal, ob es tatsächlich ein Problem ist. Wir hatten vor, wenn das Wetter ein bißchen besser wird, mehr mit ihr auszugehen. Mit dem Jungen sind wir ausgegangen, als er erst drei oder vier Monate alt war, aber mit ihr noch nicht.

Dr. B.: Warum?

Vater: Es war wirklich schwer, mit den beiden auszugehen. Allerdings haben wir immer Besuch bei uns.

Mutter: Aber es sind immer dieselben Besucher!

Vater: Es hat sich erst vor kurzem gezeigt. Jetzt ist sie mißtrauisch gegenüber diesen Leuten, aber vorher nie. Allerdings ist sie sehr empfindlich, stimmt's?

Mutter: Ja.

Vater: Manchmal wird sie böse, wenn man sie bloß falsch anguckt. Ja, das kann man wohl sagen.

Dr. B.: Manche Kinder sind eben empfindlicher.

Vater: Glauben Sie, wenn wir mit ihr viel ausgehen, daß wir ihre Furcht überwinden werden? Oder wird alles nur noch schlimmer dadurch? Ich weiß es nicht, . . .

Dr. B.: Sprechen Sie weiter! Ich höre zu.

Vater: Ich bin fast . . . ich wollte sagen, ich bin fast am Ende meines Lateins, aber das stimmt nicht. Ich habe gerade erst angefangen zu begreifen.

Dr. B.: Sie haben noch nicht einmal angefangen!

Vater: Aber jetzt, wo wir darüber reden, widerstrebt es mir, ein Problem darin zu sehen. Ich frage mich nur . . .

Dr. B.: Es ist schon ein Problem, aber, wie ich glaube, ist es Ihr Problem, denn Sie müssen entscheiden, ob Sie Ihr Kind den fremden Besuchern aussetzen sollen oder nicht. Akzeptieren Sie den Wunsch Ihrer Tochter, keine Besucher um sich zu haben, oder glauben Sie, das ist etwas, was das Kind durchstehen muß?

Mutter: Ganz sicher muß sie das durchstehen!

Dr. B.: Weshalb sagen Sie das?

Mutter: Ich finde es wichtig, ein freundlicher, angenehmer Mensch zu sein.

Dr. B.: Wieso ist das wichtig?

Mutter: Ich persönlich mag solche Menschen.

Dr. B.: Gut. Sie sagen also im Grunde: »Ich möchte, daß mein Kind ein Mensch von der Art ist, wie ich sie mag.«

Mutter: Ja, ja, ich glaube, das ist ungefähr,was ich meine.

Dr. B.: Wenn nun jemand zu Ihnen sagen würde, daß Ihre Tochter sich Ihrem Wunsch zu fügen hat – würden Sie dem ganz und gar zustimmen?

Mutter: Nein, in dieser Form stimmt es nicht.

Dr. B.: Gut. Hören wir einmal, was dafür und was dagegen spricht.

Vater: Man kann doch nicht erwarten, daß jeder so ist wie man selbst.

Dr. B.: Ihre Frau hat ja nicht gesagt, daß sie selbst ein solcher Mensch ist. Sie hat nur gesagt, daß sie es gern hätte, wenn ihr Kind so wäre. Wir dürfen also keine voreiligen Schlüsse ziehen. Es kann sein, daß sie so wird, es kann aber auch anders sein, und bis jetzt haben wir noch keine Anhaltspunkte dafür.

Vater: Muß man sich darüber jetzt schon Gedanken machen? Ist das Kind dafür nicht ein bißchen zu klein?

Dr. B.: Ich weiß es nicht. Ich sage nicht, daß Sie sich darüber Gedanken machen müssen. Ich kann Ihnen lediglich eine bestimmte Betrachtungsweise aufzeigen. Allerdings muß Ihnen vollkommen klar sein: Wenn Sie sich diese Betrachtungsweise zu eigen machen, werden Sie auf einen Haufen Probleme stoßen. Ich kann nicht mehr tun, als Sie für die Schwierigkeiten zu sensibilisieren; ich kann nicht vorhersagen, was für Schwierigkeiten das sein werden. Und ich kann Ihnen auch nicht sagen, wie Sie sie lösen müssen, denn ich weiß es nicht. Ich kann Ihnen lediglich helfen, die Augen offenzuhalten und nichts zu übersehen.

Die Kinder, die so schwer gestört sind, daß sie schließlich an der Orthogenischen Schule landen, sind in der Regel nicht so weit gekommen, weil ihre Eltern bewußt etwas falsch gemacht haben. Ich glaube, man kann lange nach Eltern suchen, die ihrem Kind bewußt schaden wollen. Sie haben einfach gewisse

Dinge übersehen, sie konnten sie nicht erkennen, einfach, weil »es überhaupt kein Problem war«.

Wenn ich Ihnen auf meine Weise helfen möchte, es besser zu machen, kann ich nur versuchen, Ihnen beizubringen, wie Sie ein Problem erkennen können, welche Überlegungen Sie dazu anstellen müssen, aber ich kann Ihnen nicht sagen, was Sie tun sollen. Das möchte allerdings jeder gern hören, denn es ist so einfach. Anschließend kann man dann natürlich die ganze Schuld auf mich schieben, und das ist ebenfalls bequem.

[Hier wurde der Vater schweigsam, und jemand anders begann davon zu sprechen, daß er sich über sein Kind ärgerte. Erst nach ungefähr einer Stunde war der Vater wieder bereit, sich wie folgt zu äußern.]

Vater: Können wir noch einmal auf das vorhin besprochene Problem zurückkommen?

Dr. B.: Natürlich! Eigentlich haben wir es ja nicht verlassen.

Vater: Gut, dann möchte ich Sie etwas fragen, aber ich zögere, weil Sie keine Fragen mögen, und . . .

Dr. B.: Nein, nein! Das habe ich nie gesagt.

Vater: Ich weiß. Ich meine, Sie mögen keine Fragen, auf die Sie eine Antwort geben müssen. Ich bemühe mich, die Antwort selber zu finden.

Dr. B.: Dann sind Sie auf dem richtigen Wege, mein Freund.

Vater: Wenn wir davon sprechen, daß man sich über ein Kind ärgert, muß ich sagen, daß ich mich über meine Tochter geärgert habe . . . Ich habe mich sogar mehr geärgert, als ich eigentlich dürfte. Ich war richtig wütend deshalb. Ich glaube sogar, daß ich ein bißchen verstimmt war über sie.

Dr. B.: Nein! Jetzt fangen Sie schon wieder an, ein bißchen an den Tatsachen vorbeizugehen. Wenn Sie nämlich wirklich wütend waren, müssen Sie mehr als nur ein bißchen verstimmt gewesen sein. Machen Sie sich nicht selber schlecht; Sie sind ein netter Mensch. Wenn Sie nur ein bißchen verstimmt gewesen wären, hätten Sie gar nichts getan. Habe ich recht?

Vater: Vielleicht war ich auch sehr verstimmt. Wenn ich mir noch einmal überlege, woran es liegen kann, daß meine Tochter fremdelt . . . Was ich fragen wollte: Kennt man die Gründe, weshalb Kinder eine solche Zeit des Mißtrauens durchmachen?

Wenn ich das wüßte, könnte ich mir überlegen, ob ich nicht selber den Anlaß dazu gegeben habe. Vielleicht bin ich zu schnell vorgegangen, und vielleicht ist es nicht normal.

Dr. B.: Wenn ich Ihnen darauf antworten würde, dann würde Ihnen genau dasselbe passieren wie denen, die medizinische Bücher lesen: plötzlich entdecken sie an sich sämtliche Symptome. Und wenn ich Ihnen die Gründe nenne, aus denen ein Kind möglicherweise ängstlich gegenüber anderen wird ... Ich könnte sie nicht alle aufzählen, doch dreißig könnte ich Ihnen vielleicht nennen. Sie würden überzeugt sein, all die dreißig Fehler zu machen, und Sie würden vorzeitg graue Haare bekommen. Das bringt uns nichts. Nein! Sie müssen selber darauf kommen, was das im einzelnen für Gründe waren; ich werde Ihnen nicht irgendwelche beliebigen Gründe nennen. Wir sind doch hier zusammen, weil es uns um die Einzelheiten geht – den einen Grund, vielleicht auch die zwei oder drei Dinge, die Ihr Kind mißtrauisch machen. Verstehen Sie, worum es mir geht? Wenn wir anfangen, all die Symptome an uns festzustellen und all die Medikamente für all die Symptome zu kaufen, werden wir uns selber umbringen.

Vater: Gut, machen wir also weiter. Ist vielleicht einer der Gründe, daß wir sie stärker vernachlässigt haben und deswegen einen kleinen Schuldkomplex haben? Als sie nämlich noch kleiner war, konnte der Junge schon gehen, und er fing an zu sprechen, während sie noch in dem Alter war, wo sie nur schreien, essen und schlafen konnte, und deshalb haben wir sie eigentlich nicht besonders beachtet. Nicht einmal die Großeltern oder sonst jemand hat sie anfangs besonders beachtet.

Dr. B.: Wollen Sie damit sagen, daß Sie sie die ganze Zeit schreien lassen?

Vater: O nein! Wir haben sie nicht schreien lassen!

Mutter: Für ihre körperlichen Bedürfnisse haben wir gesorgt.

Vater: Für ihre körperlichen Bedürfnisse wurde immer gesorgt.

Dr. B.: Gut. Wenn während der ersten vier Lebensmonate für sämtliche körperlichen Bedürfnisse des Kindes angemessen gesorgt wird, ist das wahrscheinlich alles, was das Neugeborene braucht; ich sage jedoch: angemessen, mit allem, was das in sich schließt.

Vater: Dann glaube ich nicht, daß das zu den zwei oder drei Dingen gehört, auf denen das Problem beruht. Denn für alle ihre körperlichen Bedürfnisse wurde gesorgt, möglicherweise mehr als das. Da das Körperliche und das Seelische so eng zusammenhängt . . . Zum Füttern haben wir sie auf den Arm genommen. Ach, da fällt mir ein, vielleicht ist das der Grund! Seit einiger Zeit nehmen wir sie zum Füttern nicht mehr hoch.

Dr. B.: Warum?

Vater: Weil sie als Säugling, praktisch von Anfang an, die Flasche nicht richtig angenommen hat. Sie war viel zu interessiert an allem, was rundherum vorging. Und je älter sie wurde, vier, fünf, sechs Wochen, um so mehr konnte sie sehen, und um so mehr hat sie einen beobachtet, statt zu essen. Außerdem war es ein Problem, morgens gleichzeitig zwei Kinder zu füttern, oder doch fast gleichzeitig. Wir haben deshalb den Flaschenhalter genommen; anfangs war ich dagegen, aber jetzt möchte ich nicht auf ihn verzichten.

Dr. B.: Weshalb nicht?

Vater: Weil es sehr einfach ist.

Dr. B.: Für wen?

Vater: Für die Eltern.

Mutter: Augenblick mal. Das mag ja sein. Aber ich habe auch viele Male versucht, sie hochzunehmen und ihr selber die Flasche zu geben, und dann hat das Füttern wohl eine Stunde oder anderthalb Stunden gedauert. Wenn ich jedoch die Flasche in den Flaschenhalter tue und niemand sie stört, nimmt sie die Flasche sehr schön und sehr ruhig. Ab und zu gehe ich hin und lasse sie ihr Bäuerchen machen, und dann gebe ich ihr wieder die Flasche, und alles ist in Ordnung. Wenn ich ihr die Flasche selber gebe, achtet sie nicht darauf, ob sie ißt oder nicht. Sie hat von Anfang an keinen großen Hunger gehabt, und es ist immer schwer gewesen, sie zu füttern.

Vater: Deshalb bin ich immer wütend auf sie geworden. Einen richtigen Zorn habe ich gekriegt.

Dr. B.: Warum?

Vater: Weil es früh am Morgen war und ich nicht wollte, daß sie mir die Zeit stiehlt. Ich sage, wie es ist. Der Junge hat nämlich gern gegessen und hatte Hunger, und ich dachte, ich müßte mich um ihn kümmern. Ich hatte eine besondere Vorliebe für ihn, oder doch eine ziemliche Vorliebe. Ich versuche nicht, die Gründe zu verbergen; ich versuche, sie herauszufinden, und wenn es die Wahrheit ist, dann soll es heraus.

Dr. B.: Ich finde es richtig, daß Sie sich das überlegen, und ich höre Ihnen weiter zu.

Vater: Ich habe also nach den Gründen geforscht, und ich glaube, sie sind ziemlich klar. Aber ich überlege immer noch, welche Fehler wir im einzelnen gemacht haben. Sie ist ja erst sechs Monate alt. Und Sie sagen ja, daß es bis zu vier Monaten eigentlich nur um Essen und Schlafen geht. In den letzten zwei Monaten hat sie viel Zuwendung bekommen, viel mehr als vorher. Sie gehört jetzt richtig zur Familie. Wo liegt . . . Wo haben wir versagt, sofern wir versagt haben? Ich weiß es nicht. Eigentlich weiß ich nicht, ob es ein Problem ist.

Dr. B.: Ich weiß auch nicht, ob es ein Problem ist. Ich weiß nur, daß Sie einerseits sagen: »Ich möchte, daß mein Kind nett zu den Leuten ist, daß es Gesellschaft mag und genießt . . .«

Vater: Das hat ihre Mutter gesagt, nicht ich.

Dr. B.: Richtig, das hat ihre Mutter gesagt. Andererseits sagen Sie: »Wenn ich es vermeiden kann, bei ihr zu sein, und sie nimmt die Flasche ganz von alleine, dann ist mir das lieber.« Wenn Sie beides zusammen sehen, paßt das nach Ihrer Ansicht zueinander? Besteht da nicht eine Diskrepanz, ein Widerspruch?

Mutter: Ich glaube, da ist noch etwas, was man leicht übersieht, und zwar, daß Mutter und Vater nicht mehr tun können, als sich um ihre Kinder zu kümmern.

Dr. B.: Da bin ich nicht sicher. Väter müssen sich auch darum kümmern, Geld zu verdienen.

Mutter: Das ist es ja! Manchmal braucht man die Zeit für andere Dinge.

Dr. B.: Mir ist nur allzu klar, daß er Geld verdienen muß. Ich versteh' bloß nicht, warum Sie sich deswegen so aufregen. Habe ich denn gesagt, daß . . .

Mutter: Nein, aber Sie sprachen davon, daß man möglichst

vermeidet, sich mit dem Kind zu beschäftigen.

Dr. B.: Ich habe nicht behauptet, daß das Ihr einziger Wunsch ist. Ich sagte, daß die beiden Wünsche nicht zueinander passen. Und vorher habe ich Ihnen erklärt, daß ich Ihnen nicht sagen kann, was für ein Kind Sie sich wünschen sollten. Ich kann nicht mehr tun, als Ihnen bewußt zu machen, ob das, was Sie tun, wirklich dazu beiträgt, ein solches Kind hervorzubringen, wie Sie es sich angeblich wünschen. Nun habe ich den Eindruck, daß einige Ihrer Methoden Ihren Wünschen widersprechen, und insofern scheinen Sie sich Ihre Entscheidungen nicht richtig überlegt zu haben.

Mutter: Fest steht jedenfalls, daß sie genauso viel Zuwendung erhalten hat wie er. Aber wenn in einer Familie praktisch zwei Babies sind – er ist eigentlich noch genauso ein Baby wie sie, und für seine Mahlzeiten brauche ich genauso viel Zeit wie für ihre –, kann ich ihm nicht einfach sein Essen geben und weggehen. Und es ist sehr schwierig, wenn sie beide zur gleichen Zeit essen müssen.

Dr. B.: Wieso müssen sie zur gleichen Zeit essen?

Mutter: Beide bekommen drei Mahlzeiten am Tag, und sie noch eine Flasche zusätzlich. Wenn ich unsere Tochter um acht füttern würde, und unsern Sohn um neun, und das den ganzen Tag über, wäre ich ja nur noch mit dem Essen beschäftigt. Und um es ganz offen zu sagen: Ich gehöre nicht zu denjenigen, die den ganzen Tag mit Füttern verbringen können, ohne jemals Zeit für etwas anderes zu haben. Dabei würde ich ganz unglücklich, und ich glaube nicht, daß ich meinen Kindern damit einen Gefallen täte.

Dr. B.: Sie sagen also: »Seien wir ehrlich: ob sie es nun mögen oder nicht, ich werde meine Kinder so füttern, wie es mir gefällt, sonst schaffe ich es nicht«, und das ist eine vollkommen richtige und ehrliche Aussage, nur haben Sie sie nicht gemacht. Sie haben sich abwehrend dazu geäußert. Offensichtlich sind Sie also überzeugt, daß da etwas nicht stimmt. Ich sage nicht, daß etwas nicht stimmt; ich sage nur, daß Sie davon überzeugt sind.

Wenn Sie sagen würden: »Ich nehme es in Kauf, wenn mein Kind ein bißchen leidet, aber so möchte ich mir eben mein

Leben und das meiner Kinder einrichten, und es wäre gut, wenn sie sich darauf einstellen würden, auch wenn sie darunter ein bißchen leiden müssen«, so wäre das ein durchaus richtiger und vertretbarer Standpunkt. Dann müßten Sie aber auch akzeptieren können, daß Ihre Kinder, nachdem Sie sie gezwungen haben, sich Ihren Auffassungen zu unterwerfen, gegenüber anderen mißtrauisch werden.

Mutter: So hat das mit dem Flaschenhalter ja nicht angefangen. Ab und zu mußte ich ihn einfach benutzen. Zur Gewohnheit ist es erst geworden, nachdem ich erkannt hatte, daß das Füttern mit dem Flaschenhalter sehr viel besser ging und daß sie mehr Milch trank, als wenn ich sie auf den Arm nahm und selbst fütterte.

Dr. B.: Wieso? Hat das Kind Untergewicht?

Mutter: Ach, mein Kinderarzt war mit der Menge, die sie zu sich nahm, nicht zufrieden. Er war entschieden dafür, ihr feste Nahrung zu geben. Und er wollte sichergehen, daß sie genug zu sich nimmt.

Dr. B.: Gut, dann möchte ich Sie etwas fragen. Wenn Sie nette Gesellschaft um sich haben und Ihr Essen genießen und dabei ein angenehmes Gespräch führen – dauert es dann kürzer oder länger?

Vater: Länger.

Dr. B.: Was meinen Sie, warum braucht das Kind dann länger aus der Flasche zu trinken, wenn Sie dabei sind?

Mutter: Augenblick mal. Ich möchte noch ein bißchen bei dieser Frage bleiben. Er ist ganz entschieden der Ansicht, daß das Füttern mit der Flasche nicht länger als eine halbe Stunde dauern soll.

Dr. B.: Wer?

Mutter: Mein Kinderarzt.

Dr. B.: Ich verstehe nicht, wie er dazu kommt.

Mutter: Das ist jedenfalls seine Ansicht. Er sagt, wenn man einem Kleinkind stundenlang die Flasche läßt, wird das zur Gewohnheit. Und schließlich glauben sie, eine Flasche sei etwas zum Spielen.

Dr. B.: Stimmt das denn nicht? Ich kenne einige ziemlich erwachsene Leute, die immer noch mit der Flasche spielen.

Mutter: Von ihm haben wir es jedenfalls zuerst gehört.

Dr. B.: Hören Sie! Wenn Sie den Vorschriften Ihres Kinderarztes über Kindererziehung folgen möchten, dann habe ich nichts dagegen. Aber dann fragen Sie mich nicht um Rat.

Mutter: Jetzt ist es doch zu spät. Die Zeit ist vorbei, wo ich mir Gedanken darüber machen mußte, ob es eine halbe Stunde dauert oder zehn Minuten. Dafür ist sie schon zu alt. Es fing ja schon an, als sie eine Woche oder zwei Wochen alt war.

Dr. B.: Das interessiert mich nicht. Mich interessiert nur, was jetzt ist. Auf der einen Seite sagen Sie, daß Sie möchten, daß Ihr Kind fröhlich ist und gern Gesellschaft hat. Und auf der anderen Seite sagen Sie selbst, daß Sie mit viel mehr Spaß essen, wenn es länger dauert und Sie Gesellschaft haben. Sie müssen sich doch entscheiden, was für ein Kind Sie möchten, und Sie müssen sich die Zeit dafür nehmen. Um das Kind so hinzukriegen, wie man es möchte, muß man sich Mühe geben und viel Zeit aufwenden.

Mutter: Aber was passiert dann mit dem anderen Kind, wenn ich ihr gestatte, daß das Füttern ewig dauert?

Dr. B.: Dauert es wirklich ewig, oder dauert es vielleicht eine Dreiviertelstunde?

Mutter: Oh, ich glaube, so lange dauert es ungefähr.

Dr. B.: Warum übertreiben Sie dann, und sagen ewig?

Mutter: Also, eine Dreiviertelstunde, viermal am Tag . . .

Dr. B.: Na und? Der Tag hat viele Stunden. Was soll das Kind mit sechs Monaten anderes tun als essen? Das ist doch seine einzige Beschäftigung.

Vater: Habe ich recht mit der Annahme, daß Sie, obwohl Sie sagten, der Zweck dieser Gruppe sei nicht, Antworten zu geben, jetzt bezüglich des Fütterns eine Empfehlung aussprechen? Oh . . . das soll keine Empfehlung sein? . . . Okay . . .

Dr. B.: Überlegen Sie, was Sie wollen! Überlegen Sie, was für eine Beziehung Sie zu Ihrem Kind haben möchten. Und nachdem Sie das für sich vollkommen geklärt haben und Ihre Frau es für sich geklärt hat, sollten Sie gemeinsam prüfen, welche Unterschiede zwischen Ihren Ansichten bestehen. Ich bin sicher, daß Sie auf Unterschiede stoßen werden, wenn Sie ehrlich mit sich selbst und miteinander sind. Diese Unterschiede müssen Sie klären. Schließlich werden Sie sich in Ihren Ansichten einig werden. Daraufhin werden Sie sich überlegen müssen, ob es nicht gewisse Opfer von Ihnen und Ihrer Frau fordert, wenn das Kind so werden soll, wie es Ihnen vorschwebt. Sie müssen sich dann überlegen, ob es sich lohnt, ein solches Opfer zu bringen, damit das Kind so wird, wie Sie es haben möchten. Nachdem Sie das alles sorgfältig geprüft und ein bißchen Seelenerforschung getrieben haben, wird Ihnen viel klarer sein als jetzt, was Sie tun müssen. Ich sage nicht, daß Sie dann die richtige Lösung gefunden haben, aber Sie werden auf dem Wege dahin sein.

Mutter: Trotzdem möchte ich noch einen Punkt klären. Mit meinem Verhältnis zu ihr und ihrem Verhältnis zu mir bin ich eigentlich ganz zufrieden. Was uns Sorgen macht, ist bloß ihre Beziehung zu anderen Leuten.

Dr. B.: Ich glaube nicht, daß ein Kind, das ständig mit dem Flaschenhalter gefüttert wird, es sehr leicht haben wird, vernünftige Beziehungen zu anderen Menschen herzustellen. Es kann sicher ein sehr erfolgreicher Mensch werden; es kann ein sehr intelligenter Mensch werden. Es braucht kein übles Kind zu werden, und auch kein Problemkind, denn man kann sein Leben ja auf sehr verschiedene Art leben. Es gibt Menschen, die sich verschließen, »lone wolves«, Einzelgänger, wie man sagt, die aber im übrigen sehr erfolgreiche Mitbürger sind. Sie verstehen, was ich meine? Die sozialen Beziehungen allerdings werden sehr früh in der Kindheit festgelegt, und soweit man weiß, sind sie es, was das Kind am meisten genießt.

Nun sagen Sie, daß Ihr Kinderarzt verhindern möchte, daß sich schlechte Gewohnheiten entwickeln. Die Gewohnheiten oder die Neigungen eines Menschen werden ja sehr früh in seinem Leben festgelegt. Ob jemand dazu neigt, sein Essen und die Gesellschaft von Mitmenschen zu genießen, oder ob er dazu neigt, seine Mahlzeit einsam zu verzehren und ohne Gesellschaft auszukommen – beides läßt sich in früher Kindheit in ihm verankern. Wenn Sie jedoch in diesen ersten Monaten oder Jahren nicht viel Zeit für Ihr Kind haben oder nicht viel mit ihm anfangen können, dann wundern Sie sich nicht, wenn Ihr Kind später nicht viel Zeit für Sie hat oder mit Ihnen nicht viel anfangen kann, denn mit dieser Art von Beziehung haben Sie selber angefangen.

Nun begreife ich wohl, wie das in vielen Familien geschehen kann. Die Leute sind beschäftigt und haben wenig Zeit. Was soll man da machen? Dann sollten sie aber nicht erwarten, daß ihr Kind besonders gesellig ist. Wie man aus vielen berühmten Beispielen weiß, wurden so gesellige Menschen wie Churchill und Roosevelt sehr lange und sehr extensiv gefüttert; nicht unbedingt von der eigenen Mutter, sondern von dem Kindermädchen. Sie wurden zu sehr optimistischen Menschen. Sie fanden Genuß am Essen und Trinken, sie fanden Genuß an der Gesellschaft, und sie haben sehr lange am Eßtisch gesessen, dabei geschwatzt und es sich gut gehen lassen.

Dann gibt es andere, emsige Menschen, die ihr Essen mehr oder weniger alleine hinunterschlingen; am Eßtisch sind sie nicht besonders gesellig, sie reden nicht viel, sind aber dennoch erfolgreiche Mitbürger. Ich sage nicht, daß Sie aus Ihrem Kind einen Asozialen machen. Dafür habe ich keine Anhaltspunkte. Es besteht aber eine Diskrepanz zwischen dem, was Sie nach Ihren Äußerungen beziehungsweise nach den Äußerungen Ihrer Frau für ein Kind möchten, und Ihren Verhaltensweisen, durch die Sie bestimmte Gewohnheiten bei Ihrem Kind entwickeln. Was Sie nun unternehmen, liegt ganz bei Ihnen beiden.

Vater: Ich glaube, wir werden etwas ändern.

Dr. B.: Ja, aber Ihre Frau glaubt, daß sie das zeitlich belasten könnte. Wenn wir ehrlich sind, fällt es Ihnen ja nicht schwer, Ihrer Frau zu sagen, daß sie etwas ändern muß. Sie gehen am Morgen weg, kümmern sich um Ihren Beruf oder um Ihr Geschäft, und dann kommen Sie am Abend nach Hause und erwarten, daß sie alles erledigt hat. Ich meine, Sie müssen es ein bißchen realistisch sehen, wie man es auch von mir verlangt hat. Der Mann kann sehr leicht sagen: »Du mußt sie füttern, und du mußt sie herumtragen, und du mußt jeden Tag viele Stunden mit ihr spielen.« Aber wenn Sie dann nach Hause kommen, möchten Sie ein vernünftiges Essen pünktlich auf dem Tisch haben, die Wohnung soll schön aufgeräumt sein, und »Warum sind meine Sachen nicht weggeräumt?« und »Muß ich, kaum daß ich zu Hause bin, schon in der Wohnung herummachen?«

Aber das geht einfach nicht.

Vater: Also ich bin jetzt ziemlich sicher. Ich habe es mir während unseres Gesprächs überlegt, und es ist doch so, daß sie bei anderen Gelegenheiten eine ganze Menge Zuwendung bekommt. Nur beim Füttern, da ist sie einsam und allein, wie Sie sagen. Ich denke, wir werden das ändern.

Dr. B.: Ich möchte Sie warnen, es nicht von einem Tag zum anderen zu ändern, denn inzwischen hat sich eine feste Gewohnheit herausgebildet. Es ist vielleicht keine gute Gewohnheit, aber Sie haben sie geschaffen, und Sie können nicht von dem Kind erwarten, daß es sich von einem Tag zum anderen ändert. Sie verstehen, was ich meine? Wir können nicht das Leben des Kindes auf den Kopf stellen, bloß weil wir hier ein Gespräch geführt haben. Damit würden Sie den bisherigen Schaden nur noch vergrößern.

Gewiß, das Kleinkind ist sehr anpassungsfähig und sehr flexibel. Und wenn das bisherige System vielleicht auch nicht das beste war, so ist es doch das System, an das der Organismus sich unter großem Aufwand von Lebensenergie angepaßt hat. Die Menschen sind sehr flexibel; sie können in der Arktik und in den Tropen leben. Man darf sie aber nicht ohne Zwischenaufenthalt hin- und herschieben. Verstehen Sie, um was es mir geht? Überstürzen Sie also nichts; machen Sie es langsam, in kleinen Schritten.

Wenn Sie jetzt von einem Tag auf den anderen ein neues System erzwingen wollen, wird das Kind es Ihnen nur noch mehr verübeln. Nehmen Sie sich bloß ein bißchen mehr Zeit für das Kind, hier und da einige Minuten. Gehen Sie zu ihr hinein und reden Sie mit ihr, oder lesen Sie ihr etwas vor, oder machen Sie irgendwelche Geräusche, wie es Ihnen beliebt. Seien Sie umgänglich mit ihr, und lassen Sie es allmählich ein bißchen mehr werden. Selbst wenn das Essen, wie ich vermute, darunter ein bißchen leiden wird. Denken Sie nicht, daß sie jetzt besser oder schneller essen wird – im Gegenteil – denn es ist ein neuer Lernprozeß. Sie haben ihr beigebracht, in der Isolation zu essen, und sie hat es gelernt. Jetzt möchten Sie ihr beibringen, in Gesellschaft zu essen. Das ist wiederum ein schwieriger Lernprozeß. Wenn Sie es überhaupt schaffen wollen, müssen

Sie in ganz kleinen Schritten vorgehen. Leuchtet Ihnen das ein?

Vater: Ja, das ist einleuchtend!

Dr. B.: Ich fürchte mich immer, den Leuten Ratschläge zu geben, bevor ich die Sache ganz mit ihnen durchgesprochen habe. Wenn Sie nämlich nach Hause gehen und genau das Gegenteil von dem tun, was zur Gewohnheit geworden ist, muß der Organismus natürlich dagegen revoltieren. Das gilt übrigens auch für den Fall, daß man gewohnt ist, das Kind anzuschreien oder seine Beherrschung zu verlieren. Wenn man das Kind ständig anschreit, ist das zwar nicht gut für das Kind, aber es gewöhnt sich daran. Wenn jemand, der gewöhnlich sanft mit dem Kind umgeht, plötzlich einen Wutausbruch bekommt, ist das für das Kind viel schwerer zu ertragen, weil es keine entsprechenden Gewohnheiten entwickelt hat. Sie verstehen mich?

Glauben Sie nicht, Sie hätten etwas Positives gesagt, wenn Sie sagen: »Meistens bin ich ja nett, und nur sehr selten verliere ich meine Beherrschung, aber dann wirklich.« Vielleicht ist es ja unvermeidbar, und schließlich sind Sie ein Mensch, und wir haben alle unsere Mängel und Schwächen. Sie müssen sich aber klarmachen, daß Sie mit Ihrer Freundlichkeit und Nettigkeit bestimmte Erwartungen wecken. Und ob es Ihnen gefällt oder nicht, Sie müssen versuchen, diesen Erwartungen gerecht zu werden.

Also: Wer möchte sich als nächster äußern?

3. Argumentieren – die langsame Methode

Mutter: Ich schäme mich ein bißchen, danach zu fragen, aber Sie sprachen letztes Mal davon, welchen Preis man zahlt, wenn man zu einem Kind »Nein« sagt, und ich weiß nicht genau, welchen Preis man nun wirklich zahlt, wenn man einem Kind sagt, es soll etwas nicht machen, oder wenn man es ohrfeigt. Können Sie mir das sagen?

Dr. B.: Gut . . . welchen Preis zahlt man wirklich? Zunächst möchte ich Ihnen sagen, daß Sie das Kind einem verhängnisvollen Irrtum ausliefern würden, wenn Sie nie »Nein« oder »Tu das nicht« zu ihm sagen würden. Sie müssen das sagen. Die Frage kann nur sein, wie oft. Es ist eine Frage, ob es sich lohnt, viel Mühe und Scharfsinn darauf zu verwenden, nur um nicht so häufig »Tu das nicht« sagen zu müssen. Ich glaube, daß man von uns vernünftigerweise nur dann erwarten kann, daß wir etwas tun, was uns Mühe bereitet, wenn wir begreifen, welchen Preis das Kind im Falle unserer Unterlassung zu zahlen hätte.

Eigentlich müssen wir ja unser ganzes Leben lang gerade solche Abwägungen und Entscheidungen treffen. In diesem Falle ist die Frage: welche Schwierigkeiten bin ich bereit hinzunehmen, um zu vermeiden, daß ich zu dem Kind »Nein« oder »Tu das nicht« sagen oder es ohrfeigen muß, wie es hier hieß. Was das Ohrfeigen betrifft, so wird es oft rasche Ergebnisse bringen, aber auf lange Sicht wird es Ihnen nichts nützen. Weshalb, darüber können wir auch reden. Der Grund ist ganz einfach, daß man sein Kind ohrfeigt, wenn man nicht mehr weiter weiß.

Mutter: Allerdings.

Dr. B.: Und das Kind merkt das ganz deutlich, und das ist nicht gut.

Mutter: Aber das ist doch eigentlich nur der Fall, wenn man seine Beherrschung verliert. Ich meine, kann man es nicht tun, ohne sich aufzuregen?

Dr. B.: Oh . . . wie viele von Ihnen – ich möchte nicht fragen, wie viele von Ihnen ihr Kind ohrfeigen, sondern, wie viele von Ihnen das mit kaltblütiger Überlegung tun. Darf ich um das Handzeichen bitten? *[Zwei Hände gehen in die Höhe].* Kaltblütig? Das ist erstaunlich!

Zweite Mutter: Dr. Bettelheim, ich möchte das ein bißchen erklären. Ich hoffe, daß ich mein Kind nicht einfach wahllos schlage. Aber wenn er auf die Straße läuft, was nur ungefähr einmal alle vier Monate vorkommt, dann bekommt er von mir einen Denkzettel. Ich tue das mit ganz kaltblütiger Überlegung, und daran erinnert er sich in der Zwischenzeit so gut, daß er nicht auf die Straße läuft. Er geht bis zur Bordsteinkante . . . und dann kehrt er um.

Dr. B.: Da ist jemand, der sich sehr aufregt. *(An die dritte Mutter gewandt)* Sagen Sie's.

Dritte Mutter: Ich möchte Sie fragen, ob es Sie nicht aufregt, wenn Ihr Kind mitten auf die Straße rennt. Ich denke dann sofort: »Mein Gott, er wird überfahren«, und dann packe ich ihn schnell und ziehe ihn von der Straße.

Mutter: So, Sie packen ihn schnell. Und . . . Sie knallen ihm nicht einfach eine? Denn verprügelt habe ich ihn nur einmal, aber da war ich wütend auf ihn. Ich meine, ich war wirklich . . .

Dr. B.: Ich verstehe. Es ist immer leichter, auf das Kind wütend zu sein als auf uns selbst, weil wir nicht vorsichtig genug waren.

Mutter: Ich war wütend auf ihn und auf mich . . .

Dr. B.: Und haben Sie sich selber auch verprügelt?

Mutter: Für mich war es schlimmer.

Dritte Mutter: Würden Sie sich denn nicht aufregen, wenn ein Kind auf die Straße läuft?

Dr. B.: Ich weiß es nicht. Ich habe selbst Kinder, und an der Orthogenischen Schule haben wir rund vierzig Kinder, die wohl in den ganzen Vereinigten Staaten zu den schwierigsten gehören; sie haben alle gelernt, nicht auf die Straße zu laufen.

Dritte Mutter: Das ist erstaunlich.

Dr. B.: Wie bitte?

Mutter: Wollen Sie damit sagen, daß es selbst in diesem einen Fall nicht erlaubt ist, das Kind zu strafen?

Dr. B.: Was meinen Sie mit strafen?

Mutter: Ich meine, wie sie es sagte . . . wenn das Kind auf die Straße läuft . . . dann bekommt es welche hinter die Ohren.

Dr. B.: Nein, ich halte es ganz und gar nicht für erlaubt. Dann wird sich das Kind nämlich sagen: »Ich muß nur aufpassen, daß Mama mich nicht sieht, wenn ich auf die Straße renne.« Deshalb ist Verhauen als Strafe keine gute Idee, auch nicht in diesem Falle. Das Kind lernt dabei nur: »Ich muß aufpassen, daß Mama mich nicht sieht«, und das ist sehr gefährlich. Denn dann achtet es auf die Mama und nicht auf das Auto.

Ich möchte hinzufügen: Wenn Sie ihm wirklich klarmachen können, daß die Gefahr von den Autos kommt, dann besteht zumindest eine Chance, daß das Kind auf die Autos aufpassen wird und nicht auf die Mama, die ihm eine versetzt. Auf diese Weise entstehen ja tatsächlich viele Kinderunfälle.

Sie schauen zum Haus zurück, wenn sie auf die Straße treten, statt vor sich auf die Autos zu achten. Wenn man ihnen beibringen möchte, daß sie nicht auf die Straße laufen, und sie gehorchen nicht, dann ist natürlich die Frage, welche Konsequenzen das hat. Was ist eine logische Konsequenz?

Vierte Mutter: Natürlich, daß man sie von der Straße fernhält.

Dr. B.: Richtig! Da man sich nicht auf sie verlassen kann, da sie nicht genügend Verstand oder Weitblick haben und da sie sich nicht genügend kontrollieren können, um nicht der Versuchung zu erliegen, darf man sie nicht alleine draußen lassen. Das ist alles. Und ich behaupte, daß ich ihnen in diesem Sinne beibringen kann, auf dem Bürgersteig zu bleiben.

Mutter: Meinen Sie, daß sie es trotzdem lernen können? Zum Beispiel mit fünfzehn oder sechzehn Monaten?

Dr. B.: Ein Kind von fünfzehn oder sechzehn Monaten darf unter keinen Umständen von der Seite seiner Mutter oder seines Vaters weichen.

Mutter: Aber in welchem Alter wird ein durchschnittliches Kind das lernen?

Dr. B.: Es gibt keine durchschnittlichen Kinder, meine Liebe. Aber mit drei kann ein Kind allmählich anfangen zu lernen. Ungefähr mit drei. Natürlich gibt es Frühentwickler und Spätentwickler.

Fünfte Mutter: Als mein Kleiner anderthalb war und gerade zu laufen anfing, habe ich ihn immer kaltblütig geohrfeigt, wenn er auf die Straße ging, und jetzt macht er's sehr gut. Er wagt sich nicht auf die Straße. Und hat es ihm vielleicht geschadet?

Dr. B.: Ich weiß es nicht. Mag sein, daß es gar nicht geschadet hat.

Fünfte Mutter: Ich meine, könnte es ihm schaden, wenn er so eine bekommt?

Dr. B.: Möglicherweise nicht.

Fünfte Mutter: Ich sehe nicht ein, was es schaden kann.

Dr. B.: Ich weiß es nicht; vielleicht schadet es gar nicht. Vielleicht ist alles in Ordnung, und vielleicht wird er in zwanzig Jahren auf der Couch des Analytikers liegen und fünfzehn

Dollar die Stunde bezahlen, um herauszukriegen: »Warum war meine Mutter so grausam?«

Fünfte Mutter: Ich habe von meiner Mutter auch Ohrfeigen bekommen, und ich habe noch nicht auf einer Couch gelegen.

Dr. B.: Sagte ich nicht: Vielleicht schadet es gar nicht?

Fünfte Mutter: Es ist ja nicht so, daß ich ihn totprügele.

Dr. B.: Hören Sie, wenn Sie weiter Ohrfeigen austeilen wollen, habe ich nichts dagegen. Ich bin nicht dafür da, Ihnen zu sagen, was Sie zu tun haben, oder Sie herumzukommandieren.

Fünfte Mutter: Nein, aber ich möchte gern wissen, was daran verkehrt ist. Ich würde es nicht mehr tun, wenn ich begreifen würde, daß es verkehrt ist. Wenn es schlimm ist, möchte ich gern wissen, was daran verkehrt ist.

Dr. B.: Es ist einfach nicht sinnvoll! Es ist Gewaltanwendung, und wenn die Russen das mit den Ungarn machen, mögen wir es nicht.

Fünfte Mutter: Auch, er kriegt ja nicht die Peitsche – bloß einen kleinen Klaps auf den Kopf.

Dr. B.: Es ist trotzdem Gewalt, bei dem Größenunterschied zwischen Ihnen und dem Kind. Natürlich haben Sie ihn nicht totgeschlagen. Aber finden Sie es in Ordnung, daß diese Welt von Gewalt beherrscht ist und daß der Stärkere den Schwächeren niederschlägt, wenn der ihm im Wege ist? Wenn Sie das richtig finden, dann sollten wir um Himmels willen weiter unsere Kinder ohrfeigen.

Fünfte Mutter: Aber wenn die Mutter einfach nicht so viel Geduld hat, um das Kind dauernd abzulenken oder sich etwas einfallen zu lassen, um es zu vermeiden? Vielleicht ist es besser, wenn sie es dem Kind schnell beibringt und kein Risiko eingeht.

Dr. B.: Sprechen wir hier über eine Kritik an der Mutter oder über Kritik an dem Kind?

Fünfte Mutter: Aber an die Mutter muß man doch auch denken.

Dr. B.: Dann lassen wir doch dieses Gespräch über Kindererziehung sein. Sprechen wir über Müttererziehung.

Fünfte Mutter: Aber wenn die Mutter doch so nervös wird, so aufgeregt . . .

Dr. B.: Also gut. »Was das Kind tut, macht mich so nervös.

Es ist besser für das Kind, wenn ich nicht so nervös bin, also schlage ich es.« Wie gefällt Ihnen ein solches Argument?

Zweite Mutter: Wenn man schon darüber spricht, sollte man es nach meiner Ansicht in Erwägung ziehen.

Dr. B.: Was meint die Gruppe dazu?

Vierte Mutter: Also ich habe folgendes beobachtet. Die zwei- oder dreimal, wo ich meinem größeren Jungen eine gelangt habe . . . anschließend hat er ungefähr eine Woche lang alle Kinder in der Nachbarschaft verhauen.

Dr. B.: Natürlich! Und dann kommen Sie zu mir und sagen: »Man wird mit ihm nicht fertig.«

Dritte Mutter: Ich habe meinem Jungen eine gelangt, weil er mich geschlagen hat. Stellen Sie sich das mal vor! Aber er hat mir gesagt, was er davon denkt. Er sagte: »Wenn du mich haust, warum kann ich dich nicht hauen?«

Dr. B.: Genau. Vollkommen logisch. Nur sollte es so sein, daß er Sie schlägt, aber daß Sie nicht zurückschlagen.

Dritte Mutter: Warum?

Dr. B.: Weil Sie mehr Verstand und mehr Selbstbeherrschung haben sollten als er. Aber wenn Sie Ihr Kind mit Gewalt erziehen wollen, dann lassen Sie Ihrem Zorn freien Lauf, und machen Sie ihm Angst! Ich kann Ihnen zahllose Untersuchungen zitieren, aus denen hervorgeht, daß man jemandem einen Schock versetzen muß, wenn man ihm rasch etwas beibringen will. Je härter oder je häufiger der Schock ist, um so rascher wird das Gehirn lernen. Und um so länger wird es sich erinnern. Dafür gibt es eine Fülle von Beweisen.

Sämtliche wissenschaftliche Untersuchungen laufen darauf hinaus, daß Ohrfeigen beziehungsweise Strafe, körperliche Strafe, zu Ergebnissen führt – viel rascher als das Argumentieren. Denn wenn das Argumentieren ebenso rasch wie die körperliche Strafe zu Ergebnissen führen würde, sähe es auf der Welt viel besser aus. Argumentieren ist eine sehr langwierige Methode, ein sehr schwieriger Prozeß. Probleme durch Argumente zu lösen, ist tatsächlich der mühsamste Weg, aber auch der beste.

Mutter: Wann kann man denn eigentlich anfangen, die Kinder mit Argumenten zu überzeugen?

Dr. B.: Wenn sie Verstand haben.

Mutter: Aber das wollen wir doch gerade herausbekommen, oder nicht?

Dr. B.: Richtig.

Mutter: Ich glaube, es fängt an, wenn sie verstehen können, wenn man sagt: »Tu das nicht«.

Dr. B.: Das ist richtig. Und dann ist die Frage, ob Sie Ihr Kind wie ein vernünftiges Wesen behandeln wollen oder ob Sie es wie einen Affen oder einen dressierten Hund behandeln. Möchten Sie ihm automatische Reaktionen anerziehen, ohne zu denken, ohne zu argumentieren, oder möchten Sie seine Denkfähigkeit entwickeln? Wenn Sie seine Denkfähigkeit entwickeln möchten, dann muß Ihre Bestrafung oder Ihr Verbot in einem logischen Zusammenhang mit seiner Missetat stehen. Wenn Sie es mit Gewalt erziehen wollen, dann natürlich nicht. Bei dieser Methode kommt es nur darauf an, daß Sie stärker sind, sonst nichts.

Ich bin nicht hier, um Ihnen zu sagen, wie Sie Ihre Kinder erziehen sollen, aber ich möchte doch die Vorstellung beseitigen, daß Strafen oder Drohungen keine wirksamen Erziehungsmittel sind. Das sind sie ganz sicher, denn sonst hätten sie sich nicht so lange gehalten. Aber wie für jedes andere Erziehungsmittel muß man dafür einen Preis bezahlen.

Als ich zum Beispiel zur Schule ging, hatte ich in allen Grundschuljahren Schönschreiben. Ich würde sagen, daß meine Handschrift im großen und ganzen ein bißchen lesbarer, vielleicht sogar ein bißchen schöner ist als die Handschrift der Kinder, die wir heute erziehen. Dagegen hatte ich überhaupt keine Sozialkunde und nur sehr wenig Naturgeschichte. Sie verstehen vielleicht, wenn ich in manchen Naturwissenschaften so schreckliche Lücken habe, denn die Zeit wurde für das Schönschreiben gebraucht. Sie können natürlich behaupten, daß es wichtiger sei als Sozialkunde oder Naturgeschichte, aber worum es mir geht, ist, daß man für alles einen Preis bezahlen muß. Um nun auf unsere Frage zurückzukommen: Welchen Preis sind Sie bereit, für die Ohrfeigen zu zahlen?

Mutter: Meinen Sie zeitlich?

Dr. B.: Nicht zeitlich, sondern in dem Sinne, daß Sie die

Selbständigkeit des Kindes unterdrücken, die Sie dann später wieder entwickeln möchten. Sie zeigen ihm, daß statt der Vernunft die Gewalt für Sie akzeptabel ist, daß der Stärkere den Schwächeren schlagen und wünschenswerte Resultate erreichen kann – sofern Sie glauben, daß es wünschenswerte Resultate sind. Wenn Sie ihm im Zorn eine Ohrfeige geben, bringen Sie ihm dadurch bei, daß es in Ordnung ist, wenn man sich, um Entscheidungen zu erreichen, vom Zorn treiben läßt, und noch manches andere in diesem Sinne. Die Frage ist dann, was für ein Kind Sie haben möchten. Zu was für einem Menschen soll Ihr Kind heranwachsen? Davon hängt ab, wie mir scheint, welche Erziehungsmittel Sie anwenden.

Sechste Mutter: Was hat das alles denn mit Ohrfeigen zu tun? Ich habe meinem Kind nur zweimal eine gelangt, allerdings schwer, und es war um halb sechs, so wie es eben jedem passiert . . . wenn der Tag zu Ende geht.

Dr. B.: Geht denn der Tag wirklich um halb sechs zu Ende, oder wie ist das?

Sechste Mutter: Für das Kind geht der Tag zu Ende, aber für mich, um ehrlich zu sein, fängt er an. Dann mache ich den Haushalt. So läuft es zur Zeit.

Dr. B.: Gewiß. Sie haben es getan, weil es Ihnen in diesem Augenblick wichtiger war, Ihre Hausarbeit zu machen, als Ihr Kind richtig zu behandeln. Es kommt oft vor, daß der Haushalt wichtiger ist als das Kind.

Mutter: Ich habe es aufgegeben, den Haushalt zu machen.

Dr. B.: Wirklich? Erfreulich für Sie! Aber das kann nicht jeder machen. Es gibt Mütter, die den Haushalt machen müssen.

Sechste Mutter: Ich möchte es aber doch nicht schlagen, und anscheinend geht es dabei um meine Wertvorstellungen – darum, was nach meinen Vorstellungen aus dem Kind werden soll.

Dr. B.: Hören Sie, eines möchte ich hier ganz deutlich machen. Wir sprechen hier über grundsätzliche Dinge, wir bemühen uns zu lernen, wie wir unsere Probleme anpacken können. Ich glaube nicht, daß Sie Ihr Kind völlig falsch erziehen, wenn Sie ihm ab und zu mal eine Ohrfeige geben.

Sechste Mutter: Nein, das weiß ich.

Dr. B.: Ich möchte das ganz deutlich machen. Ich weiß, daß Sie ihm ab und zu mal eine Ohrfeige geben werden, ganz egal, was ich sage . . .

Sechste Mutter: Ja, wie Sie eben sagten . . .

Dr. B.: . . . denn das liegt in der menschlichen Natur. Ein klein bißchen sind wir immer noch Wilde; wir sind noch keine vollkommen rationalen menschlichen Wesen. Ich kann hier allerdings nur darüber sprechen, wie man die Sache auf vernünftige Weise anpackt. Ob Sie sich überhaupt Gedanken darüber machen wollen, und zwar vernünftige Gedanken, ist wirklich Ihr Problem.

Sechste Mutter: Ich wüßte gern, was man tun kann, wenn man nicht schlagen möchte?

Dr. B.: Seien Sie achtsam, und denken Sie voraus! Beeindrucken Sie das Kind durch Ihre größere Intelligenz, nicht durch Ihre Größe! Wollen Sie Ihr Kind damit beeindrucken, daß Sie sich bemühen, sorgsam auf sein Wohlergehen bedacht zu sein? Oder wollen Sie es damit beeindrucken, daß Sie es im Faustkampf leichterhand schlagen können?

Mutter: Was das Überqueren der Straße betrifft, so lernen sie es ja doch. Ich meine, sie lernen es ja auch beim Spielen, von ihren Freunden. Ich meine . . .

Dr. B.: Manche lernen es, manche nicht. Auch das läßt sich nicht verallgemeinern. Ich will nun nicht behaupten, daß ich selber nie gegenüber einem Kind die Beherrschung verloren hätte, aber ich kann ehrlich sagen, daß es nie wegen solcher Sachen wie Auf-die-Straße-Laufen geschah. Die Verlockung ist ja da; andere Kinder tun es ja auch. Das einzige, was ich sage, ist: »Wenn du nicht auf der Straße spielen kannst, ohne auf dem Bürgersteig zu bleiben, dann mußt du eben zu Hause bleiben.« Und dann hole ich das Kind ins Haus und lasse es drinnen.

Wie lange – das kommt darauf an. Da muß man ein bißchen überlegen: es muß lange genug sein, damit das Kind sich daran erinnert. Natürlich erwarte ich von einem Kind unter dreieinhalb Jahren nicht, daß es ständig daran denkt. Oder sagen wir drei Jahre. Sie verstehen, was ich meine? Wenn es helle ist, sehr helle, dann vielleicht mit zwei Jahren und acht Monaten. Wenn es daran denkt, kommt es auf das Alter nicht an. Nur Sie können wissen, wie weit Ihr Kind daran denkt. Glauben Sie aber nicht, weil es meistens daran denkt, daß es immer daran denken wird!

Es hat ja seinen Grund, warum die formale Schulbildung mit sechs Jahren beginnt. Es ist nämlich bekannt, daß das Kind erst mit sechs Jahren richtig lernen und sich nach wiederholten Erfahrungen wirklich über längere Zeit daran erinnern kann. Diejenigen unter Ihnen mit Unterrichtserfahrung werden wissen, daß die Erstkläßler praktisch alles, was sie im Leseunterricht gelernt haben, während der Sommerferien – zwischen der ersten und der zweiten Klasse – vergessen und daß erst zwischen der zweiten und der dritten oder vierten Klasse die Leseleistungen über den Sommer voll erhalten bleiben – natürlich davon abgesehen, daß Sie während des Sommers mit dem Kind lesen. Sie sehen also, wie rasch Kinder in diesem Alter selbst die Dinge, die sie gut gelernt haben, vergessen.

Wir können deshalb von einem Kind eigentlich nicht erwarten, daß es lernt, vorsichtig zu sein und ständig daran zu denken, bevor es nicht das Alter erreicht hat, in dem es lernt, sich zu erinnern, wie man rechnet, indem es sich an seine Additions- und Leseleistungen erinnert. Und das kommt mit sechs oder sieben Jahren. In bezug auf die Sicherheit besteht also die logische Bestrafung darin, daß Sie sagen: »Wenn du nicht weißt, wie du dich auf der Straße zu verhalten hast, dann kann ich als verantwortliche Mutter dich nicht allein nach draußen lassen.«

Was die kleineren Kinder betrifft, so sollten Sie nach meiner Ansicht mit der Belehrung anfangen, wenn Sie mit ihm auf der Straße sind. Die erste Gelegenheit ergibt sich etwa mit drei Jahren. Mit drei Jahren, das wissen Sie, möchte das Kind allein gehen und nicht ständig an Ihrer Hand hängen. Dann können Sie sagen: »Du darfst allein gehen, wenn du an der Bordsteinkante halt machst und auf mich wartest.« Tut es das nicht, dann geben Sie ihm eine Woche lang die Hand nicht frei, und das wird dem Kind gar nicht gefallen. Das kann in der Tat unangenehmer sein als die Ohrfeige.

Ich behaupte also nicht, daß jegliche Frustrationen in der Erziehung vermieden werden müßten. Das wäre völlig unsinnig. Gute Erziehung ist oft ein schwieriger und frustrierender Vorgang. Doch die Erziehungsmittel, die Sie anwenden, sollten sich logisch aus dem ergeben, was Sie dem Kind beizubringen versuchen, denn auf diese Weise fördern Sie erst die Intelligenz und Selbständigkeit des Kindes und bald darauf sein mitbürgerliches Verantwortungsbewußtsein. Ich bin nicht gegen die Ohrfeige, weil sie eine schmerzhafte Methode ist. Ich bin dagegen, weil es eine brutale und unlogische Methode ist, eine Methode, die auf überlegener Stärke und nicht auf überlegenen Argumenten beruht.

4. Das Gesetz des Dschungels

Mutter: Dr. Bettelheim, mich beschäftigt die Frage, ob man einem Kind sagen soll, daß es sich gegen die Angriffe anderer selbst wehren muß. Ich habe einen Jungen, der bald in die Schule kommt. Nächste Woche wird er sechs. Einige der Jungen sind, obwohl sie in derselben Gruppe sind, größer als er. Aber statt sich gegen sie zur Wehr zu setzen, steht er einfach da und tut nichts.

Dr. B.: Das ist eine wichtige Frage, und ich bedauere, daß sie erst so spät heute Abend zur Sprache kommt. Sollten wir sie heute Abend nicht erledigen, können wir, denke ich, nächstes Mal wieder auf sie eingehen.

Meine Antwort auf die Frage ist, daß die Eltern nie ihre behütende Funktion aus dem Auge verlieren dürfen. Wenn man ihm also sagt: »Geh' und verteidige dich selbst«, dann greift man in seine Rechte ein, denn darüber hat das Kind allein zu entscheiden. Wenn es sich lieber schlagen läßt, ist das sein Problem. Man bringt es sonst in einen Konflikt, dem es vielleicht noch nicht gewachsen ist. Es muß dann kämpfen, aber nicht aus einem Entschluß, sondern weil man es ihm gesagt hat. Wenn man es dagegen sich selbst überläßt, und es kommt dann weinend nach Hause, dann kann man sagen: »Hier bei mir bist du vollkommen sicher, und ich bin froh, wenn du bei mir bist.«

Nach zehn Minuten wird es ihm dann langweilig werden, und es wird wieder nach draußen gehen.

Mutter: Dann ist es also falsch, wenn man ihm sagt, daß es sich wehren soll?

Dr. B.: Es ist nicht falsch, aber im Grunde ist es tatsächlich nicht Ihr Problem. So wie diese Welt ist, wird er es früh genug lernen. Wenn Sie selbst dabei sind, werden Sie Ihr Kind natürlich in Schutz nehmen. Wenn Sie nicht dabei sind, müssen Sie ihm die Möglichkeit geben, Sie dort zu erreichen, wo Sie gerade sind. Wenn es ihm Spaß macht, mit seinen Freunden zusammen zu sein, muß er auch die Risiken in Kauf nehmen. Verstehen Sie?

Mutter: Er zieht sich jetzt allmählich von ihnen zurück . . .

Dr. B.: Er wird sich nicht auf die Dauer zurückziehen. Und wenn doch, dann können Sie auch nichts machen. Es ist sein Recht, darüber zu entscheiden, ob er ein Kämpfer oder ein friedlicher Bürger werden will.

Mutter: Ich bin ja nicht für die Kämpfe, aber ich dachte, es wäre nötig . . .

Dr. B.: Nun . . . das hängt vom Alter ab. Ich persönlich würde auf keinen Fall sagen, daß es gut ist; ich glaube aber, wenn ich mein Kind richtig erzogen hätte, dann würde er zurückschlagen. Er würde nicht provozieren, aber wenn es darauf ankäme, würde er sich wehren und zurückschlagen. Aber Sie wissen doch, daß es unter Kindern eine Hackordnung gibt? Die kleinen Jungen werden von den großen Jungen verprügelt und so weiter. Wenn Sie dabei sind, dürfen Sie es nicht zulassen, denn als Mutter oder Vater bleiben Sie für das Kind der sichere Hort. Sie sind der Beschützer.

Draußen auf dem Hof, wo Sie nicht sind, herrscht unter den Kindern das Gesetz des Dschungels. Sorgen Sie aber immer dafür, daß die Tür offen ist, so daß das Kind sich zu Ihnen, zu Ordnung und Sicherheit, flüchten kann. Und wenn er sagt: »Sie verhauen mich, komm mit und verhaue du sie«, dann sagen Sie ihm: »Nein, du bleibst hier bei mir, hier kannst du spielen.« Natürlich werden Sie gelegentlich doch eingreifen müssen. Wenn tatsächlich so ein Raufbold unter den Kindern sein sollte, sollten Sie den nicht zu Ihnen auf den Hof lassen.

Zweite Mutter: Und wie ist es bei den Kleineren? Meine Tochter Sally ist zwei, und sie tut nichts, um sich zu wehren, wenn die anderen Kinder sie belästigen. Ich habe mich deshalb gefragt, ob ich ihr sagen soll, daß sie zurückschlägt.

Dr. B.: Wieso sollten Sie es ihr sagen? Es kommt ganz darauf an, was für ein Kind Sie haben möchten. Möchten Sie eine erfolgreiche Kämpferin aus ihr machen, dann sagen sie ihr, daß sie anfangen soll, sich zu schlagen.

Zweite Mutter: Es hat sich eben so entwickelt. Bei den anderen Kindern ist es schon zur Gewohnheit geworden.

Dr. B.: Kann sie nicht weglaufen?

Zweite Mutter: Das tut sie nicht. Sie denkt noch nicht einmal daran, daß sie ihr weh tun könnten, die Arme!

Dr. B.: Na! Wenn es weh tut, wird sie schon laufen.

Zweite Mutter: Ja, das glaube ich auch. Ich möchte sie nur nicht zur Gewalttätigkeit erziehen. Aber vielleicht ist das Leben so, und man muß es eben lernen.

Dr. B.: Das weiß ich nicht. Das Leben ist das, was Sie daraus machen . . .

Mutter: Ich weiß nur, daß mein Mann sagte, daß er als Junge auch diese Schwierigkeit hatte. Er war gewissermaßen ein Schlappschwanz, und er möchte nicht, daß *sein* Junge das auch durchmacht.

Dr. B.: Aber hören Sie . . . aus Ihrem Mann ist doch etwas Anständiges geworden, sonst hätten Sie ihn doch nicht geheiratet.

Mutter: Das stimmt, aber . . .

Dr. B.: Dann frage ich Sie: Möchten Sie, daß Ihr Junge so wird wie Ihr Mann, oder soll er wie ein Preisboxer werden? Sie können sich entscheiden.

Mutter: Gibt es denn nichts dazwischen?

Dr. B.: Nein! Jedenfalls nicht, wenn Sie selbst in dem einen oder anderen Sinne etwas zu erreichen versuchen. Die Möglichkeiten, die dazwischen liegen, können sich nur spontan entwickeln. Wenn man eingreift, kann man nur die extremen Möglichkeiten durchsetzen. Was dazwischenliegt, entwickelt sich, wenn man nicht eingreift, ganz von selbst. Aber es ist interessant, daß Sie hier sagen, daß Ihr Mann ein Schlappschwanz war, und dabei ist er ein Mann nach Ihrem Geschmack geworden. Wahrscheinlich war er gar kein Schlappschwanz, sondern hat sich vielleicht nur so gefühlt. Es ist also in dieser Gesellschaft gar nicht so verkehrt, wenn man sich davor fürchtet, ein Schlappschwanz zu sein. Es dürfen nur nicht die Eltern sein, die das befürchten, sondern man selbst.

5. Bin ich ein böser Junge?

Mutter: Dies paßt hier eigentlich nicht hin, aber vielleicht wird es klar, wenn ich darüber rede. Unsere Vierjährige hat mich gefragt: »Was ist ungezogen?« Dabei ist mir selber noch nicht klar, was für moralische Maßstäbe ich ihr vermitteln möchte.

Es gibt zum Beispiel manches, was ich nicht mag, und ich sage ihr das auch, aber ich finde es nicht ungezogen, wenn sie es trotzdem tut. Es gibt andere Dinge, die sich von selbst verstehen ... zum Beispiel Sicherheitsvorschriften. Ich sage, das Spielen mit Streichhölzern ist ungezogen, und ohne die Mutter über die Straße gehen ist ungezogen. Es gibt aber außerdem manche Dinge, die ich nicht mag, und sie weiß es, aber dennoch möchte ich nicht, daß sie denkt, solche Sachen seien ungezogen. Ungezogenheiten sind nach meiner Ansicht etwas Verbotenes, aber es fällt mir schwer, das zu klären.

Dr. B.: Wieso sind Ungezogenheiten verboten? Ich bin sicher, daß es eine Menge Ungezogenheiten gibt, die Ihnen durchaus Spaß machen.

Mutter: Nein ... Wenn ich sage, daß etwas ungezogen ist, dann meine ich damit, daß man so etwas auf keinen Fall tun darf. Wenn es bloß eine Frage der Ausdrucksweise ist, dann kann ich auch ein anderes Wort dafür wählen.

Dr. B.: Nein, es ist keine Frage der Ausdrucksweise. Es ist ganz und gar keine Frage der Ausdrucksweise. Wenn Sie aus Ihrem Kind einen Dummkopf machen wollen, kann Sie niemand daran hindern. Wenn Sie aus Ihrem Kind einen intelligenten Mitmenschen machen wollen, dann dürfen Sie natürlich nicht Atombomben und schmutzige Hände in einen Topf werfen und als ungezogen bezeichnen. Wenn Ihr Kind etwas lernen soll, dann müssen Sie ihr zeigen, daß man die Dinge differenziert betrachten muß. Auf diese Weise entwickelt sich doch die Einsicht, oder nicht? Gut, dann möchte ich Sie fragen: Besteht zwischen der Gefährlichkeit des Spielens mit Streichhölzern und der Gefährlichkeit des Überquerens der Straße ein Unterschied oder nicht?

Mutter: Da gibt's keinen Unterschied.

Dr. B.: Keinen? Ich glaube, da besteht ein beträchtlicher Unterschied.

Mutter: Ich sehe den Unterschied nicht.

Dr. B.: Weil Sie nicht wollen, daß Ihr Kind selbständig denkt. Wenn Sie das wollten, würden Sie versuchen, ihr selbständiges Denken beizubringen. Was würden Sie dann tun?

Mutter: Ihr zeigen, wie sie alleine über die Straße kommt?

Dr. B.: Nein, in ihrem Alter nicht unbedingt.

Zweite Mutter: Ich würde nicht sagen, das ist etwas Ungezogenes. Ich würde ihr sagen, daß sie nicht mit Streichhölzern spielen darf, weil sie verbrennen könnte oder das Haus in Brand stecken könnte, und deshalb wäre es besser, wenn sie nicht mit Streichhölzern spielt.

Dr. B.: Und aus welchem Grund sollte sie nicht allein über die Straße gehen?

Zweite Mutter: Weil sie von einem Auto verletzt werden könnte.

Dr. B.: Richtig. Aber weshalb sagen Sie, es ist ungezogen, es gehört sich nicht, mit Streichhölzern zu spielen oder über die Straße zu laufen?

Mutter: Ich möchte, daß sie es auf keinen Fall tut. Es geht bloß um den Unterschied zwischen dem, was sie auf keinen Fall darf, und dem, was ich nicht mag, was sie aber trotzdem tun darf.

Dr. B.: Zum Beispiel?

Mutter: Ich mag es nicht, wenn sie vom Eßtisch aufsteht und während des Essens hin und herläuft.

Dr. B.: Und was sagen Sie ihr dann? Wie nennen Sie das dann?

Mutter: Das weiß ich ja gerade nicht. Den Unterschied möchte ich gerne wissen.

Dr. B.: Warum soll sie nicht beim Essen aufstehen?

Mutter: Es ärgert mich ganz einfach.

Dr. B.: Warum sagen Sie ihr das nicht einfach? Mir leuchtet nicht ein, wieso man da von »ungezogen« sprechen soll.

Mutter: Sie . . . das Wort »ungezogen« kennt sie gar nicht.

Dr. B.: Gut, dann wollen wir die Sache noch einmal von vorn anfangen. Ihre Tochter fragt Sie, was ungezogen ist. Weshalb fragt sie?

Mutter: Ich glaube, weil sie den Unterschied geklärt haben möchte zwischen dem, was absolut verboten ist, und dem, was einfach nur ungern gesehen wird.

Dr. B.: Aber wieso sollte sie dafür das Wort »ungezogen« verwenden?

Mutter: Oh, ich benütze es.

Dr. B.: Ja, das war mir schon klar.

Mutter: Oh, aber ich habe es nur im Zusammenhang mit den Sicherheitsvorschriften benützt.

Dr. B.: Aber wieso sind Sicherheitsvorschriften etwas Ungezogenes? Das entspricht doch gar nicht dem gewöhnlichen Sprachgebrauch.

Mutter: Das hätte ich ja gerne geklärt . . . Ich meine . . . Ich weiß, warum ich das benützt habe . . .

Dr. B.: Gewiß, aber ich glaube, Sie bringen das arme Kind durcheinander. Wenn Sie aus Ihrem Kind einen vernünftigen Menschen machen möchten, dann müssen Sie für alles, was Sie tun, den jeweiligen Grund angeben, denn auf diese Weise entsteht die Einsicht. Sie entwickelt sich dadurch, daß das Kind die jeweiligen Besonderheiten der Situation erkennt, aber wenn Sie völlig verschiedene Dinge mit einem pauschalen Wort bezeichnen, verwehren Sie dem Kind diese Erkenntnis. Wenn Sie so weitermachen, wird aus Ihrem Kind ein Automat, der die Tätigkeiten einteilt in solche, die ganz, teilweise oder nicht ungezogen sind. Wenn Sie allerdings einen intelligenten Menschen aus Ihrer Tochter machen möchten, dann können Sie ihr nicht erzählen, daß es ungezogen ist, die Straße zu überqueren, denn das ist es ja nicht – Sie selbst tun es ja ständig.

Mutter: Wäre es denn etwas anderes gewesen, wenn ich »böse« gesagt hätte? Ungezogen ist doch ein anderes Wort für böse, nicht wahr?

Dr. B.: Nein, das ist es nicht. Im übrigen bin ich durchaus nicht der Ansicht, daß es böse ist, die Straße zu überqueren.

Mutter: Wie kann man denn sonst einem Kind einen allgemeinen Begriff vermitteln, wenn man nicht . . .

Dr. B.: Ist »gefährlich« nicht ein genauso guter Allgemeinbegriff wie »ungezogen«?

Mutter: Doch, ich glaube wohl.

Dr. B.: Und wenn Sie »gefährlich« sagen – welche Frage zieht das dann nach sich?

Mutter: Irgendeine unbestimmte . . .

Dr. B.: Nein, nein, welche Frage zieht das nach sich?

Mutter: Vielleicht »warum«?

Dr. B.: Genau: »Warum ist es gefährlich?« Und dann können Sie ihr zeigen und erklären, warum es gefährlich ist. Und sie wird rasch einsehen, daß jede einzelne Handlung in einem anderen Sinne gefährlich ist. Stimmt das nicht? So wird doch das Denken gefördert. Sie möchten doch, daß Ihr Kind imstande ist, sich selbst auszurechnen, weshalb eine Handlung gefährlich ist? Mit dem Ausdruck »ungezogen« verhindern Sie das.

Mutter: Ja, aber ich dachte, dem Kind mehr zu erklären, wenn es älter wird. Es gibt doch schließlich Dinge, da muß man so lange wie möglich ganz unnachgiebig sein.

Dr. B.: Oh, ich sage ganz sicher nicht, daß es falsch ist, wenn Sie im Hinblick auf die Sicherheitsvorschriften unnachgiebig waren, und zwar nicht, weil es ungehörig, sondern weil es gefährlich ist, sie zu übertreten. Allerdings möchte ich wohl nicht, daß meine Tochter denkt, es sei gefährlich, die Straße zu überqueren, weil es sein könnte, daß sie dabei verbrennt. Das ist natürlich verrückt, aber im Bewußtsein des Kindes stellen Sie eine solche Verbindung her. Und wenn Sie möchten, daß Ihr Kind einsichtig ist, dann müssen Sie sich die Mühe machen, ihm jeden Sachverhalt gesondert zu erklären, und nicht solche pauschalen Ausdrücke wie »ungezogen« benützen. Ist damit Ihre Frage beantwortet?

Mutter: Ja.

Dritte Mutter: Dadurch wird ein weiteres Problem aufgeworfen. Bei uns werden Ausdrücke wie »ungehörig«, »böse«

oder »lieb« nicht verwendet, doch Paul hat sie im Kindergarten aufgeschnappt. Und jetzt möchte er wissen, was »böse« und »lieb« ist. Sie haben zu ihm gesagt, er sei ein böser Junge, und wir haben ihm natürlich versichert, daß das nicht stimmt.

Dr. B.: Sagen Sie ihm einfach, er soll nicht so ein dummes Zeug erzählen. Wenn er nach Hause kommt und sagt: »Johnny ist böse«, würde ich sagen: »Erzähl nicht so dummes Zeug. Sag mir lieber, was dir am Johnny nicht gefällt!«

Dritte Mutter: Aha, ich verstehe. Aber wenn er nun sagt, jemand habe ihn einen bösen Jungen genannt, und wir ihm versichern, daß das nicht stimmt? Was würden Sie tun?

Dr. B.: Ich würde ihn fragen: »So, bist du das?«

Dritte Mutter: Das haben wir ihn auch gefragt, und er sagt, der und der habe das gesagt.

Dr. B.: Dann würde ich sagen: »Mich interessiert nicht, daß der und der das gesagt hat.«

Zweite Mutter: Wenn wir mit Bobby geschimpft haben, fragt er: »Bin ich ungezogen?« Man weiß nie, was man darauf antworten soll.

Dr. B.: Allerdings. Aber das ist sehr interessant. Solche Dinge lernen sie nicht von selbst. Man hat es zwei- oder dreimal zu ihnen gesagt, und andere haben es zu ihnen gesagt, und schon hat man die Bescherung. Es ist sicher keine Tragödie, aber die Bescherung ist da. Denn nach der Schelte taucht natürlich die Frage auf, ob man lieb ist oder nicht. Man hat etwas Schlimmes getan, aber dann sagt Mama: »Du bist trotzdem ein lieber Junge«, und alles ist wieder, als ob nichts geschehen wäre. Dann wäre es schon besser, gar nicht erst zu schimpfen.

Zweite Mutter: Sie würden es nicht so weit kommen lassen?

Dr. B.: Ich würde es überhaupt nicht so weit kommen lassen. Ich würde es nicht zulassen, daß die Diskussion auf ein so tiefes Niveau herabsinkt. Sie verstehen, was ich meine? Ich würde sagen: »Nun hör mal, mein Junge . . .« Wie alt ist Ihr Junge?

Zweite Mutter: Er ist drei. Beinahe drei.

Dr. B.: Nun, mit drei hängt es von seiner sprachlichen Entwicklung ab. Mit vier reden sie schon ein bißchen besser. Aber diese Verhaltensmuster werden schon sehr früh festgelegt, wenn es noch sehr schwierig ist, mit ihnen zu sprechen. Das ist der Hauptgrund, warum wir uns auf so unvernünftige Verhaltensweisen einlassen.

Zweite Mutter: Ja, das sehe ich ein.

Dr. B.: Der eigentliche Punkt ist ja, daß es so schwierig ist, einem Dreijährigen zu erklären, was gefährlich ist und warum es vermieden werden muß und so weiter. Das in einer Sprache auszudrücken, die sie verstehen können, ist nicht einfach, und deshalb lassen wir uns auf einen solchen törichten Pauschalausdruck ein, und dann werden wir ihn nicht wieder los. Dadurch ist nämlich bei dem Kind schon eine gewisse Haltung geweckt worden, die dem selbständigen Fragen nicht gerade förderlich ist. Denn für das Kind ist es ebenfalls sehr viel einfacher, wenn es fragt: »Ist das ungezogen?«, als wenn es sich bemühen muß, das selber herauszufinden. Damit sind wir wieder bei dem Problem der Freiheit.

Natürlich ist es für das Kind einfacher zu sagen: »Oh, das ist ungezogen, das darf ich nicht«, statt sich die Mühe zu machen und selber zu überlegen, zu beobachten und zu begreifen. Ich würde an Ihrer Stelle sagen: »Hör mal, mich interessiert diese Sache nicht. Verstehst du, was passiert ist? Verstehst du, weshalb ich mich über dich geärgert habe?« Und dann würde ich ganz langsam und ganz sorgfältig – aber natürlich nicht allzu ausführlich, nur in zwei oder drei Sätzen – die ganze Geschichte noch einmal durchgehen. Und zum Schluß würde ich sagen: »Verstehst du mich?« Aber ich würde mich nicht auf die Frage einlassen: »Bin ich ein lieber Junge? War ich ein böser Junge?«

Mutter: Aber wie machen Sie denn den Unterschied deutlich, wenn Sie die Wörter »gut«, »böse«, und »lieb« nicht verwenden?

Dr. B.: Warum soll man alles auf die moralische Ebene schieben, die für ein Kind sehr schwer zu verstehen ist? Das Kind ist nicht daran interessiert, ob etwas gut oder böse ist; es ist daran interessiert, ob man es mag oder nicht. Das sind Empfindungen, die es verstehen kann. Und Sie mögen es doch, weil es Ihr Kind ist, und nicht, weil es lieb ist. Stimmt's?

Das Problem: »Bin ich ein lieber Junge? Bin ich kein lieber Junge?« würde ich gar nicht erst aufkommen lassen. »Du bist mein Johnny, und ich finde dich prima, aber manchmal machst du Sachen, die ich nicht mag, und das war wieder so eine. Verstehst du, warum ich das nicht wollte? Gut, wenn Du's verstehst, mehr wollte ich nicht. Jetzt kannst du wieder abhauen, mein Junge.« Aber wenn Sie zu ihm sagen: »Lieber Junge, guter Junge«, und »ist er nicht ein liebes Kind?«, dann kommen Sie natürlich nie davon los. Ob er gut oder böse ist, hängt dann von Ihrem Urteil oder dem von Onkel Hans ab, und das ist etwas, was ich einem Hund nicht wünschen würde – daß der Wert oder Unwert eines Menschen von dem Urteil eines anderen abhängt. Ich meine, es liegt allein an ihm, zu beurteilen, ob er ein netter Mensch ist oder nicht. Ich würde allerdings gar nicht erst solche Wörter vor ihm äußern. Es ist auf jeden Fall traurig, wenn man ein Kind auf diese Weise beurteilt.

Er ist eben da. Punkt. »Bin ich lieb?« »Nun, darüber sind die Meinungen geteilt.« »Gut, wollen wir abstimmen, wer recht hat?« Merken Sie nicht, auf was für eine unmögliche Grundlage Sie damit das Selbstgefühl beziehungsweise die schlechte Selbstbeurteilung eines Menschen stellen? Wenn Sie das erkennen, werden Sie sofort sagen: »Oh, das interessiert mich nicht, ich möchte nur, daß er sich wohlfühlt.« Nun . . . ich halte dies nicht für Probleme von zentraler Bedeutung, müssen Sie wissen. Ich gehe darauf ein, weil Sie es zur Sprache gebracht haben.

Zweite Mutter: Wir . . . bei manchen Dingen sage ich »gut« zu ihm.

Dr. B.: Zum Beispiel?

Zweite Mutter: Ach, wenn er zur Toilette geht, oder wenn er etwas »gut« macht. Manchmal, wenn etwas nicht so richtig geht, sage ich: »Vielleicht wirst du es morgen besser machen.« Ist das nicht etwas anderes als jene pauschale Redeweise?

Dr. B.: Oh, ich würde nicht im geringsten zögern, zu sagen: »Das ist sehr hübsch«, wenn ein Kind mir eine Zeichnung bringt und ich sie hübsch finde. Verstehen Sie, um was es mir geht? Das Kind zeigt Ihnen ja etwas und möchte Ihr Urteil hören. Wenn ich es nicht hübsch finde, sage ich das nicht. Wenn das Kind aber weiter bohrt, sage ich: »Nun, du hast schon bessere Zeichnungen gemacht. Diese gefällt mir nicht so.«

Zweite Mutter: Sie wollen damit sagen, daß Sie jeweils nur über eine bestimmte Sache reden.

Dr. B.: Richtig. Und ich meine nicht, daß man alles, was ein Kind macht, anerkennen muß, aber das Kind muß man anerkennen. Mir ist schon der bloße Gedanke zuwider, daß man mit dem Kind in einer Weise spricht, als ginge es darum, ob es vollkommen gut oder vollkommen schlecht ist, und deshalb bleibe ich so lange bei diesem Thema. Nach meiner Meinung haben wir als Eltern das Recht, jede einzelne Tat des Kindes zu beurteilen, solange wir streng auf dieser Ebene bleiben. Wir dürfen uns jedoch niemals das Recht anmaßen, über das Kind insgesamt zu urteilen.

Dies ist ein Grundsatz, den ich für sehr wichtig halte. Wenn Sie auf der Ebene des jeweiligen Vorfalls bleiben, können Sie es sich leisten, eine bestimmte Handlungsweise nachdrücklich zu mißbilligen. Wenn mein Kind mich damit ärgert, daß es immer wieder vom Tisch fortläuft, würde ich sagen: »Hör mal, wenn du vom Tisch aufstehst, dann bleibe auch fort. Aber dieses Hin und Her . . . Nein! Entweder du bleibst hier, oder wenn du genug hast, kannst du gehen.« Und ich würde es ganz deutlich machen und sagen: »Nein, das werde ich dir nicht erlauben.« Das hat doch nichts damit zu tun, ob er ein gutes oder böses Kind ist.

Mutter: Aber ist es nicht etwas Gutes oder Böses? Man kann doch jede Handlung in diesem Sinne einordnen.

Dr. B.: Aber warum sollte man? Dann muß man ja ständig Urteile fällen.

Mutter: Ich glaube aber, das tut jede Mutter, selbst wenn es ihr nicht bewußt ist. Ob sie nun sagt »fein gemacht« oder »hübsche Arbeit« oder »gut« oder irgendein anderes Wort, sie ruft doch diesen Eindruck bei dem Kind hervor.

Dr. B.: Richtig. Die Frage ist jedoch, ob man dem Kind das Beurteilungsschema vorgibt oder ob man ihm die Elemente gibt und es ihm überläßt, sich daraus selbst das Schema zusammenzusetzen. Überläßt man es letztlich dem Kind, selbst zu urteilen, oder urteilt man für das Kind? Ob das Kind das Gefühl hat, daß man es mag, daß es als Mensch geschätzt wird, hängt davon ab, mit was für Erfahrungen Sie es konfrontieren. Dennoch kommt es aber in der praktischen Durchführung sehr darauf an, ob Sie es ihm überlassen, mit Ihnen, mit seinem Lehrer und seinen Freunden jeweils seine eigenen Erfahrungen zu machen, oder ob Sie über das Kind insgesamt Ihr Urteil fällen. Ich glaube nicht, daß irgendein Mensch das Recht hat, einen anderen Menschen zu beurteilen – nicht einmal die Mutter bei ihrem eigenen Kind. Wir sind wohl berechtigt, einzelne Handlungen zu beurteilen, nicht aber den gesamten Menschen.

Mutter: Aber das Kind wird sich doch aufgrund der Einzeltatsachen selbst ein Urteil über sich bilden, oder nicht?

Dr. B.: Richtig, aber darauf können wir, wenn es nötig ist, Einfluß nehmen.

Mutter: Wie denn?

Dr. B.: Wenn das Kind kommt und sagt: »Ich bin ein böses Kind«, dann würde ich sagen: »Bestimmt nicht. Aber was du getan hast, fand ich nicht gut.«

Mutter: Und das Kind wird nach Ihrer Ansicht den Unterschied begreifen, wenn Sie sagen: »Du bist kein böses Kind, aber was du gemacht hast, fand ich nicht richtig?«

Dr. B.: Wenn man es lange genug macht, wenn man beharrlich genug ist und dabei bleibt, ja. Ganz sicher.

Mutter: Ach, davon war ich nicht ganz überzeugt, daß ein Kind den Unterschied begreifen würde.

Dr. B.: Früher oder später schon, . . . nicht gleich. Tatsächlich ist das doch der Grund, warum das Kind Sie fragen wird. Wenn Ihr Kind Sie fragt: »Bin ich ein lieber Junge?« »Bin ich ein artiges Mädchen?«, dann überlegt es sich: »Wenn ich eben etwas Böses getan habe, bedeutet das, daß ich böse bin?« Und wenn Sie dann sagen: »Nein, du bist ein lieber Junge, wirklich«, dann zählt allein das. Ich würde also durchaus betonen: »Ich möchte keine Entschuldigungen oder dergleichen. Es ist vorbei, und es ist nicht nötig, sich zu entschuldigen. Doch was du getan hast, mochte ich nicht.« »Magst du mich?« »Natürlich mag ich doch, aber ich mag nicht, was du getan hast.«

Und wenn mir etwas mißfällt, würde ich das ganz unverblümt äußern. Sobald das Kind versteht, um was es mir geht, würde ich das Thema fallen lassen. Ich meine, wenn Sie Ihr Kind wirklich mögen, brauchen Sie es nicht in Schutz zu nehmen, wenn es etwas verkehrt macht. Sie sollten ehrlich zu ihm sein. Ich sehe auch nicht ein, weshalb ein Dreijähriger das nicht verstehen sollte. Auf diese Weise machen Sie eine Trennung zwischen der Person und der Handlung.

Wir wissen ja, daß vor allem Kinder, weil sie ihre eigenen Bedürfnisse nicht immer begreifen oder kontrollieren können, zahllose Dinge tun, die sie nach unserer Ansicht nicht tun sollten. Das stellt uns um so mehr vor die Aufgabe, ihnen deutlich zu machen, daß es diese Dinge sind und nicht das Kind selbst, was wir mißbilligen. Ich würde deshalb nie sagen: »Es war böse von dir, daß du über die Straße gelaufen bist.« Ich würde sagen: »Es ist furchtbar gefährlich, was du da getan hast, aber es ist nicht schlimm. Dir fehlt noch das Urteilsvermögen.« Und dann würde ich die Sache mehrmals gründlich mit ihm durchsprechen.

Wenn das Kind nicht auf dem Bürgersteig bleibt und Sie der Ansicht sind, daß es nicht allein nach draußen gehen oder die Straße überqueren sollte, würde ich sagen: »Nein, tut mir leid! Du bist noch nicht alt genug, um allein zu gehen. Ich werde dich deshalb an die Hand nehmen«, wie wir es eben besprochen haben. Aber mit gut und böse hat das nichts zu tun. Sie haben versucht, eine eherne Regel aufzustellen, die es Ihnen erspart, aufzupassen. Doch als Mutter sind Sie verpflichtet, aufzupassen. Wenn das Kind einen Schritt auf die Fahrbahn macht, sollten Sie es packen, sofern es nicht von selbst anhält. Da sollten Sie ganz konsequent sein und sich auf keinerlei Argumente oder Versprechungen einlassen.

Das Kind wird aufschreien: »Ich werde es nicht wieder tun, ich werde es nicht wieder tun«, aber ich würde sagen: »Nichts zu machen. Du hast mir gezeigt, daß du es tust, und du bist eben noch zu klein, um allein zu gehen. Deshalb wirst du an Mamas Hand gehen.« Und nach zwei oder drei Wochen würde ich es noch einmal versuchen. Das bedeutet aber nicht, daß das Kind deswegen gut oder böse, ungezogen oder nicht ungezogen ist. »Es ist gefährlich, und ich möchte nicht, daß dir etwas passiert. Wenn du allerdings den Bürgersteig verläßt, werde ich dich ganz sicher an der Hand nehmen, und damit hat sich's. Wenn du allein gehen möchtest, brauchst du nur auf dem Bürgersteig zu bleiben.«

Das ist vernünftig, und ich bin sicher, daß der Dreijährige es verstehen kann . . . wenn Sie einigermaßen konsequent dabei bleiben . . . und es lange genug tun, ohne dabei ärgerlich oder aufgeregt zu werden; wenn Sie sich allerdings aufregen, ist das Kind so sehr mit seiner Reaktion auf Ihre Aufregung beschäftigt, daß es Ihre Argumente nicht aufnehmen und verstehen wird.

6. Ist die Welt gut?

Mutter: Ich wüßte gern . . . wenn ein Kind laufen lernt, und dabei stößt es sich und weint – wie weit soll man dann gehen, wenn man sie tröstet?

Dr. B.: Dafür gibt es keine Grenze; sie soll soviel Trost bekommen, wie sie braucht. Sie möchten schließlich nicht, daß sie ihre Gehversuche aufgibt.

Mutter: Sie meinen also, wenn sie sich mit dem Kopf am Laufstall stößt, soll ich zu ihr gehen und sie trösten.

Dr. B.: Selbstverständlich. Andernfalls wird der Schaden bloß doppelt so groß. Sie hat sich gestoßen, und der Trost bleibt aus. Jedesmal, wenn Ihr Kind sich wehgetan hat oder schreit, sollten Sie es trösten. Zuweilen müssen Sie allerdings realistisch sein. Zuweilen muß man nämlich verhindern, daß sie das als Waffe gegen einen einsetzen.

Mutter: Ja, ich fing schon an, mir Gedanken darüber zu machen.

Dr. B.: Das ist in Ordnung. Wie alt ist das Kind?

Mutter: Nächsten Monat wird sie ein Jahr alt.

Dr. B.: Nun, da kann man noch nicht viel machen. Später werden Sie vielleicht mit großer Entschiedenheit sagen müssen: »Dir ist nichts passiert«, sie aber dennoch trösten. Doch eines möchte ich ganz deutlich machen: Sie sollten es nicht zulassen, daß das Kind Ihnen etwas vormachen kann. Wenn sie sich nicht wehgetan hat, aber trotzdem jammernd zu Ihnen kommt, können Sie sagen: »Du hast dir überhaupt nicht wehgetan, aber ich will dich trotzdem trösten. Komm, setz dich auf meinen Schoß und bleibe bei Mama«, oder was Sie sonst zu Ihrem Kind sagen wollen.

Mutter: Und wenn sie die Finger irgendwo hineinsteckt, wo sie sie offensichtlich selbst wieder herausziehen kann, und dann »öh-öh« schreit, bis ich komme und nachsehe? Soll ich dann sagen: »Ich weiß, daß du sie selbst herausziehen kannst, aber ich werde dir helfen«?

Dr. B.: Ja, das ist richtig. »Ich weiß, du kannst es selbst. Du wolltest nur, daß Mama kommt.« Sagen Sie ihr das nur, damit sie nicht denkt, sie hätte eine Möglichkeit entdeckt, Ihnen etwas vorzumachen. Wenn Sie nämlich darauf hereinfallen, wird sie es mehrmals am Tag machen. Verstehen Sie, was ich meine? Das Kind hat so etwas wie eine Moral, und deshalb sollten sie ihr einfach sagen: »Gut, du möchtest getröstet werden? Aber gern, hier hast du deinen Trost.« Denn in vielen Fällen will das Kind nur prüfen, ob der Trost immer zu haben ist. Und wenn sie das weiß, gibt ihr das eine ziemlich große Sicherheit. Diese Sicherheit geht jedoch verloren, wenn sie glaubt, daß sie Sie täuschen kann. Allerdings können Sie das bei einer Einjährigen noch nicht machen.

Mutter: Ja, das habe ich mir auch überlegt. Sie hatten zu jemand mit einem älteren Kind geäußert, wenn das Kind nach etwas langt, was es nicht anrühren soll, und man will davon im Augenblick kein Aufhebens machen, daß es dann unklug wäre, so zu tun, als hätte man es nicht gesehen *(zu einer anderen Mutter gewandt)* War das nicht, als Ihr Kind nach einem Aschenbecher langte? Also unser Kind – wenn sie sich den Kopf stößt, oder wenn sie etwas härter zu sitzen kommt, als sie erwartet hat, was in keinem Fall besonders weh tut, aber es war eben unangenehm, irgendwo anzustoßen – als erstes schaut sie sich sofort um. Wenn dann niemand da ist, und sie ist allein im Zimmer, macht sie einfach weiter. Aber wenn sie sieht, daß jemand zu ihr herschaut, fängt sie an zu weinen, und ich habe mich schon dabei ertappt, daß ich weggeschaut habe. Wenn es allerdings ernsthaft ist, weint sie, und ich gehe zu ihr. Was will sie denn wissen, wenn sie sich so umschaut?

Dr. B.: Das ist so: »Ist die Welt gut oder schlecht? Ich stoße mich, also ist die Welt schlecht. Wenn Mama aber nett zu mir ist, dann ist sie trotzdem gut.« Sie versucht herauszufinden, mit was für einer Welt sie es zu tun hat.

Mutter: Und warum denkt sie nicht daran, das herauszufinden, wenn niemand zu ihr herschaut?

Dr. B.: Wenn sie sich gestoßen hat und keiner es weiß, wer kann ihr denn dann die Welt angenehmer machen?

Mutter: Ihr ist aber, glaube ich, schon klar, daß auch dann, wenn wir im anderen Zimmer sind, sie bloß ein Zeichen zu geben braucht, und wir kommen.

Dr. B.: Ach, das ist etwas anderes. Sie sind auch der Ansicht, daß da ein Unterschied ist, und das stimmt. Wenn das Kind sich wirklich sehr wehgetan hat, wird es schreien, egal, ob die Mutter anwesend ist oder nicht. Dann ist das Problem geklärt: Die Welt ist schlecht! Wenn das Kind sich jedoch gestoßen hat und sich dann umschaut, dann fragt es sich: »Ist die Welt nun gut oder schlecht?« Verstehen Sie, was ich meine?

Mutter: Ja. Sie hat sich nicht so wehgetan, daß es ihr wirklich etwas ausmachen würde, und sie möchte bloß hören: »Du hast dir nicht sehr wehgetan, aber komm her.«

Dr. B.: Richtig. Es geht ihr um diesen kleinen Trost: »Jetzt ist es wieder gut. Es war nicht so schlimm.«

Mutter: Beim nächsten Mal werde ich sie also trösten. Bis jetzt habe ich immer entgegengesetzt reagiert.

Dr. B.: Weshalb?

Mutter: Es kostet ja Zeit, wenn man zu ihr hinübergeht und sie ein bißchen streichelt. Es passiert sehr oft, und es geht so weit, daß man denkt, nächste Woche wird es wohl nicht mehr vorkommen.

Dr. B.: Oh nein. Es wird sicher wieder vorkommen. Aber verstehen Sie das Prinzip? Wenn man sich schlimm verletzt hat, dann ist die Welt schlecht, und man jammert. Man beklagt sein Schicksal. Es gibt jedoch auch kleinere Verletzungen, die einen zweifeln machen, und in diesem Falle kommt es wirklich darauf an, daß man getröstet wird. Die Welt wird dadurch nicht gut, sondern einfach nicht ganz so schlecht. Für die Haltung des Kindes zum Leben und für sein Sicherheitsgefühl ist das allerdings wirklich wichtig in dem Fall, wo es zweifelt. Dann kann man durchaus etwas mehr tun, damit das Kind sich wohlfühlt.

Zweite Mutter: Egal, wie lang wir mit unserem Kleinen spielen, in dem Augenblick, wo wir ihn ins Bett bringen, fängt er an zu heulen.

Dr. B.: Sie begreifen, was er möchte?

Zweite Mutter: Er möchte, daß wir weiter mit ihm spielen.

Dr. B.: Natürlich.

Zweite Mutter: Und ich weiß nicht, womit ich ihn dann trösten kann.

Dr. B.: Da gibt es keinen Trost. Die Welt ist einfach nicht so gut, wie er sie haben möchte. Ihnen ist aber klar, daß die Welt mit jeder Maßnahme, die Sie gegen den Wunsch des Kindes ergreifen, weniger gut erscheint, als sie erscheinen könnte. Nun hat das, was Sie tun können, seine Grenzen. Sie sind schließlich ein Mensch, Sie werden müde, und das alles versteht sich von selbst. Machen Sie sich aber ständig klar, daß der Optimismus oder der Pessimismus, der Mut, mit dem wir dem Leben entgegentreten, oder die defätistische Haltung, die uns veranlaßt, dem Leben auszuweichen, in diesem frühen Alter festgelegt werden. Und es ist sehr, sehr schwierig, das später zu ändern. Es bedarf jahrelanger schwerer Mühe, wenn man es überhaupt schafft.

Je mehr Sie dem Kind den Eindruck geben, daß diese Welt gut ist, um so glücklicher wird das Kind sein, um so mehr Mut wird es haben, sich der Welt zu stellen, weil es überzeugt ist, daß die Welt im Grunde doch gut ist. Je weniger Sie ihm diesen Eindruck geben, um so defätistischer wird seine Einstellung sein, um so mehr wird es überzeugt sein, daß die Welt ohnehin schlecht ist und daß es keinen Zweck hat, sich Mühe zu geben. Da müssen Sie sich als Eltern entscheiden. Was für eine Lebenseinstellung wollen Sie Ihrem Kind vermitteln? Ich weiß: was wir tun können, ist begrenzt, aber . . .

Zweite Mutter: Ach . . . es ist so . . . es ist jedesmal! Man denkt, irgendwann muß er doch mal zufrieden sein.

Dr. B.: Warum sollte er? Wie alt ist er?

Zweite Mutter: Ein Jahr.

Dr. B.: Welchen Reiz bietet die Welt einem Einjährigen? Abgesehen von dem, was die Mutter, der Vater oder vielleicht ein älteres Geschwister bieten, gibt es doch wirklich wenig

Reize für sie. Sie sind durchaus lebendig, aber sie können eigentlich nicht sehr viel anfangen. Ihre Welt besteht aus Spielsachen, Laufstall und Bettchen. Gibt es sonst noch etwas?

Zweite Mutter: Spielsachen, und ein Zimmer, oder das Bettchen, oder den Laufstall, oder Mamas oder Papas Schoß.

Dr. B.: Klar. Dies ist eben ein schwieriges Alter, das tolpatschige Alter. Da fangen die Schwierigkeiten an. Ständig fallen sie hin, sie tun sich weh, ihre Bewegungskoordination ist unentwickelt, und dabei möchten sie hier und dort hin und spielen. Von eins bis drei, das sind die schwierigen Jahre. Aber was Sie tun, um ihm dabei zu helfen, trägt eine Menge zur Gestaltung der Zukunft bei. Sie sind furchtbar geringfügig, die Anfänge, aber mit ihnen beginnt die Zukunft.

7. Kann man zu sehr lieben?

Mutter: Ich habe etwas, das hängt damit zusammen . . . mit den Einschränkungen, die man dem Kind auferlegt[1]. Wo sollte man die Grenze ziehen für die Liebe, die ein Kind zu Hause erfährt, verglichen damit, wieviel Widerstand dagegen . . . die Zuwendung, die er nicht bekommen wird, wenn er nicht mehr zu Hause ist? Ist es möglich, ein Kind übermäßig zu lieben?

Dr. B.: Einen Augenblick mal. Ich glaube, Sie haben eine sehr wichtige Frage angeschnitten, aber ich muß leider sagen, meine Liebe, daß es ein bißchen unklar herauskam.

Mutter: Sicher.

Dr. B.: Gut, können Sie es noch einmal versuchen?

Mutter: Ja. Ist es möglich, ein Kind in der Familie zu sehr zu lieben?

Dr. B.: Ist es möglich, daß Ihr Mann Sie zu sehr liebt?

Mutter: Nein!

Dr. B.: Es findet hoffentlich auch in der Familie statt?

Mutter: Aber . . . es bekommt draußen nicht soviel Aner-

---

1 Ursprünglich schloß sich dieses Gespräch an das unter der Überschrift »Ursache und Wirkung« an, in dem ein Vater fragte, wie viele Einschränkungen man einem Kind auferlegen sollte.

kennung . . .

Dr. B.: Nun, da Sie eine Dame sind, möchte ich an Sie nicht die gleichen Anforderungen stellen wie an diesen Herrn. Er ist schließlich Wissenschaftler und müßte es gelernt haben, sich präzise auszudrücken. Doch was verstehen Sie unter »Liebe«? Wenn ich Sie frage, ob Ihr Mann Sie zu sehr lieben kann, dann kommt es ganz darauf an, was Sie Liebe nennen. Wir werden, glaube ich, alle zugeben, daß eine Menge Zwang, Unterdrückung und Einschüchterung unter dem Deckmantel der Liebe ausgeübt werden kann. Eifersucht, Besitztrieb und wer weiß was noch alles kann sich darunter verbergen. Diese Art von Liebe ist sicher übertrieben, aber dabei handelt es sich gar nicht um Liebe. Mag sein, daß viele Eltern ihre Kinder übermäßig lieben, aber was sie in Wirklichkeit übertreiben, ist ihr Besitzanspruch. Der Wunsch, das Leben des anderen zu bestimmen, ist keine Liebe.

Mutter: Ja, dessen bin ich mir schon bewußt . . . Aber was ich meine, ist ein bestimmtes Maß an Zärtlichkeit, an Verwöhnung und Anerkennung. Ich finde, es ist sehr einfach, dem Kind eine Menge Anerkennung zu geben, und ich frage mich, ob das nicht übertrieben ist.

Dr. B.: Was?

Mutter: Von niemand sonst wird er doch soviel Anerkennung erfahren wie von mir.

Zweite Mutter: Um so mehr sollte er sie von Ihnen erfahren.

Mutter: Ja, aber wird es nicht ein Schock für das Kind sein, wenn es merkt, daß sonst niemand es im gleichen Maße anerkennt?

Zweite Mutter: Nein, nicht, wenn die Eltern es tun.

Dr. B.: Sehr schön! Machen Sie weiter! Endlich beginne ich, die Früchte meiner Arbeit zu sehen.

Zweite Mutter: Ich glaube, es ist viel einfacher, sich mit dieser unfreundlichen Außenwelt abzufinden, wenn man weiß, daß zumindest jemand, den man mag, einen anerkennt.

Mutter: Ja, aber angenommen, er geht auf dem Bürgersteig, und jemand nimmt ihm etwas fort. Wird er sich dann nicht betrogen fühlen?

Zweite Mutter: Sicher, aber er wird noch viel niedergeschlagener sein, wenn Sie ihm auch noch etwas vorenthalten. Was hat er denn dann?

Mutter: Ich weiß, aber . . .

Dr. B.: Könnten Sie mir vielleicht sagen, wozu Sie mich bei diesen Gesprächen brauchen?

Zweite Mutter (zögernd): Ach . . . bei mir ist es schon soweit, daß ich mir bloß zu überlegen brauche, daß ich Sie etwas fragen will, und schon weiß ich die Antwort!

Dr. B.: Ich verstehe. Denn wenn Sie erst einmal gelernt haben, wie man das Problem analysiert, also gelernt haben, die richtigen Fragen zu stellen, liegt die Antwort ja auf der Hand. Das finde ich ganz prima. Machen Sie weiter, Sie beide.

Dritte Mutter: Also, ich . . .

Dr. B.: Nein, noch hat sie das Wort.

Mutter: Ach nein, ich möchte nicht . . . Ich möchte wissen, was jemand anders . . .

Dr. B.: Nein, nein! Dies ist ein sehr wichtiges Problem, und ich bin nicht zufrieden. Ich glaube, sie hat Ihnen die richtige Antwort gegeben, aber Sie sind, glaube ich, nicht bereit, sie zu akzeptieren.

Mutter: Ach, ich war immer der Ansicht, wenn ich ihm . . .

Dr. B.: Ja, aber Ihre Ansicht reicht nicht aus. Es fehlt noch an der inneren Überzeugung, und das merke ich daran, wie Sie antworten.

Dritte Mutter: Vielleicht sollte sie es in derselben Weise auffassen wie die Gefühle, die ihr Mann ihr gegenüber hat . . . Daß er sie mehr liebt als sonst jemand auf der Welt.

Dr. B.: Woher wissen Sie das?

Mutter: Also ich weiß nicht . . .

Dritte Mutter: Aber er empfindet doch eine große Zuneigung zu ihr . . .

Dr. B.: Woher wissen Sie das?

Vierte Mutter: Ich glaube, es wäre gut, wenn sie das Kind wie . . . Zum Beispiel wie einen jungen Schößling auffaßt. Ich meine immer, je mehr Sonne, je mehr Licht und Regen ein Schößling bekommt, um so besser kann er später den Belastungen des Sturmes widerstehen. Ich glaube, diese Vorstellung kann man auf das Kind übertragen. Je mehr Fürsorge, je mehr . . .

Dr. B.: Ja, aber wieso brauchen Sie dazu einen Schößling? Es reicht doch vollkommen aus, wenn man an das Kind denkt.

Vierte Mutter: Ich wollte bloß eine Analogie heranziehen.

Dr. B.: Ja, aber in dieser Analogie können Sie sich verfangen. An dem, was Sie sagen, ist sehr viel Wahres, aber es hat dennoch einen Haken. Und der hängt mit der Frage zusammen, was Sie im Grunde wollen. Ganz sicher wird ein Kind, das viel herumgestoßen wurde, gewisse Abwehrmechanismen entwikkeln und dadurch bis zu einem gewissen Grade abstumpfen. Menschen, die ein gewisses Maß an Enttäuschungen erlebt haben, denen sehr übel mitgespielt wurde, entwickeln manchmal sehr schlimme Abwehrmechanismen. Zuweilen spricht man von einer Panzerung, denn es hat wirklich die Funktion eines Panzers.

Diesen Ausdruck hat Wilhelm Reich vor vielen Jahren benützt. Er sprach von einem gepanzerten Körper und einer gepanzerten Seele. Und man kann sich panzern, oder das Leben kann einen zwingen, einen solchen Panzer aufzubauen. Aber erstens bedarf es zum Aufbau eines solchen Panzers einer beträchtlichen Energie. Und zweitens nimmt er einem die Bewegungsfreiheit. Schließlich panzert er einen, und das ist das Üble an einem Panzer, sowohl gegen gute wie auch gegen schlechte Erfahrungen. Man entwickelt ihn, um sich vor schlechten Erfahrungen zu schützen. Er schützt einen jedoch ebenso vor den guten Einflüssen, oder besser gesagt, er verhindert, daß sie einen erreichen. Und das hat was mit der menschlichen Psyche zu tun.

Eines der großen Probleme der Erziehung besteht in der Notwendigkeit, einen Panzer gegen die schlechten Dinge zu entwickeln, ohne gleichzeitig die guten Dinge abzublocken. Aber darauf müssen wir wohl noch warten. Offensichtlich ist die menschliche Psyche noch nicht soweit, so etwas zu entwikkeln. Wenn man nun glaubt, daß diese Welt im Grunde schlecht ist, daß in dieser Welt sowenig Gutes geschieht, so daß man mit einem schweren Panzer besser dran ist, dann wird man ganz anders reagieren. Aber machen Sie sich keine Sorgen. Denn wenn Sie diese Welt miserabel finden, dann wird Ihr Kind ohnehin einen Panzer entwickeln.

Mutter: Sie meinen, ich könnte einen harten Burschen aus ihm machen, einfach indem ich denke, er soll ein harter Bursche werden?

Dr. B.: Ja . . . Und daß man hart sein muß, um zurechtzukommen.

Mutter: Aber er ist kein harter Bursche.

Dr. B.: Möchten Sie denn, daß er ein harter Bursche wird?

Mutter: Nein!

Dr. B.: Dann verhindern Sie damit schon, daß er einer wird. Erkennen Sie die weitreichenden Konsequenzen, die das hat? Es ist sehr merkwürdig, aber in Wirklichkeit haben wir keine echte Freiheit. Denn wenn wir überzeugt sind, daß diese Welt miserabel ist und daß man in ihr hart sein muß, dann wird eben diese Überzeugung sich auf das Kind übertragen, und wir werden das Kind dadurch, daß wir es dazu erziehen, in dieser Welt hart zu sein, in dieser Überzeugung bestärken.

Mutter: Ach . . . vielleicht erziehe ich ihn dann zu weich.

Dr. B.: Das ist jetzt die Frage. Erziehen Sie ihn wirklich so, daß er zu weich wird, zu sanft?

Mutter: Sein Vater ist sanft, und er ist ebenfalls sanft.

Dr. B.: Dann mögen Sie offensichtlich sanfte Menschen.

Mutter: Ja, aber ist es nicht schlecht für ihn, wenn er sanft ist? Wird er nicht allzu verletzlich sein?

Dr. B.: Möchten Sie lieber hart oder lieber sanft sein?

Mutter: Sanft . . .

Dr. B.: Aber Sie wissen, daß Sie gelegentlich verletzt werden, wenn Sie sanft sind.

Mutter: Werden harte Menschen nicht auch gelegentlich verletzt?

Dritte Mutter: Aber sie haben doch einen Panzer.

Dr. B.: Sie sind doch überzeugt, daß es besser ist, sanft zu sein. Was wollen Sie dann noch von mir?

Mutter: Ach, das habe ich mich eben gefragt. Ab und zu mache ich mir nämlich Gedanken darüber, ob ich es ihm nicht zu Hause viel zu schön mache.

Dr. B.: Wie alt ist er?

Mutter: Er ist zweieinhalb.

[Die Gruppe bricht in Gelächter aus]

Dr. B.: Das ist durchaus ein Problem. Ich glaube aber . . . Es ist wahr, daß man ein Kind verziehen kann, wenn man ihm nachgibt, wo es lernen sollte, eine Situation zu meistern, aber ich sage das mit großen Vorbehalten. Der Fehler, den man in unserer Gesellschaft meistens macht, ist der, daß man die Härte zu sehr betont. Aber dies ist eine sehr nette Gruppe, und ich denke, daß ich auch einmal das Gegenteil in Erwägung ziehen sollte. Ich glaube, wenn ein Kind eine sehr schlimme Erfahrung gemacht hat, allerdings eine, die zum normalen Ablauf des Lebens dazu gehört, dann würde ich das Kind trösten.

Aber ich würde deutlich sagen – und bei einem Kind von zweieinhalb Jahren kann man das schon so sagen –: »Nun, so ist es eben . . . Das kann dir passieren. So ist das Leben.« »Es ist unangenehm, krank zu sein, aber gelegentlich werden die Menschen krank, verstehst du?« »Klar, wenn du rennst, kann es sein, daß du hinfällst und dir wehtust.« Und wenn er hingefallen ist, dann bedauert man ihn sehr, und man verwöhnt ihn ein bißchen oder was man sonst in diesem Falle tut. Dennoch sollten Sie die Situation ganz objektiv darstellen, und Sie sollten ihm auch klarmachen, daß er, auch wenn er einmal gefallen ist, nicht darauf verzichten kann, zu gehen oder auch zu rennen, wenn er Lust dazu hat.

Mutter: Daß er es akzeptiert und weitermacht.

Dr. B.: Ja. »Das gehört zum Leben. Wenn du leben möchtest, mußt du ein paar Stöße in Kauf nehmen. Aber ich werde dich trösten, weil ich dich lieb habe.« Verstehen Sie, worauf ich hinaus will?

Mutter: Ja.

Dr. B.: Ich würde nicht sagen: »Du muß es hinnehmen und darfst nicht weinen . . . denn das wird dir immer wieder passieren.« Ich würde ihm sagen: »Du darfst ruhig weinen und traurig sein. Aber mach dir nichts vor: es wird dir wieder passieren. So ist eben das Leben.« In diesem Sinne kann man nämlich durchaus realistisch sein und verhindern, daß man das Kind verzieht. Allerdings glaube ich nicht, daß Sie es so gemacht haben . . . oder doch?

Mutter: Nein . . . eigentlich nicht.

Dr. B.: Sicher wird er in der Schule auf üble Kameraden stoßen, auf unfreundliche Lehrer und andere unangenehme Erfahrungen. Da würde ich jedoch ganz realistisch sein. Ich würde ihn trösten und sagen: »Ja, es gibt auch böse Dinge in dieser Welt. Diese Welt ist nicht vollkommen, und du bist auch nicht vollkommen, mein Kind.« Und ich würde sagen: »Aber es gibt gleichzeitig viele gute Dinge in dieser Welt. Und das beste dabei ist, daß wir beide in dieser Welt zusammen sind.« Aber das letztere sollten Sie lieber nicht aussprechen. Zeigen Sie es ihm einfach durch Ihr Handeln. Ist damit Ihre Frage beantwortet? Aber sagen Sie nicht »Ja«, wenn es nicht stimmt.

Mutter: Doch, es stimmt.

V. Kampfesmüde

Aus dem vorherigen Gespräch wurde deutlich, daß manche Mütter gelernt hatten, die richtigen Fragen zu stellen. Sie hatten außerdem gelernt, daß es möglich ist, durch Nachdenken über sich und das Kind und durch ein Gespräch mit dem Kind schließlich zu vernünftigen Lösungen zu gelangen. Diese Bereitschaft bei den Eltern, die Probleme des täglichen Lebens ernst zu nehmen, ist das wirklich Entscheidende für die Beziehung zwischen Eltern und Kind. Sie führt erstens zu der Erfahrung, daß alle wichtigen Probleme des familiären Zusammenlebens gemeistert werden können, wenn wir uns ernsthaft darum bemühen. Und zweitens ist diese Erfahrung das, was Kinder am stärksten brauchen – viel stärker, als richtig behandelt zu werden, obwohl auch das nicht verkehrt ist.

Bislang sind hier fast alle Probleme so dargestellt worden, als seien sie zunächst Probleme des Kindes, obwohl sich dann oft herausstellte, daß es gleichfalls Probleme der Eltern sind. Dennoch wurde von der Annahme ausgegangen, daß diese Probleme ihren Ursprung bei den Kindern haben. Es ist allerdings so, daß in einem Zweierverhältnis das Problem der Beziehungen von jeder der beiden Seiten ausgehen kann. Selbst Probleme, die eigentlich nur die Eltern und besonders die Mutter betreffen, werden sich, wenn sie unerkannt beziehungsweise ungelöst bleiben, bald bei dem Kind und schließlich bei der ganzen Familie bemerkbar machen. Dieses letzte Kapitel enthält deshalb Gespräche, bei denen es eindeutig um Probleme der Mutter ging.

Darunter tritt ein Problem ganz besonders hervor: die enorme Aufgabe, sich nach der Geburt des ersten Kindes an das häusliche Leben zu gewöhnen. In früheren Zeiten und in anderen Gesellschaften war das Leben der Mädchen vor der Eheschließung eine einzige lange Vorbereitung auf das häusliche Leben, und wenn sie dann verheiratet waren, kamen sie mit den entsprechenden Aufgaben selbständig zurecht. Das gilt nicht für unsere Gesellschaft; für diese Gruppe von Müttern gilt es mit Sicherheit nicht, und es gibt anscheinend immer mehr Frauen, die in demselben Boot sitzen. So sehr sie alle damit gerechnet haben, zu heiraten und Kinder zu haben, so hat das Leben sie doch ganz anders vorbereitet. In der Oberschule hatten sie weitgehend dieselben Fächer wie die berufsorientierten Jungen, und wenn sie weiter auf die Universität gingen, unterschied sich ihre Ausbildung noch weniger von der der Männer. Wenn sie dann heirateten, setzten sie zum Teil die Universität fort, häufiger gingen sie jedoch einer Tätigkeit nach, um den Lebensunterhalt für beide zu verdienen, während der Mann seine Ausbildung abschloß. Selbst die Ehe war also keine Vorbereitung auf das Leben als Hausfrau, denn die Führung des Haushalts nahm nach Studium und/oder Arbeit den zweiten oder dritten Platz ein.

Diese Situation ändert sich ziemlich abrupt, wenn das erste Kind da ist. Gewiß hat die Mutter während der letzten Phasen der Schwangerschaft in der Regel die Arbeit aufgegeben, aber das war an sich schon eine neue Erfahrung, und im übrigen hat die Schwangerschaft alle Kraft und Aufmerksamkeit, die ihr verblieb, in Anspruch genommen. Nach der Geburt des Kindes gab es dann ein paar Wochen, in denen sie sich erholen und an das Baby gewöhnen konnte. War das aber einmal vorbei, dann wurde ihr schlagartig klar, daß sie von nun an ein ganz anderes Leben führen würde, als sie es bislang gekannt hatte.

In den folgenden vier Beispielen werden Mütter vorgestellt, die mit ihrem neuen Leben unzufrieden sind, die in unterschiedlichem Maße die Gründe ihrer Unzufriedenheit begriffen haben oder sich darum bemühen, sie zu begreifen. In allen Fällen wird einigermaßen deutlich, daß die tatsächlichen oder potentiellen Auswirkungen auf das Kind in dem Maße, wie die Mutter einem Verständnis näher kommt, schwächer werden oder sogar ganz verschwinden. Gewiß hängt das Problem mit der Stellung der Mutter in der Gesellschaft zusammen, doch zeigt sich, daß es im Grunde allein ihr Problem oder vielleicht auch das ihres Mannes ist, aber wirklich noch kein Problem des Kindes.

1. Dieses wundervolle Leben

Mutter: Ich habe einen Jungen von acht Monaten. Er ist unser einziges Kind . . .

Dr. B.: Und Sie haben keine Probleme?

Mutter: Doch, jedesmal, wenn ich herkomme, will ich Sie etwas fragen, aber ich schaffe es nie. Heute habe ich mir schließlich vorgenommen, Sie zu fragen, was ich tun soll. In den letzten drei Tagen hat er angefangen, aufzustehen, sich hochzuziehen und zu stehen, und seine ganze Persönlichkeit scheint sich verändert zu haben.

Dr. B.: Die Welt sieht dann ganz anders aus.

Mutter: Ja, aber von morgens bis abends gibt er nur Laute von sich. Er tut nichts, sondern gibt nur diese Laute von sich und scheint in einem euphorischen Zustand zu sein. Mit der Zeit macht mich das aber genauso verrückt wie sein Weinen. Es ist einfach zuviel Krach!

[Gelächter]

Dr. B.: Weshalb glauben Sie noch, daß es zuviel ist?

Mutter: Es hört einfach nicht auf! Es geht einfach den ganzen Tag so, vierundzwanzig Stunden lang!

Dr. B.: Augenblick mal! Jeden Tag vierundzwanzig Stunden lang?

Mutter: Den ganzen Tag über . . .

Dr. B.: Augenblick mal!

Mutter: Gegen Abend wird er körperlich aktiver. Dann singt er nicht mehr ganz so viel oder nicht ganz so laut. Wenn er sich bewegt oder aufsteht, gibt er aggressivere Laute von sich, ungefähr so »Baa-aa, baa-aa, baa-aa!«

[Wieder wird gelacht]

Dr. B.: Weshalb sprechen Sie von aggressiv?

Mutter: Nun, das . . . den Eindruck macht er. Wenn er aufsteht, wirkt er, als ob . . . Ja, als ob er zornig wäre. Daß es ein solcher Kampf ist, bis er steht, und . . .

Dr. B.: Ja, das ist durchaus möglich. Es ist vermutlich ein schwerer Kampf.

Mutter: Aber verstehen Sie, vorher klang das, was er von sich gab, angenehm und zufrieden.

Dr. B.: Er war noch nicht den ernsten Problemen des Lebens begegnet!

Mutter: Er hat immer viel vor sich hingesungen.

Dr. B.: Ja?

Mutter: Und jetzt scheint er einfach nicht damit aufzuhören.

Dr. B.: Machen Sie sich deshalb keine Sorgen; das wird aufhören.

Mutter: Aber ich . . . das ist es ja. Ich weiß nicht, wie ich es nennen soll, es ist so eine Spannung . . .

Dr. B.: Spannung? Was meinen Sie mit Spannung?

Mutter: Ach, *ich* fühle diese Spannung, und ich frage mich, ob er sie auch empfindet?

Dr. B.: Aha! Jetzt fangen Sie an zu sprechen. Aber Sie sprechen über sich selbst!

Mutter: Wahrscheinlich ist es das. Es ist wirklich sehr schwer. Gegen Abend ist er von seinen Bemühungen wirklich sehr gereizt.

Dr. B.: Natürlich. Das ist verständlich.

Mutter: Und gegen Abend fängt er dann an zu quengeln und zu schreien.

Dr. B.: Was mich eher beunruhigt, ist *Ihre* Spannung, und die Tatsache, daß Sie seine Äußerungen als aggressiv deuten. Das Aufstehen ist doch schließlich eine großartige Leistung!

Mutter: Das war am ersten Tag, wo er stehen konnte. An diesem Tag hat er mir außerdem ganz unerwartet die Flasche aus der Hand genommen. Er hat mir immer den Löffel aus der Hand genommen, wenn ich ihn gefüttert habe, und damit gespielt und herumgerührt. Aber jetzt hat er ihn festgehalten wie die Flasche, und es war das erste Mal, daß er schrie, als ich ihm etwas aus der Hand nahm. Er ist so in Zorn geraten, daß er nicht einmal merkte, wie ich es ihm in die andere Hand stecken wollte. Vorher ist er bei diesen Dingen immer ganz freundlich geblieben. Mit einem Tag hat sich das völlig geändert.

Dr. B.: Ja. Manchmal geht es schnell. Haben Sie Anlaß zu glauben, daß an diesem Tag irgend etwas besonderes war?

Mutter: Nein. Nach meiner Ansicht habe ich eigentlich kein Problem. Aber ich habe allmählich genug von diesem »wundervollen Leben«! *[Großes Gelächter]* Seit er angefangen hat, dauernd zu schreien, habe ich zum ersten Mal diesen Wunsch gespürt, er sollte aufhören!

Dr. B.: Sagen Sie mal, wie lange hält er es denn wirklich durch?

Mutter: Ich glaube, ich sollte wirklich mal auf die Uhr schauen. Tatsächlich habe ich aber den Eindruck, daß es vom Aufwachen morgens bis zum Spätnachmittag geht.

Dr. B.: Ohne Pause?

Mutter: Nur wenn er schläft.

Dr. B.: Und während er ißt?

Mutter: Nein, dann ist er still.

Dr. B.: Und vermutlich würde ich noch andere Pausen entdecken, wenn ich nur wüßte, wonach ich fragen soll! In Wirklichkeit geht es also nicht von morgens bis abends, sondern es scheint Ihnen nur so. Es besteht kein Zweifel, daß da etwas ist, was Sie stört. Vielleicht ist es unbegründet – ich weiß es nicht. Wahrscheinlich haben Sie durchaus Anlaß beunruhigt zu sein, aber leider kenne ich diesen Anlaß nicht.

Mutter: Ich glaube, ich fürchte mich vor der schwierigen Zeit, jetzt, wo er kräftiger wird und herumkrabbeln kann. Ich glaube, ich habe einfach nicht damit gerechnet, daß es so rasch geht.

Dr. B.: Haben Sie sich darauf eingestellt, daß er für die nächsten achtzig Jahre an Ihnen hängen wird?

Mutter: Nein, das nicht. Aber es hätte wenigstens ein bißchen allmählicher kommen können. Außerdem überlege ich mir, womit man ihn unterhalten kann, damit er nachmittags nicht ganz so gereizt wird.

Dr. B.: Womit unterhalten Sie ihn?

Mutter: Ach, das ist es ja. Ich weiß nicht, was ich für ihn tun kann.

Dr. B.: Was machen Sie denn jetzt mit ihm?

Mutter: Erst einmal gehe ich mehr mit ihm im Kinderwagen aus.

Dr. B.: Und dabei schreit er die ganze Zeit?

Mutter: Nein.

Dr. B.: Na also! Wieder eine Pause.

Mutter: Und am Spätnachmittag bin ich mehr mit ihm draußen.

Dr. B.: Könnten Sie nicht Ihre Einkäufe am Vormittag erledigen?

Mutter: Dann singt er nur. Bloß später fängt er . . .

Dr. B.: Sagen Sie, wann macht er dieses aggressive »Baa-aa, baa-aa, baa-aa«?

Mutter: Gerade am Nachmittag, wenn er sich abmüht, etwas zu machen.

Dr. B.: Gut. Soll er sich ein bißchen abmühen, soll er kämpfen.

Mutter: Und ich soll ihn schreien lassen?

Dr. B.: Dazu kann ich nichts sagen. Ich bin nicht so überzeugt, daß sein Schreien wirklich so aggressiv ist, wie Sie meinen.

Mutter: O doch, er schreit offensichtlich aus Verärgerung, weil er es nicht schafft . . .

Dr. B.: Wann ist er also aggressiv?

Mutter: Wenn er versucht . . . Also er hat zum Beispiel so einen Schaukelstuhl, und statt damit zu schaukeln oder sonst etwas zu machen . . . stellt er sich bloß hin und schreit. Er steht einfach da.

Dr. B.: Nun, das ist doch eine ungeheure Leistung! Ich glaube nicht, daß wir in unserem Leben jemals wieder ein solches Erfolgserlebnis haben werden. Natürlich erregt ihn das! Die Frage ist nur, was *Sie* daran so erregt?

Mutter: Ich glaube, es regt mich einfach auf. Zum Beispiel, wenn er etwas ergreifen will . . . Er will den Ball ergreifen, und der Ball rollt fort, und dann schreit er. Wenn vorher so etwas passierte, hat er sich einfach umgedreht und gesungen.

Dr. B.: Aber jetzt weiß er, was er will, und er will es. Vorher wußte er es nicht, und deshalb war es ihm egal. Weshalb regt Sie das so auf?

Mutter: Stimmt, er wird jetzt munterer. Darauf muß man sich einstellen. Aber *ihm* macht es wohl nichts aus.

Dr. B.: Ich weiß es nicht. Ich befürchte aber, wenn es Sie weiterhin stört, könnte es auch ihn stören. Im Augenblick kann er sich nur für kurze Zeit auf etwas konzentrieren. Seine Neugierde ist leicht geweckt und leicht befriedigt, wie Sie wissen. Und ich glaube, daß solche Spielsachen, die fortrollen und die man nicht festhalten kann, ziemlich frustrierend sind. Ich würde also vorschlagen, wir lassen es dabei und schauen, wie weit wir in drei Wochen sind, einverstanden?

Sie sollten in der Zwischenzeit versuchen, es nicht als Aggressivität zu deuten. Wenn es Ihnen möglich ist, fassen Sie es nicht als »zuviel Krach« auf. Machen Sie einfach kein Aufhebens davon. Versuchen Sie, in seinen Bemühungen Anzeichen der Selbständigkeit zu sehen. Im Augenblick sind es wohl noch mehr Anzeichen als Selbständigkeit, aber sehr rasch wird er doch eine gewisse echte Selbständigkeit erreichen, wird er manches doch ganz allein schaffen. Und das bedeutet, daß er nach und nach Ihre Zeit und Kraft immer weniger in Anspruch nehmen wird.

Bei dieser Mutter kamen mehrere Probleme zusammen, die sie ärgerlich und ängstlich werden ließen, wenn sie auch nicht alle im Gespräch deutlich hervortraten. Dennoch zeigt es sehr gut, wie eine vollkommen natürliche Besorgnis der Mutter zu Schwierigkeiten und Enttäuschung mit dem Kind führen kann. Ich meine damit die Befürchtung der Mutter – besonders bei ihrem ersten Kind –, ob sie sich wohl als eine gute Mutter erweisen wird.

Solange ihr kleines Kind im großen und ganzen zufrieden ist, mag das Leben mit ihm und die ständige Fürsorge, die es verlangt, ermüdend und gelegentlich auch langweilig sein, aber das heißt schlimmstenfalls, daß es weniger aufregend ist und mehr Arbeit bedeutet, ein kleines Kind zu haben, als sie erwartet hatte. Die Enttäuschung ist noch nicht so groß, daß ihre Hoffnung, als Mutter erfolgreich zu sein, gefährdet wäre.

Wenn das Kind dann aber anfängt, gewisse Dinge erreichen zu wollen, und sein Versagen beklagt – was eine durchaus natürliche Entwicklung ist –, kann sein verzweifeltes Schreien bei der Mutter unter Umständen die Zweifel an sich selbst nähren. Jedes Weinen des Kindes deutet sie dann als Vorwurf, daß sie nicht eine so gute Mutter ist, wie man es von ihr erwartet, und das macht ihr Angst. Und da cs das Weinen ist, was ihr Angst machte, deutet sie es als ein ängstliches Weinen.

Bei dieser Mutter wird eine andere Form von Ichbezogenheit deutlich, die sie veranlaßt, die wachsenden Ansprüche ihres Kindes und seine Frustration nicht als Anzeichen der Entwicklung und der Selbständigkeit (das sind sie nämlich) zu deuten, sondern als Anzeichen von Zorn und Angst. Der Zorn und die Angst stecken in Wirklichkeit in ihr, erwachsen aber in diesem Falle weniger aus dem, was tatsächlich geschieht, sondern vielmehr aus dem, was sie in der Zukunft befürchtet.

Sie sagt sich nicht: »Er braucht mich jetzt mehr, weil er mehr lernt; das bedeutet aber, daß er bald imstande sein wird, viele Dinge selber zu machen.« Ein solcher Gedanke hätte ihr Freude gemacht und sie gegenüber seinen gewachsenen Ansprüchen geduldiger gemacht. Statt dessen denkt sie: »Diese Ansprüche werden endlos wachsen«, und das macht ihr Angst. Sie begreift nicht, daß es ihre eigene Angst vor der Zukunft ist und nicht das Weinen des Kindes, was ihr Angst macht, und auch aus diesem Grunde hört sie aus dem Weinen die Angst heraus. In Wirklichkeit weint er, weil er frustriert ist – denn jetzt kann er mehr tun als vorher, aber er kann noch nicht alles tun, was er gern möchte.

Daß diese Mutter eine unrealistische Vorstellung vom Glanz der Mutterschaft hatte, geht aus ihrer Bemerkung hervor, daß sie von diesem wundervollen Leben genug hat. Äußerlich scheint sie bereit zu sein, ihre romantischen Vorstellungen aufzugeben, daß es das reinste Glück bedeutet, für ein kleines Kind zu sorgen. Trotzdem kann sie aber nicht glauben, daß sie als Mutter Erfolg hat, wenn das Kind sehr oft weint.

Dabei scheint sich das Kind, das auf diese Weise das Selbstgefühl der Mutter in Frage stellen kann, wie ein kleines Ungeheuer zu verhalten (beziehungsweise eines zu sein). Anscheinend sind heutzutage viele Eltern – besonders diejenigen, denen sehr daran liegt, gute Eltern zu sein – nicht zu der Einsicht fähig, daß sie selbst es waren, die ihren kleinen

Kindern diese Macht verliehen haben, über sie als Eltern zu urteilen. Hätte diese Mutter ihrem Sohn nicht die Macht verliehen, durch sein Verhalten zu beweisen, daß sie eine gute beziehungsweise schlechte Mutter ist – sie hätte angesichts der neuen Entwicklungen, auch angesichts des verstärkten Weinens, viel gelassener sein können.

Hätte sie erkennen können, woher ihre Verärgerung stammte – aus ihren übertriebenen Vorstellungen davon, wie »schön« es ist, ein kleines Kind zu haben; aus ihrer Besorgnis darüber, ob sie eine gute Mutter werden würde oder nicht –, dann hätte sie sich über ihr Kind nicht geärgert oder doch nur zeitweilig. Auch hätte sie sich weniger über sich selbst geärgert, und sie wäre infolgedessen fähig gewesen, auf die sich entwickelnde Selbständigkeit ihres Kindes stolz zu sein. Denn daraus ging ja schließlich hervor, daß sie eine gute Mutter war.

2. Tyrannei

Dr. B.: Geht es wieder einmal um das Verwöhnen? Was verstehen Sie unter Verwöhnen?

Mutter: Meiner ist total verwöhnt. Aber damit ist jetzt endgültig Schluß!

Dr. B.: Soll ich mich vielleicht zum Anwalt Ihres Kindes machen? Das könnte ich vielleicht, aber zunächst sollten Sie mir erzählen, was Sie auf dem Herzen haben.

Mutter: Ach, es ist nur, daß ich dauernd etwas mit ihm machen muß!

Dr. B.: Wie alt ist er?

Mutter: Vier.

[Gelächter]

Dr. B.: Und wann fing diese Tyrannei an?

Mutter: Gleich nach der Geburt.

Dr. B.: Wieso denn das?

Mutter: Ich weiß nicht, wieso. Ich muß mich einfach ständig um ihn kümmern.

Dr. B.: Ich weiß nicht, ob Sie das ernst meinen. Übertreiben

Sie da nicht?

Mutter: Ich meine es durchaus ernst.

Dr. B.: Gut, dann wollen wir ernsthaft darüber sprechen. Was tut er denn, das Ihnen so zu schaffen macht?

Mutter: Ach, man muß einfach den ganzen Tag mit ihm spielen.

Dr. B.: Und was tun Sie? Beschäftigen Sie ihn?

Mutter: Ja. Ich möchte doch, daß er glücklich ist.

Dr. B.: »Er soll glücklich sein, in Dreiteufelsnamen, und wenn es mich umbringt!«

Mutter: Ach, er ist nicht schwieriger als ein zwei Monate altes Baby.

Dr. B.: Hören Sie: Wir wollen nicht zwischen den verschiedenen Altersstufen Vergleiche ziehen; jedes Alter hat seine Schwierigkeiten. Worum geht es denn? Haben Sie wirklich ein Problem, oder wollen Sie sich nur an unserer Schulter ausweinen? Wir werden Ihnen gern unsere Schultern zur Verfügung stellen, doch falls Sie herausbekommen möchten, was sich gegen Ihr Problem tun läßt, sollten wir ein bißchen vernünftiger darüber sprechen. Geht er in den Kindergarten? Wie steht es damit? Gibt es nicht an der Universität einen für die Kinder von Kriegsteilnehmern?

Mutter: Ich habe es ja versucht. Ich habe vier oder fünf Monate gewartet, um da hineinzukommen, aber es gibt eine lange Warteliste.

Dr. B.: Und was ist mit den anderen Kindern im Viertel?

Mutter: Ach, mit denen spielt er schon.

Dr. B.: Dann fällt er Ihnen also doch nicht dauernd zur Last. Wie wäre es denn, wenn Sie andere Kinder zu sich einladen würden, oder wenn Sie ihn für ein paar Stunden aus dem Haus geben würden?

Mutter: Es kommen ja andere Kinder zu uns. Aber das ist ja auch keine Erleichterung für mich. In so einem kleinen Haus kann man sie ja doch nicht einfach sich selbst überlassen. Es ist ja so eng, daß sie einem ständig auf den Fersen hängen.

Dr. B.: Aber wo soll er sonst sein? Wo er schon da ist, muß er ja irgend etwas anfangen. Wie schade, daß er noch nicht lesen kann!

218

Mutter: Nein, aber vor Weihnachten hat er immer in der Nähe des Hauses gespielt, und er konnte sich stundenlang selber beschäftigen. Er war ganz still und zufrieden.

Dr. B.: Woher wissen Sie, daß er zufrieden war?

Mutter: So schien es mir jedenfalls. Er hat nichts verlangt, und er hat nicht geweint.

Dr. B.: Aha. Die Mutter wird nicht beachtet, und das bedeutet, daß das Kind zufrieden ist. Ist das nicht eine merkwürdige Auffassung? *(Zu jemand anders gewandt)* Ja?

Zweite Mutter: Mein Junge fängt gerade an zu laufen, und er ist jetzt in einem Stadium, wo er mich ständig um sich haben möchte. Ich habe jedoch das Gefühl, daß er mich braucht, daß er jemanden braucht, der ihm Sicherheit gibt und ihm hilft. Ich versuche also, in der freien Zeit, die mir bleibt, wenn er schläft, einiges im Haus zu erledigen. Wenn er dann wach ist, brauche ich an nichts anderes zu denken, als ihm Gesellschaft zu leisten. Ich habe das auch meinem Mann gesagt. Es kann eben nicht anders sein, bis er alt genug ist. Und eigentlich . . . es hängt nicht von uns ab, ob wir etwas erreichen, aber das ist uns egal.

Dr. B.: Gut. Nach meiner Ansicht kommt es allein auf die Haltung der Eltern an. Ein und dasselbe Verhalten des Kindes läßt sich mit den folgenden Sätzen umschreiben: »Er ist mit sich zufrieden« oder »er ignoriert mich« oder »er will von mir nichts wissen« oder »er lehnt mich ab«. Man kann es aber auch so beschreiben: »er hat mich jetzt wirklich nötig« oder »ich kann ihm wirklich von Nutzen sein, und zum Glück kann ich ihm etwas beibringen« oder »er läßt mir überhaupt keine Ruhe«. Es liegt an Ihnen, wie Sie sich das Verhalten des Kindes deuten.

Zweite Mutter: Eine Sache, die Sie im Frühjahr erwähnt haben, hat mir sehr geholfen.

Dr. B.: Wissen Sie noch, was es war?

Zweite Mutter: Oja! Sie sprachen damals davon, was man erreichen kann . . . daß man dies nicht kann und daß man das nicht kann. Sie sagten: »Nun, wenn es nicht anders geht, dann müssen Sie eben Butterbrot essen«, und das hat mich wirklich überzeugt!

[Schallendes Gelächter]

Dr. B.: Und hat es auch Ihren Mann überzeugt?

Zweite Mutter: Vollkommen!

Dr. B.: Der große Erfolg meines Lebens! Nein, ehrlich! Das freut mich sehr.

Zweite Mutter: Es war so schwierig mit dem heißen Ofen. Ich konnte nicht ständig aufpassen, daß das Baby nicht daran kommt. Das machte es bloß schwerer für uns beide. Anfangs habe ich zwar versucht, jeden Tag etwas zu kochen. Aber ich hatte keine ruhige Minute.

Dr. B.: Sie hatten Schuldgefühle, weil Sie Ihr Kind ausgeschimpft haben.

Zweite Mutter: Ja, das stimmt; aber dann habe ich auf Konserven und Butterbrote zurückgegriffen. Ich denke, daß es nur ein vorübergehender Zustand ist und daß ich irgendwann wieder den Ofen benutzen kann.

Dr. B.: Dabei sind Butterbrote billiger als Steaks.

Zweite Mutter: Jedenfalls klappt es. Und wenn das Baby jetzt wach ist, essen wir Butterbrote. Und wenn wir abends um zehn Hunger haben, machen wir uns etwas, das ein bißchen länger kochen muß. Anders geht es nicht!

Dr. B.: Haben Sie und Ihr Mann nicht das Gefühl, ein Opfer zu bringen?

Zweite Mutter: Nein. Manchmal denke ich, wenn man einfach aufhört, sich über die vielen geistlosen Dinge, die erledigt werden müssen, Gedanken zu machen, hat man viel mehr Freunde an den Kindern.

Dr. B. (zu der ersten Mutter gewandt): Nun, was sagen Sie dazu?

Mutter: Vielleicht hat sie eben einen Mann, der ein bißchen anders darüber denkt.

Dr. B.: Vielleicht, aber auch Ehemänner muß man erziehen, genau wie Kinder.

Mutter: Bloß, daß es ein bißchen länger dauert, bis sie kapieren.

Dr. B.: Sehr richtig! Weil Männer von Natur aus dumm sind; aber weshalb versuchen Sie nicht, ihm auf die Sprünge zu helfen?

Mutter: Gut, ich werde es versuchen.

Dr. B.: Schauen Sie . . . nie wieder in Ihrem Leben werden

Sie für einen anderen Menschen so wichtig sein. Und wenn Ihnen das keinen Spaß macht, ist Ihnen nicht zu helfen.

Zweite Mutter: Ich habe dann beschlossen, soviel wie möglich mit dem Baby im Kinderwagen draußen zu sein. Ich dachte mir, wenn ich den ganzen Haushaltskram nicht mehr sehen kann, laß ich es eben liegen und amüsiere mich mit dem Kind.

Dr. B.: Gut . . . da ist aber noch etwas anderes. Diese Probleme sind gewissermaßen typisch für den tiefen Winter. Ich mache diese Gespräche jetzt über vier Jahre, und dieses Problem taucht stets im Januar auf. Sie müssen ja mit dem Kind in der Atmosphäre der Fertighäuser leben, auf sehr kleinem Raum. Man kann es ertragen, und man kann es einige Wochen oder Monate lang recht gut ertragen. Dann kommt der Januar, und es gibt Regen und häßliches Wetter und so weiter, und dadurch wird es noch schwerer, mit kleinen Kindern auszugehen. Es ist sehr ungemütlich für sie. Krankheiten sind auch vorgekommen, ein bißchen Grippe, und Mama ist abgekämpft. Mit der Zeit ist man ziemlich deprimiert. Aber sobald wir wieder schönes Wetter haben, werden Sie ein bißchen mehr ausgehen können. Vor allem wenn der Frühling kommt, werden Sie, glaube ich, sehen, daß diese Dinge etwas leichter werden. Verzweifeln Sie also nicht zu sehr! Zum großen Teil liegt es einfach an Chicago im Winter.

Dritte Mutter: Gut, aber es ist doch ziemlich schwer, die Männer dazu zu bringen, daß sie diese Dinge akzeptieren.

Dr. B.: Erzählen Sie mir nichts über Ehemänner! Darüber weiß ich sehr gut Bescheid.

Dritte Mutter: Ich hatte auch diese Schwierigkeiten . . . Streitigkeiten mit meinem Mann. Wir haben deswegen dauernd Auseinandersetzungen gehabt. Einmal war ich echt sauer auf ihn und habe gesagt: »Hör mal . . . wir haben das Baby . . . und wir müssen für das Kind tun, was wir können!«

Dr. B.: Wollen Sie damit sagen, daß Sie so mit ihm sprechen, wenn Sie echt sauer sind?

Dritte Mutter: Ach nein, genau so war es nicht. Ich war echt sauer. Ich gerate nicht oft aus dem Häuschen, aber diesmal war es so weit. Es war so . . . Er brachte mir gerade einen Haufen Socken und beklagte sich: »Warum sind sie nicht gestopft?«, und das gab mir den Rest. Aber jetzt, wo das Baby größer ist und mehr wie ein Mensch aussieht, sieht er ein, daß vieles, was er gern gemacht sehen würde, unerledigt bleiben muß. Es hat lange gedauert bei ihm . . .

Dr. B.: Ja. Ich glaube, es ist ein sehr ernstes Problem. Sich über das Kind Gedanken zu machen, ist sehr leicht, doch ist es sehr schwer, vorherzusehen, was es wirklich bedeutet . . . wie es Ihr Leben verändert . . . wie es Ihre Beziehungen verändert. Es ist nicht einfach, und ich glaube, daß Sie, die Sie jetzt in einer schwierigen Phase Ihres Lebens sind, es ganz gut machen.

Doch um auf unseren Ausgangspunkt zurückzukommen: Was Sie fertig gemacht hat, war die zusätzliche Arbeit, die Ansprüche des Ehemanns, das schlechte Wetter und so weiter, und das ist ganz natürlich. Es lag nicht an dem verwöhnten Kind, oder daran, daß er Sie tyrannisierte. Und wenn Sie es als das auffassen können, was es wirklich ist, nämlich eine zeitweilige Kampfesmüdigkeit, wird alles rasch in Ordnung kommen. Wenn Sie es allerdings so auffassen, daß Ihr Kind Sie tyrannisiert, dann wird es nicht so rasch vorbei sein, und es kann sogar noch schlimmer werden. Oder anders gesagt: Wenn sie komisch werden, weil sie den ganzen Tag eingesperrt sind, kann man nicht von ihnen erwarten, daß sie bei Laune bleiben. Aber wenn *wir* unseren Mut zusammennehmen, werden sie es schließlich auch tun.

3. Man kann ihnen nichts vormachen

Mutter: Meine Kleine ist acht Monate alt . . .

Dr. B.: Und sie schläft nicht die ganze Nacht durch?

Mutter: Nein . . . aber . . . was für Spiele kann man mit einem Kind in diesem Alter machen? Ich langweile mich zu Tode. Ich weiß, daß es nicht so sein sollte, aber ich langweile mich einfach.

Dr. B.: Ich finde es phantastisch, daß Sie es wagen, sich das einzugestehen. Aber sie muß doch irgend etwas machen. Was kann sie denn jetzt alles?

Mutter: Oh, sie macht backe-backe-Kuchen, und ich mache

222

backe-backe-Kuchen, bis zum Geht-nicht-mehr.

Dr. B.: Wie ist es mit Singen? Sind Sie gut im Singen?

Mutter: Nein, aber ich singe ihr sehr viel vor.

Dr. B.: Fein, und worin sind Sie sonst noch gut?

Mutter: In nichts.

[Gelächter]

Dr. B.: Ach, hören Sie. Möchten Sie Komplimente von uns?

Mutter: Oh nein!

Dr. B. (in die Runde): Kennt sonst jemand das Baby?

Mutter: Von den Anwesenden keiner.

Dr. B.: Dann sollten Sie Bekanntschaften machen, das könnte Ihnen helfen. Babies von acht Monaten kann man zusammen in einen Laufstall tun. Natürlich werden sie sich an den Haaren ziehen, und es gibt allerlei Aufregung, aber . . .

Zweite Mutter: Langweilig ist es nicht!

Dr. B.: Das stimmt. Langweilig ist es nicht!

Zweite Mutter: Darf ich Ihnen etwas vorschlagen? Holen Sie sich ein Nachbarskind. Ich hole mir ziemlich regelmäßig den Jungen von meinem Nachbarn, weil . . . also . . . er spielt außerhalb des Laufstalls, und Michael spielt im Laufstall und schaut zu.

Dr. B.: Ein faszinierter Zuschauer für ganze zwei Minuten!

Zweite Mutter: Durchaus nicht. Mein Sohn ist ganz zufrieden, solange das andere Kind da ist.

Dr. B.: Das stimmt. Es gibt nichts, kein Spielzeug, das so unterhaltsam wäre wie ein paar Nachbarskinder. Nun, wie ist es damit? Können Sie welche zu sich holen?

Mutter: Ach, sie hat zeitweise Unterhaltung genug! Nur *ich* langweile mich, wenn ich mit ihr spiele. Es heißt doch, man soll mit seinem Kind spielen. Es ist mir auch bewußt, daß ich mich nicht mit ihr langweilen sollte; sie ist bloß so dumm! Sie ist schrecklich dumm, sie kann nicht . . .

Dr. B.: Woraus entnehmen Sie das?

Mutter: Wir haben zum Beispiel neulich zusammen gespielt. Ich habe mich zu ihr gesetzt und das Licht angemacht. Eine gewisse Zeit lang wußte sie noch, wo das Licht ist. Und am nächsten Tag hat sie dann schon nichts mehr gewußt.

Zweite Mutter: Sie ist doch schließlich erst acht Monate alt!

Mutter: Ich weiß, ich weiß! Sie ist nur dumm mit ihren acht Monaten, weil mit acht Monaten alle dumm sind!

Zweite Mutter: Sie sind doch faszinierend! Jeden Tag machen Sie etwas anderes, um Himmels willen!

Dr. B.: Reden Sie weiter, sagen Sie es uns. Was machen sie denn?

Zweite Mutter: Oh, sie geben sich solche Mühe, und sie sind so ehrgeizig. Jeden Tag lassen sie erkennen, daß sie wieder irgend etwas begriffen haben. Sogar die Art, wie sie eine Tasse halten, ändert sich von einem Tag zum anderen. Jede Bagatelle ist faszinierend!

Mutter: Ich habe im Kindergarten eine Gruppe von Zweijährigen gehabt, und *die* sind nach meiner Ansicht interessant. Aber mit acht Monaten sind sie dumm!

Dr. B.: Sie sind einfach durch Ihre Arbeit im Kindergarten verwöhnt, das ist alles.

Mutter: Kann schon sein. Ich weiß, daß man Kinder in diesem Alter gern haben sollte, aber . . .

Dr. B.: Ach, reden Sie mir nicht von dem dummen Zeug, was »man sollte«.

Mutter: Haben Sie denn nie jemanden getroffen, der der Ansicht war, daß sie . . . ja . . . daß sie einfach dumm sind?

Dr. B.: Wenn Sie meine Meinung wissen wollen: ich habe sie nie für Genies gehalten! Ich gebe Ihnen zu, daß es sehr schwer ist, ein vernünftiges Gespräch mit ihnen zu führen.

Dritte Mutter: Davon bin ich überzeugt.

Dr. B.: Wieso? Was haben *Sie* auf dem Herzen?

Dritte Mutter: Wieviel weiß ein Baby von vier Monaten denn tatsächlich?

Dr. B.: Erstaunlich viel, aber in den meisten Fällen nichts, was den Eltern die Langeweile vertreiben könnte.

Dritte Mutter: Ich wollte sagen, daß sie einen gerade so anguckt, als wüßte sie genau, wovon man spricht und woran man denkt, und als ob sie einem jeden Augenblick antworten würde.

[Gelächter]

Dr. B.: Lassen Sie sich nicht unterbrechen.

Dritte Mutter: Ich meine, sie ist interessant . . . aber trotzdem langweilt es mich, den ganzen Tag zu Hause zu bleiben.

Dr. B.: Ja natürlich. Das würde jeden langweilen: *(Wieder zu der ersten Mutter gewandt)* Wie oft gehen Sie aus?

Mutter: Ach . . . nicht sehr oft!

Dr. B.: Wie oft sind Sie in letzter Zeit im Kino gewesen?

Mutter: Dreimal in den letzten drei Monaten.

Dr. B.: Sagen Sie es nicht so, als ob Sie auf sich selbst stolz wären. Sie sollten öfter ausgehen. Wie oft hatten Sie Gäste?

Mutter: Zu oft . . . vielleicht zu oft; all die unverheirateten Freunde meines Mannes.

Dr. B.: Mögen Sie sie alle?

Mutter: Ja . . .

Dr. B.: Also . . . ich weiß nicht. Was werden Sie machen?

Dritte Mutter: Ich glaube, sie erwartet zuviel. Irgendwie soll das Kind schon von Geburt an all das können, wozu die Zweijährigen im Kindergarten fähig sind. Aber so schnell geht es schließlich doch nicht. Es ist unglaublich, was sie alles in dem Alter von einer Woche zur anderen dazulernen. Aber trotzdem können sie nicht zwei Jahre auf einmal überspringen.

Zweite Mutter: Ich war darauf eingestellt, mich mit meinem Sohn zu langweilen, bis er zwei würde, denn mich interessieren die Zweijährigen, aber ich bin überrascht, wie interessant er doch ist!

Vierte Mutter: Ich glaube, wir machen uns nicht klar, was Kinder in diesem Alter alles können. Erst bei meinem zweiten Kind habe ich gemerkt, daß meine Tochter mit ihren acht Monaten jene Dinge schätzt, mit denen mein zweijähriger Sohn gerne spielt.

Dr. B.: Ja, aber das liegt nicht bloß an den Spielsachen, es liegt an der Gesellschaft des zweiten Kindes. Deshalb schlagen wir ja vor, sie sollte andere Kinder zu sich holen. Denn nach allem, was wir hier gehört haben, macht es der Mutter offenbar keinen besonderen Spaß. Sie bemüht sich nach Kräften, aber es macht ihr keinen Spaß. Und wenn es der Mutter keinen Spaß macht, langweilt sich das Kind, denn bekanntlich vollzieht ja das Kind den Spaß, den seine Mitmenschen erleben, nach, so wie Sie es beschrieben haben.

Dritte Mutter: Man kann ihnen nichts vormachen!

225

Dr. B.: Das stimmt! Man kann ihnen nichts vormachen! Das gilt auch für diese kleinen Kinder, und das zeigt sich daran, daß Sie sich vorstellen, daß Ihr Baby Ihnen »antwortet«. Es ist wirklich verblüffend, wie sensibel sie reagieren . . . Nicht auf das, was Sie sagen, nicht auf Ihren Wunsch, daß sie irgend etwas können sollten, aber darauf, was Sie tatsächlich empfinden. Und wenn Sie sich langweilen, langweilen sich die Kinder auch. Es ist ein Teufelskreis, mit dem Sie angefangen haben und den man durchbrechen muß. Verstehen Sie, was ich meine? Sie langweilen sich, also langweilt sich die Kleine, also ist sie ein langweiliges Kind, also langweilen Sie sich, und das führt doch zu nichts. Es liegt also an uns, ein interessantes Kind aus ihr zu machen, indem wir irgendwelche Interessen in ihr wecken. Und wenn Sie das nicht können, dann lassen Sie es irgendein Nachbarkind machen.

Dritte Mutter: Ich glaube, sie ist dem zum Opfer gefallen, was viele von uns mitmachen. Wir sind mit dem Kind so sehr ans Haus gebunden, und das Kind ist das einzige lebende Objekt, an dem sie ihre allgemeine Langeweile und Frustration auslassen kann.

Dr. B.: Nein, nein! Bitte keine Anschuldigungen. Wir wollen sie nicht kritisieren, sondern versuchen, ihr zu helfen. Sie gibt sich doch schon die größte Mühe, indem sie ehrlich mit sich selbst und mit uns ist.

Dritte Mutter: Ich mache ihr doch keine Vorwürfe! Ich meine nur, daß das Mädchen unter den allgemeinen Verhältnissen von heute leidet. Wir haben keine Hilfe, und Babysitter sind schwer aufzutreiben. Wir müssen zu Hause bleiben. Wir müssen die ganze Hausarbeit machen, das ganze Kochen, und was noch alles . . .

Dr. B.: Ich weiß! Das Leben ist viel langweiliger als früher.

Dritte Mutter: Nach meiner Ansicht sollte sie draußen etwas anfangen, wo sie eine winzige Chance hätte, mal etwas anderes zu tun, wo sie eine Chance hätte, sich ein bißchen von dem Kind zu lösen, und wenn es nur eine ferne Möglichkeit ist.

Mutter: Ich dachte an eine Arbeit, aber . . .

Dr. B.: Das ist eine Lösung, und Sie wissen am besten, womit Ihnen gedient ist. Ich glaube aber, wenn Sie einfach nachgeben und nicht dagegen ankämpfen, meine Liebe, stehen Ihnen sicher schwierige Zeiten bevor. Und es ist höchste Zeit, daß Sie etwas dagegen unternehmen. Ich kann es nur bedauerlich finden, wenn Kinder da sind und Sie an Kindern keinen Spaß haben. Es ist bedauerlich für Sie, und es ist bedauerlich für das Kind. Vielleicht möchten Sie wirklich etwas anderes machen, und nun ist das Kind da, und Sie können es nicht. Ich bin aber trotzdem der Ansicht, daß Sie aus der gegebenen Situation das beste machen müssen. Wenn Sie es jetzt nicht schaffen, Ihre Tochter liebevoll anzunehmen, werden die Schwierigkeiten nur größer werden, wenn sie älter wird . . . Es liegt an Ihnen . . .

Während die Mutter im ersten Beispiel (»Dieses wundervolle Leben«) das Schreien ihres kleinen Kindes als aggressiv empfand und die Mutter im zweiten Beispiel sich von dem Kind tyrannisiert fühlte, gibt die Mutter in diesem Beispiel zu, daß die Schwierigkeit nicht von dem Kind ausgeht, sondern von ihrer eigenen Reaktion. Gewiß unternimmt sie einen halbherzigen Versuch, ihre Langeweile auf das Kind zu schieben (»Sie ist so dumm«), aber sie sieht ein, daß das Kind sich tatsächlich nur gemäß seinem Alter verhält. Sie begreift also durchaus, daß die Sache sich von selbst erledigen wird, denn sie hat ja Interesse an Kindern, wenn sie erst einmal zwei Jahre alt sind. Jedes Ungemach wird erträglich, wenn das Ende sicher und absehbar ist.

Während bei den beiden ersten Müttern die Gefahr besteht, daß ihre Kinder schließlich keine positive Selbsteinschätzung entwickeln können, kann die Haltung dieser dritten Mutter im schlimmsten Falle das Kind in eine verfrühte, nicht seinem Alter gemäße Entwicklung hineintreiben. Das kann zwar für das Kind gewisse Schwierigkeiten beinhalten, wird sich aber wahrscheinlich nicht zerstörerisch auswirken.

Da diese Mutter erkennt, daß es nicht am Kind liegt, sondern an ihrer eigenen Stellung in der Gesellschaft, woraus die Schwierigkeit erwächst, wirft dieses kurze Beispiel ein bezeichnendes Licht auf das Problem, dem sich junge Mütter heute gegenübersehen. Sie leben nicht mehr – wie etwa in früheren Generationen – in einer Welt, in der man sich von morgens bis abends mühsam abrackern mußte, und auch nicht in einer Welt, die auf Kind, Küche und Kirche beschränkt ist. Jahrelang haben sie in der Oberschule und im College – und vielleicht nach dem College noch in einer beruflichen Tätigkeit – fleißig gearbeitet, um geistig und seelisch ihren Horizont zu erweitern.

Die Mutterschaft wurde ihnen – und sie haben daran geglaubt – als eine weitere, enorm bereichernde Erfahrung dargestellt. In Wirklichkeit zwingt sie sie aber, die meisten ihrer bisherigen Interessen aufzugeben. Und wenn man nicht, wie eine der Mütter andeutet, von den unscheinbaren Entwicklungsfortschritten des Kleinkindes fasziniert ist, zeichnet sich eine weitere Bereicherung des Lebens nicht ab. Während sich also einerseits die neue Erfahrungswelt in nichts verflüchtigt, wird die Mutter von ihren bisherigen bereichernden Erfahrungen ausgeschlossen, weil das Kleinkind ihre ganze Aufmerksamkeit erfordert.

All das ist besonders akut beim ersten Kind, denn während sie sich um das zweite und dritte Kind kümmert, ist das älteste schon so groß, daß es das Leben der Mutter mit einer gewissen Befriedigung erfüllen kann. Ich bin überzeugt, daß wir für dieses Problem eine Lösung werden finden müssen. Vielleicht wird die Lösung in der Schaffung von etwas Ähnlichem wie der Großfamilie bestehen, die sich in einigen Gesellschaften dieses Problems annahm, wo man die Fürsorge für das Kleinkind teilweise den älteren Geschwistern anvertraute oder sich mit anderen Verwandten darin teilte. Vielleicht wird man auch dafür sorgen können, daß die Fürsorge für das kleine Kind stundenweise von fachlich ausgebildetem Personal übernommen wird, während die Mutter wenigstens stundenweise ihren früheren Interessen nachgehen kann, seien sie nun beruflicher oder sozialer Natur. Einen zusätzlichen Beleg dafür, daß so etwas nötig ist, liefert das folgende Gespräch.

4. Eine annehmbare Lösung

Mutter: Ich möchte Sie etwas fragen. Ich habe mir überlegt, ob ich mir nicht für ungefähr drei Stunden am Tag eine Frau nehme, die mein Baby im Kinderwagen ausfährt, die also mit ihm ausgeht. Es ist merkwürdig, denn letztes Mal fragten Sie, wer keine Probleme habe, und ich sagte, ich hätte keine. Dabei hat mich aber gerade diese Frage wirklich beschäftigt. Ich habe früher gemalt, bevor das Baby kam, aber seitdem habe ich, außer als er sehr klein war, eigentlich nicht mehr gemalt. Als er dann stehen konnte, war mir ziemlich klar, daß ans Malen überhaupt nicht mehr zu denken war, wenn ich nicht entsprechende Vorkehrungen treffen würde. Vorher hatte ich immer die Leinwand eingespannt, aber wir haben nur zwei Zimmer, und eins davon hat er jetzt. Das andere ist eben unser Wohnzimmer, und ich weiß nicht, was ich an den Tagen anfangen soll, wo das Wetter schlecht ist.

Dr. B.: Wieso könnte die Frau, die Sie nehmen wollen, nicht bei Ihnen bleiben?

Mutter: Ach, die Wohnung ist so klein, es wäre einfach zu eng.

Dr. B.: Wie alt ist Ihr Sohn?

Mutter: Er ist acht Monate, und er ist noch in dem Stadium, wo er überall hinmöchte. Er hat eigentlich noch nicht die ganze Wohnung in Besitz genommen, aber von Tag zu Tag breitet er sich weiter aus.

Dr. B.: Und Sie würden gern zu Hause malen, nicht wahr?

Mutter: Ja, das ist es ja.

Dr. B.: Warum müssen Sie zu Hause malen?

Mutter: Ach, es ist im Grunde ein finanzielles Problem. Es ist schon schwer genug, eine Frau zu bezahlen, aber wenn ich außerdem noch ein Atelier mieten müßte, könnte ich die ganze Sache gleich aufgeben. Das ist es im Grunde, was mich beschäftigt. Vielleicht sollte ich es besser vergessen, bis er in den Kindergarten geht, und mich damit abfinden.

Dr. B.: Aber es ist offensichtlich, daß Sie gern wieder malen würden.

Mutter: Ja, aber noch bevor er da war, hatte ich mir eines ganz fest vorgenommen: es sollte keinen Konflikt geben. Ich würde es schon irgendwie schaffen, wenn nicht in den beiden ersten Jahren, dann sicher anschließend. Ich wollte deswegen einfach nicht in einen Konflikt geraten. Aber innerlich hat es mich offensichtlich doch beschäftigt, denn das genau war die Frage, die ich nie äußern konnte! Immer, wenn ich hierher kam, hatte ich vor, etwas zu fragen, aber alles, was mir einfiel, kam mir dann immer so blöde vor.

Dr. B.: Es ist aber durchaus nicht blöde. Gewiß ist es für Sie ein Problem, das heißt, für Ihr Kind ist es kein Problem, aber wenn Sie Ihr eigenes Problem nicht lösen, wird es früher oder später auf ihn abfärben, und dann wird es auch für ihn ein Problem sein. Es ist also tatsächlich ein Problem, nämlich: Sie möchten malen.

Mutter: Mir kam alles andere so blöde vor, weil ich nach dem einen, was mich wirklich beschäftigte, nicht fragte.

Dr. B.: Ich verstehe. Es ist wirklich ein Problem, wenn Sie eine so starke Neigung haben.

Mutter: Und ich habe mir überlegt, was es für ihn bedeuten würde, wenn ich ihn aussperre. Möglich wäre das, weil wir eine Veranda haben.

Dr. B.: Würde es sie denn stören, wenn er herumkrabbelt? Schließlich kann er ja noch nicht laufen.

Mutter: Nein, aber er kann schon aufstehen, und er will überall hin.

Dr. B.: Könnte er die Staffelei umstoßen?

Mutter: Es ist eine schwere Staffelei, aber ich könnte sie natürlich so gegen die Wand lehnen, daß sie nicht umfällt. Außerdem müßte man die Palette so schnell wie möglich beiseite schaffen, damit er sich nicht weh tut.

Dr. B.: Tragen Sie die Palette auf der Hand?

Mutter: Nein, es ist eine große Glasplatte.

Dr. B.: Können Sie nur so malen, mit der Glasplatte?

Mutter: Ja, ich kann keine Palette halten, das ist nicht meine Art zu arbeiten.

Dr. B.: Ich verstehe. Und was ist, wenn er schläft? Warum malen Sie nicht, während er schläft?

Mutter: Erstens schläft er nicht sehr lange. Als er noch ganz klein war, habe ich es so gemacht. Wenn er dann wach war, hat er eine Zeitlang neben mir im Laufstall gespielt, und es hat mich nicht gestört, daß er da war. Aber die Arbeit fiel mir sehr schwer, wenn ich daran denken mußte, daß er vielleicht nur eine Stunde schlafen würde statt zwei Stunden, oder vielleicht nur eine halbe Stunde. Und außerdem ist es so: Wenn das Telefon klingelt oder der Milchmann kommt, dann ist es auch mit dem Malen vorbei, verstehen Sie? Eine Zeitlang ging es ja, aber auf längere Sicht geht es einfach nicht.

Dr. B.: Für die Mutter ist es ganz sicher das schwierigste Alter.

Mutter: Ja, und zum Malen braucht man eine ungeheure Konzentration. Ich habe mal probiert, was man schaffen kann, wenn man dabei gestört wird; ich hatte mir vorgestellt, daß man viel mehr schaffen kann, als man glaubt. Aber wenn es darauf ankommt, muß man sich einfach konzentrieren.

Dr. B.: Man hat immer die Vorstellung, wie nett es ist, Kinder zu haben, und daß es überhaupt keine Schwierigkeiten macht, aber das ist eben eine nette Theorie. Die Wirklichkeit sieht ganz anders aus.

Mutter: Ja, aber ich bin der Ansicht, wenn man nicht beides gleichzeitig machen kann, dann könnte man auch . . . ich meine . . .

[Gelächter]

Zweite Mutter: Wie wäre es denn, wenn er mit der Frau in dem anderen Zimmer wäre?

Dr. B.: Dann würde die Frage auftauchen: »Wieso macht die Mutter das?« Daß sie es nicht ihm zuliebe tut, würde er als intelligentes Kind sicher merken, und selbst wenn er ziemlich dumm wäre, würde er es merken.

Mutter: Es würde mir nichts ausmachen, wenn er ausgeführt würde. Aber es würde mir etwas ausmachen, wenn er in dem anderen Zimmer eingesperrt ist, und ich bin noch da, und er weiß das und kann nicht zu mir. Wenn er ganz aus dem Haus ist, macht es mir nichts aus. Ich habe mir sogar überlegt, das Malen aufzugeben und nachts etwas zu schreiben, denn dazu braucht man kein Tageslicht.

Dr. B.: Ich weiß nicht. Ich sehe keine Lösung für Ihr Problem. Ich glaube, das Kind wird es Ihnen übelnehmen. Wenn Sie bis zum Kindergartenalter warten könnten, wäre Ihr Problem natürlich gelöst. Bis dahin wäre es wohl besser, wenn Sie sich mit Schreiben befassen.

Mutter: Sie meinen, es wird ihn verletzen, wenn er ausgeführt wird?

Dr. B.: Nein, nein. Dagegen wird er nichts haben, aber er wird etwas dagegen haben, daß er weggeschickt wird, weil Sie diese Zeit für Ihre Malerei brauchen.

Mutter: Weshalb sollte er es denn so empfinden? Meinen Sie, weil er in dieser Zeit lieber zu Hause etwas machen würde?

Dr. B.: Nein, es ist ganz anders, aber hier denken Sie wieder wie ein Erwachsener. Erinnern Sie sich noch, wie wir darüber sprachen, daß eine von Ihnen eine Arbeit annahm und deswegen überhaupt keine Gewissensbisse hatte? Das lag daran, daß ihre Familie davon nicht beeinträchtigt wurde.

Mutter: Ja, das stimmt.

Dr. B.: Es geht nicht darum, daß Sie die drei Stunden für sich haben möchten. Im Gegenteil: wenn Sie malen möchten, dann sollten Sie das tun. Worauf ich hinaus wollte, als ich wegen eines Ateliers fragte, ist, daß es für ihn schon schwer genug ist, wenn Sie ihn mit einem fremden Menschen allein lassen. Ihn aber gewissermaßen im Stich zu lassen und ihn dabei gleichzeitig auf einen einzigen Raum zu beschränken, wo er sich doch in der Regel in der ganzen Wohnung frei bewegen kann – das sollte nach Möglichkeit vermieden werden. Das eine oder das andere ist durchaus in Ordnung, aber beides zugleich könnte für ihn zuviel sein.

Mutter: Sie meinen, es wäre gut, wenn ich aus dem Haus ginge.

Dr. B.: Wenn Sie aus dem Haus gehen und diese Frau macht ihre Sache gut, ist alles in Ordnung.

Mutter: Das wollte ich doch wissen. Innerhalb der Wohnung sollte er nicht ausgesperrt werden.

Dr. B.: Richtig. Ich habe nichts dagegen, wenn Sie sagen: »Ich brauche drei Stunden für mich. Ich brauche diese drei Stunden für meine Arbeit, und ich kann dieser Frau so und so viel bezahlen; ich kann es mir leisten.« Das ist okay. So braucht die Mutter nicht zur Sklavin ihres Kindes zu werden. Aber wenn man ihm die Mutter entzieht, kann man ihm nicht auch noch das Heim entziehen.

Zweite Mutter: Dr. Bettelheim, gewöhnen sich die Kinder nicht daran, daß die Mutter mit gewissen Dingen beschäftigt ist . . . Christine ist ganz still, wenn ich telefoniere. Sie hat sich daran gewöhnt.

[Murrende Äußerungen des Protests]

Dr. B.: Das liegt daran . . . Ich weiß nicht, wie rasch Kleinkinder es merken, aber sie merken, daß das Telefon eine Störung ist, die von außen kommt, daß Sie nicht willkürlich handeln, besonders, wenn Sie angerufen werden. Das Telefon klingelt, und natürlich muß da jemand sein, mit dem Sie reden. Bei der Hausarbeit sind Sie kaum so konzentriert, daß Sie nicht Zeit dafür hätten, in irgendeiner Weise auf das Kind einzugehen. Aber die Malerei oder das Schreiben oder andere geistige Arbeit nimmt einen so in Anspruch, daß jede Unterbrechung zum Ärgernis wird. Und wenn man sich nicht unterbrechen läßt, wenn man also konsequent jede Störung überhört, ist das für das Kind ein schrecklich frustrierendes Erlebnis.

Man kann deshalb ruhig seiner Hausarbeit nachgehen, und selbst wenn es manchmal zu Reibungen kommt und man ihm sagen muß: »Spiel du dort!«, so ist das nicht schlimm, denn nur in zehn Prozent aller Fälle wird man so reagieren. Aber bei jener anderen Arbeit wird man es in neunzig, wenn nicht in hundert Prozent aller Fälle so machen. Und dann hat das Kind das Gefühl: »Meine Mutter ist zwar da, aber was sie macht, verstehe ich nicht. Wenn sie wenigstens Essen machen würde, könnte ich es verstehen. Aber sie beschäftigt sich mit irgendeinem Quatsch.«

Mutter: Ich gebe zu, daß es falsch ist, beides gleichzeitig zu wollen. Als er klein war, war ich ihm wirklich und wahrhaftig nicht böse, wenn er mich unterbrach und ich mich um ihn kümmern mußte. Aber über das, was ich gemalt habe, habe ich mich dann doch geärgert, weil ich den Eindruck hatte, daß es Pfusch ist.

Dr. B.: Natürlich. Sie konnten sich nicht auf Ihre Arbeit konzentrieren, und folglich wurde sie nicht so, wie sie sollte.

Mutter: Ich sollte es also lieber aufgeben?

Dr. B.: Nein, Sie sollten es nicht völlig aufgeben, aber es wäre gut, wenn Sie eine annehmbare Lösung für das Problem finden würden.

Zweite Mutter: Könnten Sie sich nicht an der Universität einen Raum besorgen, der in der Zeit, wo Sie ihn brauchen, frei ist?

Mutter: Das habe ich auch schon gedacht; daß es nur geht, wenn man außerhalb der Wohnung etwas hat.

Dr. B.: Das stimmt. Auf jeden Fall sollten Sie dafür sorgen, daß Sie ihn nicht innerhalb der Wohnung einschränken und ihm gleichzeitig die Mutter nehmen. Beides zusammen ist zuviel.

Mutter: Das wollte ich wissen.

Diese Mutter langweilt sich nicht. Sie ist sich bewußt, daß ihr selber etwas fehlt, und deshalb braucht sie nicht die Einsicht abzuwehren oder ihre Schwierigkeit dem Kind in die Schuhe zu schieben. Sie hat schon – und das ist hier noch wichtiger – von sich aus überlegt, wie sie die Situation verbessern kann, und denkbare Alternativen in Erwägung gezogen. Sie hat zum Beispiel daran gedacht, zu schreiben statt zu malen, und daraus kann man entnehmen, daß sie nicht einmal so sehr das Malen braucht, sondern überhaupt eine befriedigende Betätigung.

Was sie braucht, ist die persönliche Entfaltung, die ihr im Augenblick verwehrt ist, und sie braucht das, obwohl sie ihrem Kind durchaus zugetan ist. Sie ist aber dennoch bereit, hinsichtlich der Art ihrer Betätigung den Bedürfnissen ihres Kindes entgegenzukommen. Sie strebt also eine für beide Seiten annehmbare Lösung an, und deshalb kommt es nicht zu einem direkten Zusammenstoß zwischen ihr und dem Kind. Ich darf hier vielleicht hinzufügen, daß die Langeweile durch nichts so erfolgreich ausgeschaltet werden kann wie durch den Versuch, Möglichkeiten zu finden, um sie zu überwinden. Und auch die Kampfesmüdigkeit wird am besten dadurch überwunden, daß man nach Lösungen für jene Probleme sucht, die zu allererst zu dem Kampf geführt haben.

Individuum und Gesellschaft (Auswahl)

Elisabeth Badinter
Emile, Emile
Weiblicher Lebensentwurf im 18. Jahrhundert. Aus dem Franz. von Friedrich Griese.
1984. 395 Seiten. Geb.

Elisabeth Badinter
Die Mutterliebe
Geschichte eines Gefühls vom 17. Jahrhundert bis heute. Aus dem Franz. von
Friedrich Griese. 2. Aufl., 19. Tsd. 1982. 336 Seiten. Geb.

Bruno Bettelheim / Daniel Karlin
Liebe als Therapie
Gespräche über das Seelenleben des Kindes. Aus dem Franz. von Friedrich Griese.
1983. 256 Seiten. Serie Piper 257

Willi Butollo
Die Angst ist eine Kraft
Über die konstruktive Bewältigung von Alltagsängsten.
2. Aufl., 12. Tsd. 1984. 201 Seiten. Kt.

Einführung in pädagogisches Sehen und Denken
Herausgegeben von Andreas Flitner und Hans Scheuerl.
1984. 248 Seiten. Serie Piper 322

Andreas Flitner
Spielen – Lernen
Praxis und Deutung des Kinderspiels.
7. Aufl., 43. Tsd. 1982. 137 Seiten. Serie Piper 22

PIPER

Indviduum und Gesellschaft (Auswahl)

Carol Gilligan
Die andere Stimme
Lebenskonflikte und Moral der Frau. Aus dem Amerik. von Brigitte Stein.
1984. 222 Seiten. Kt.

Bernhard Hassenstein
Verhaltensbiologie des Kindes
3. Aufl., 25. Tsd. 1980. 459 Seiten mit 29 Abbildungen. Geb.

Bernhard und Helma Hassenstein
Was Kindern zusteht
2. Aufl., 14. Tsd. 1978. 188 Seiten. Serie Piper 169

Louise J. Kaplan
Die zweite Geburt
Dein Kind wird zur Persönlichkeit. Mit einem Nachwort von
Margaret S. Mahler. Hrsg. von Reinhard Fatke. Aus dem Anerikan. von
Hainer Kober. 3. Aufl., 17. Tsd. 1984. 258 Seiten. Serie Piper 257

Alexander Mitscherlich
Auf dem Weg zur vaterlosen Gesellschaft
Ideen zur Sozialpsychologie.
15. Aufl., 112. Tsd. 1984. 400 Seiten. Serie Piper 45

PIPER

Individuum und Gesellschaft   (Auswahl)

Alexander und Margarete Mitscherlich
Eine deutsche Art zu lieben
2. Aufl., 25. Tsd. 1970. 118 Seiten. Serie Piper 2

Alexander und Margarete Mitscherlich
Die Unfähigkeit zu trauern
Grundlagen kollektiven Verhaltens. 16. Aufl., 140. Tsd. 1984.
383 Seiten. Serie Piper 168

Margarete Mitscherlich
Das Ende der Vorbilder
Vom Nutzen und Nachteil der Idealisierung. 2., überarb. Aufl., 10. Tsd. 1980.
218 Seiten. Serie Piper 183

Rainer Schrage
Kinderwunsch-Sprechstunde
Ursache und Behandlung der Kinderlosigkeit.
1984. 192 Seiten mit 25 Abbildunge. Geb.

Edward Shorter
Der weibliche Körper als Schicksal
Zur Sozialgeschichte der Frau. Aus dem Amerik. von Hainer Kober.
1984. 347 Seiten. Kt.

Wolfgang Wickler/Uta Seibt
männlich weiblich
Der große Unterschied und seine Folgen. 2. Aufl., 9. Tsd. 1984.
182 Seiten. Serie Piper 285

PIPER